JUMALALLISEN RAKKAUDEN VALO

Keskusteluja
Sri Mata Amritanandamayin kanssa

6. OSA

Toimittanut
Swami Amritasvarupananda

Mata Amritanandamayi Center, San Ramon
Kalifornia, Yhdysvallat

Jumalallisen Rakkauden Valo
Keskusteluja Sri Mata Amritanandamayin kanssa
6. osa

Julkaisija:
Mata Amritanandamayi Center
P.O. Box 613
San Ramon, CA 94583
Yhdysvallat

——————— *Awaken Children 6 (Finnish)* ——————

Ensimmäinen painos MA Centerin: huhtikuu 2016

Yhteystiedot Suomessa löytyvät sivuilta: www.amma.fi

Intiassa:
www.amritapuri.org
inform@amritapuri.org

Tämä kirja uhrataan nöyrästi
MATA AMRITANANDAMAYIN
lootusjalkojen juureen
joka on häikäisevä valonlähde, läsnä
kaikkien olentojen sydämessä

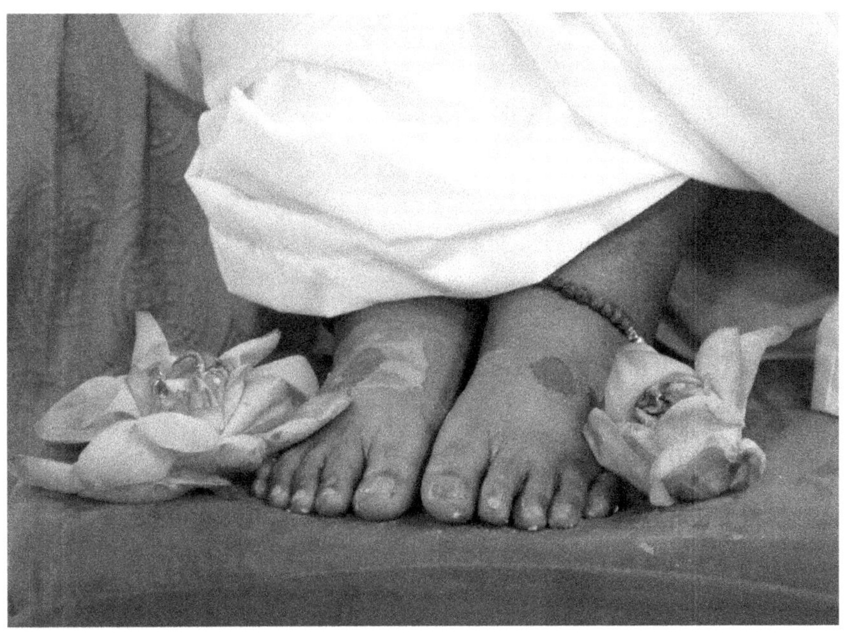

Vandehaṁ-saccidānandaṁ-bhāvātītaṁ-jagatguruṁ |
Nityam-pūrnaṁ-nirākāraṁ-nirguṇaṁ-svātmasamsthitaṁ ||

Minä kumarran Universaalille Opettajalle, joka on sat-chid-ananda (puhdas oleminen-tieto-absoluuttinen autuus), joka on kaikkien eroavaisuuksien tuolla puolen, joka on ikuinen, aina täysi, ominaisuuksia ja muotoa vailla ja aina keskittynyt Itseen.

Saptasāgaraparyantaṁ-tīrthasnānaphalaṁ-tu-yat |
Gurupādapayovindoḥ-sahasrāmśena-tatphalam ||

Mitä hyvänsä ansioita kerätäänkin pyhiinvaellusmatkoilla ja kylpemällä seitsemään mereen laskevissa pyhissä vesissä, nuo ansiot eivät voi olla tuhannesosaakaan siitä ansiosta, joka saadaan maistamalla vettä, jolla Gurun jalat on pesty.

Guru-Gita, jakeet 157, 87

Sisältö

WATERCOLORS

1. luku

Amritapurin *ashram* sijaitsee Intian lounaisrannikolla, Keralan osavaltiossa, Arabian valtameren rannalla olevalla pitkällä, kapealla, mantereen suuntaisella niemellä. Keralan rannikkoseutua halkovat niin kutsutut takavedet, joita pitkin järjestetään päivittäin laivamatkoja. Amman *ashram* on tullut suosituksi jopa tällaisten ohikulkijoiden keskuudessa. Kun *ashram* rekisteröitiin vuonna 1981, se käsitti ainoastaan Amman perheen omistaman pienen maatilkun. Siellä, missä nykyään kohoaa värikäs temppeli kookospalmujen latvusten yläpuolelle ja missä sadat Amman oppilaat ja seuraajat asuvat pysyvästi, asui tuolloin vain kourallinen ihmisiä majoissa lähellä pientä, yhä pystyssä olevaa ns.vanhaa temppeliä. *Ashramissa* ei ollut juurikaan mukavuuksia tai palveluita, mutta se ei tuntunut haittaavan ketään. Jumalallisen Äidin rakkaudellinen läsnäolo antoi todellistaa suojaa ja turvaa.

Suuri sydänten parantaja

Maanantaina 16. heinäkuuta 1984

Ashramiin saapui perheensä saattamana henkisesti sairas mies, joka kirkui ja huusi tullessaan. Hän itki ja nauroi vuoroin, puhui välillä omituisia ja juoksenteli sinne tänne huutaen kovaan ääneen. Miehen vaimo ja vanhempi veli seurasivat miestä koko ajan, jottei mitään vahinkoa pääsisi tapahtumaan. Miestä piinasi syvä henkinen tuska ja hätä. Perheenjäsenet eivät voineet muuta kuin itkeä, koska he eivät kyenneet auttamaan rakasta omaistaan. Ennen kuin he olivat tulleet Äidin luo, he olivat kokeilleet monenlaista lääkehoitoa, mutta tuloksetta. Kuultuaan Ammasta eräältä kaukaiselta sukulaiseltaan, he olivat päättävät lähteä Äidin luo siinä toivossa, että hän voisi auttaa. Tämä oli heidän ensimmäinen käyntinsä *ashramissa.*

Amman odotettiin tulevan pian. Niinpä perhe odotti häntä Amman huoneeseen johtavien portaiden juurella. Sairasta pideltiin lujasti kiinni, jottei hän karkaisi. Kun Amma vihdoin tuli, miehen äiti ja nuori vaimo lankesivat hänen jalkojensa juureen rukoillen, että hän vapauttaisi miehen kärsimyksistään. Miehen isä kertoi Ammalle poikansa tarinan. Tämä oli menettänyt suuren summan rahaa asioides-saan epärehellisten liikemiesten kanssa. Poika oli luottanut heihin, eikä ollut kyennyt kestämään suuren menetyksen aiheuttamaa järkytystä.

Nyt kun Amma oli paikalla, nuori mies oli tyyni, vaikka muu perhe itki. Eräässä vaiheessa hän sanoi Äidille melko rauhallisesti: "Tiedätkö, Amma, menetin kaiken. Voitko auttaa minua? Voitko pelastaa minut?" Tämän sanottuaan hän alkoi nyyhkyttää.

Kun Amma katsoi säälittävässä tilassa olevaa miestä ja kuunteli tämän sydäntä särkeviä avunpyyntöjä, hänen silmänsä täyttyivät kyynelistä. Hän lohdutti jokaista perheenjäsentä erikseen ilmaisten suurta rakkautta ja myötätuntoa. Hän kääntyi sairaan puoleen, hieroi tämän otsaa ja rintaa sellaisella rakkaudella ja huolella, jota äiti osoittaa omalle lapselleen. Hän asetti miehen pään olkapäätään vasten ja sanoi: "Poikani, älä ole huolissasi. Rentoudu, kaikki tulee olemaan taas hyvin. Ole kärsivällinen!" Amma jatkoi jonkin aikaa hänen selkänsä hieromista ja lohdutti häntä edelleen lempein sanoin.

Hän vietti vielä muutaman minuutin perheen parissa ennen kuin siirtyi *darshan*-majaan. Amma ei ollut antanut mitään neuvoja tai ohjeita, ja perheenjäsenet tunsivat itsensä hieman hämmentyneiksi jäädessään seisomaan portaikon juurelle. Hämmennys hälveni kuitenkin pian, sillä juuri ennen majaan astumistaan Äiti kääntyi ympäri ja sanoi: "Lapset, odottakaa *darshanin* loppuun. Amma tapaa teidät silloin uudestaan."

Perhe odotti ulkopuolella *darshanin* päättymistä. Sairas mies istui lähellä majaa hämmästyttävän tyynenä koko tilaisuuden ajan. Perhe oli hyvin onnellinen tapahtuneesta muutoksesta.

Heti kun Amma tuli *darshan*-majasta, hän asteli sairaan luo, otti tätä kädestä ja johdatti hänet *ashramin* pohjoispuolelle. Oli lumoavaa nähdä miehen kävelevän Amman jäljessä niinkuin pikkulapsi, joka seuraa uskollisesti äitiään. Kerran hän päästi irti Amman kädestä ja yritti karata, mutta Amma suostutteli hänet lempeästi jäälleen luokseen. Kun he saapuivat vesihanalle, Äiti lähetti jonkun hakemaan sankoa ja kippoa. Hän pyysi nuorukaista istuutumaan. Vaikka mies ei olisi ensin halunnut totella, Äidin myötätuntoiset sanat ja rakastava huolenpito saivat hänet rauhoittumaan ja niin hän istuutui vesihanan alle. Heti kun Äiti laitoi veden valumaan, mies pomppasi kuitenkin ylös ja yritti jälleen juosta karkuun. Tällä kertaa Äiti otti täntä kiinni hartioista ja sanoi: "Ei, poikani. Istu alas ja rauhoitu. Älä juokse pois. Tämä tapahtuu sinun parhaaksesi. Tämä parantaa sinut. Etkö halua, että sinusta tuntuu taas hyvältä? Etkö halua tulla terveeksi jälleen? Haluat tehdä töitä ja huolehtia perheestäsi. Eikö totta? Istu aloillasi!" Äidin sanoilla näytti olevan rauhoittava vaikutus mieheen ja hän tyyntyi jälleen.

Sanko ja kippo tuotiin paikalle. Amma täytti sangon ja alkoi valella vettä miehen päälle. Äidin kasvoille levisi säteilevä hymy ja ilahtuneena hän kaatoi vettä miehen päälle pitkän aikaa. Lopulta hän sulki hanan ja sanoi: "Tämä riittää." Mies jäi yhä istumaan, jolloin Amma sanoi: "Poikani, nyt voit nousta ylös." Mies nousi heti. Joku ojensi pyyhkeen ja Äiti kuivasi hänen kasvonsa, rintansa ja selkänsä. Äiti kääntyi tapahtumaa seuranneen perheen puoleen ja sanoi: "Vaihtakaa hänen *dhotinsa*, mutta älkää kuivatko hänen tukkaansa. Antaa sen kuivua itsestään."

Vanhemmat eivät olleet irrottaneet katsettaan hetkeksikään, kun Amma oli hoivannut heidän poikaansa. He näyttivät olevan syvästi liikuttuneita tavasta, jolla Äiti oli huolehtinut tästä, siitä kuinka hän oli kylvettänyt tämän ja kuinka hän oli koko ajan vuodattanut rajattomasti rakkautta tälle. Nyt kun hän siirsi huomionsa heihin, he alkoivat itkeä. He olivat pidättäneet kyyneleitään pitkän aikaa. Amma asetti vuoronperään perheenjäsenet olkapäätänsä vasten, syleili heitä ja pyyhki heidän kyyneleensä.

Äidin vaatteet olivat kastuneet, ja yksi *brahmachareista* huomautti tästä hänelle. "Ei se mitään", hän vastasi. "Ennen Äidin vaatteet olivat aina märät, kun hän kantoi vettä ja riisiä lehmille, kahlasi takavesissä etsien ankkoja ja kun hän uurasti alituisesti taloustöissä. Äidillä oli lopulta tapana jäädä veteen ja sateeseen tuntikausiksi. Hän on tottunut kastumiseen. Se ei ole ongelma."

Äiti vietti aikaa perheen luona vielä joitakin minuutteja ja kehotti heitä jäämään *ashramiin* muutamaksi päiväksi. Seuraavana päivänä Äiti kylvetti miehen jälleen. Tällä kertaa tämä oli hiljainen ja rauhallinen. Hänessä oli jo nyt tapahtunut suuri muutos.

Tämä on yksi esimerkki Amman nöyryydestä ja rakkaudesta lukemattomien samankaltaisten tapahtumien joukossa. Tällaisissa tapahtumissa näkyy Amman ääretön rakkaus, myötätunto ja kärsivällisyys. 1970-luvun loppupuolella Amman perheen luo tuli asumaan monia mieleltään sairastuneita ihmisiä ollakseen lähellä Ammaa. Äiti piti heistä hyvää huolta. Hän kylvetti ja ruokki heitä aivan kuin he olisivat olleet hänen omia lapsiaan. Äidin myötätuntoinen suhtautuminen ei silloin kuitenkaan viehättänyt hänen perhettään. Heidän pihapiirinsä oli hyvin pieni, vain eekkerin kymmenyksen kokoinen. Talon, navetan ja pienen temppelin lisäksi siellä ei ollut muuta suojaa sateelta ja auringolta. Lisäksi maakaistaletta reunusti vesiraja, joten se oli vaarallinen leikkikenttä henkisesti häiriintyneille ihmisille, jotka juoksentelivat sinne tänne huutaen ja kirkuen. Silloin tällöin jotkut jopa yrittivät hyökätä Äidin kimppuun.

Äiti kesti kärsivällisesti kaiken ja palveli sairaita valtavalla rakkaudella kaikesta huolimatta. Lopulta kuitenkin hänen isänsä ja vanhempi veljensä kutsuivat koolle sairaiden ihmisten sukulaiset ja antoivat näille määräyksen viedä omaisensa takaisin kotiin. Syynä oli heidän aiheuttamansa häiriö ja se, että heitä ei ollut mahdollista majoittaa vallitsevissa olosuhteissa turvallisesti ja asianmukaisesti. Äiti ei vastustanut toimenpidettä, vaikka olikin surullinen katsellessaan heidän lähtöään. Hän oli täysin tietoinen sekä puutteellisista olosuhteista että perheelleen aiheutuneista hankaluuksista. Vaikka sairaat joutuivatkin lähtemään, heidän läheisellä suhteella Äitiin oli mitä ilmeisimmin ollut syvällinen vaikutus. Kun Äiti oli ruokkinut ja kylvettänyt heitä ja huolehtinut heistä ikäänkuin he olisivat olleet hänen omia lapsiaan, näissä henkisesti sairaissa ihmisissä oli tapahtunut selvää paranemista.

Lukemattomat ihmiset ovat kokeneet Äidin armon kautta ihmeellisen parantumisen. Erään Dattan-nimisen spitaalisen tapaus on näistä unohtumattomin. Hän saapui *Devi bhava-darshaniin* aina tiistaisin, torstaisin ja sunnuntaisin. Näinä kolmena iltana aina ennen temppeliin astumistaan Äiti tanssi ekstaasissa, toisessa kädessään miekka ja toisessa kolmikärki. Tanssiessaan temppelin ympäri hän saattoi keskeyttää tanssinsa ja siunata ihmisiä miekkansa kosketuksella. Dattan seisoi aina tietyssä kohdassa temppelin takana mukanaan muutama kannu vettä ja pyyhe vyötärön ympärillä, ja kun Äiti pysähtyi hänen kohdallaan, valeli hän vettä Dattanin päälle. Amma kylvetti häntä siten kolme kertaa viikossa, kunnes tauti parani.

Äidin elämä on ollut jatkuvaa uhrautumista. Hän on omistanut jokaisen hetkensä toisten kärsimysten lievittämiselle. Hän itse sanoo: "Amman vilpitön toivomus on, että hänen kätensä hellisivät ja lohduttaisivat hädänalaisia ihmisiä vielä silloinkin, kun hän hengähtää viimeisen kerran, kun hänen kehossaan on enää vain vähän energiaa jäljellä." Äidin väsymätön toiminta ja hänen elämänsä jokaisen hetken täyttävä myötätunto osoittavat hänen sanojensa todellisen merkityksen.

Sairas mies parani. Muutaman kuukauden kuluttua hän palasi *ashramiin* perheensä kanssa. He kertoivat, että kotiin palattuaan kaikki mielisairauden oireet olivat vähitellen kadonneet. Niinä päivinä, jotka he olivat viettäneet ashramissa, Amma oli kehottanut miestä lopettamaan lääkkeiden ottamisen. Koko perhe oli vakuuttunut siitä, että parantuminen oli Äidin armolahja. Koko perhe oli iloinen ja täynnä ylitsevuotaa kiitollisuutta. Kun sairaus oli parantunut, mies kykeni hankkimaan menettämänsä rahat takaisin ja aloittamaan niillä oman liiketoimintansa. Vastatessaan hymyillen heidän sydämellisiin kiitoksiinsa Amma sanoi: "Lapset, nyt kun olette onnellisia, älkää unohtako Jumalaa. Muistakaa Häntä ja rukoilkaa myös onnellisina hetkinä. Tavallisesti ihmiset muistavat Jumalaa ja rukoilevat vain kokiessaan tuskaa, ikään kuin Jumala olisi pelkkä kivunlievittäjä. Älkää olko sellaisia. Antakaa rukouksen tulla osaksi jokapäiväistä elämäänne ja pitäkää Jumala mielessänne. Amma on aina kanssanne."

Sinä iltana kaikki kerääntyivät temppelin eteen laulamaan *bhajaneita*. Äiti johti *Devi Saranam* -laulua ja muut vastasivat kuorossa.

Devi Saranam

Suo minulle turvapaikka, oi Jumalatar,
suo minulle turvapaikka.
Oi Äiti, jonka jumalallista olemusta
taivaalliset joukot ylistävät,
oi alkuperäinen ja korkein energia,
tervehdys Sinulle!

Oi kaiken hyvän antaja,
maailmankaikkeus on Sinun sisälläsi;
kaikki on lähtöisin Sinusta,
ja lopulta kaikki palaa
takaisin Sinuun,
yksin Sinuun.

Oi Äiti,
kun heittäydyn jalkojesi juureen,
salli minun rukoilla kaikella antaumuksellani
vain yhtä asiaa.
Rukoilen, että sinun puhdas, loistava hahmosi
loistaisi sisälläni ikuisesti
ja että sydämeni
saisi ainiaan nauttia
Sinun nimesi toistamisen autuutta.

Miljoonat elävät olennot
ovat kaikki osia yhdestä kokonaisuudesta,
ne ovat kuin aaltoja valtameressä.
Tämän maailmankaikkeuden tarkoitus on
auttaa kaikkia olentoja saavuttamaan vapaus.

Ymmärtäessämme,
että elämä ei ole muuta kuin Sinä Itse,
päästämme irti tästä maailmasta kuin näyttelijä,
joka riisuu pukunsa
hyvän esityksen päätteeksi.

Bhajaneiden loputtua Äiti jäi istumaan temppelin kuistille. Laulaminen oli kohottanut läsnäolijat toiselle tasolle. Kaikki olivat täynnä rakkautta ja hartautta. Jotkut ashramin asukkaista meditoivat, toiset istuivat katsellen Äitiä, joka nojasi seinään. Hän ei ollut enää tässä maailmassa. Jonkun ajan kuluttua hän liikahti ja asettui makaamaan lattialle. Kaikki kerääntyivät Äidin lähelle kuin rautahiput, jotka siirtyvät voimakkaan magneetin pienimmästäkin liikahduksesta. Kun Äiti makasi lattialla, hän kohotti molemmat kätensä ilmaan ja sanoi: "Shivane..." Seuraavaksi kaikki kuulivat Äidin sanovan itsekseen: "Hän ei kuule. Hän on niin poissaoleva kaveri. Täysin järjetön kaveri."
Sitten Äiti nousi ylös ja lauloi:

Shiva Shiva Hara Hara

Oi hyväenteisyyden tuoja,
epätodellisen tuhoaja,
joka olet pukeutunut pilviin.
Oi Sinua kaunista,
joka soitat damaru-rumpua...

Sinä, joka pitelet kolmikärkeä,
joka jaat pelottomuutta ja muita armolahjoja,
jonka tukka on takussa,

ja jonka kehoa pyhä tuhka peittää...
Sinä, jonka kaulaa koristaa kobraseppele
sekä ihmisten pääkalloista tehty kaulanauha.
Sinä, joka kannattelet kuunsirppiä otsallasi
ja jonka silmät ovat täynnä myötätuntoa...
Oi hyväenteinen ja suopea, oi tuhoaja,
suuri Jumala...

Oppilaat yhtyivät tähän eläväiseen lauluun innolla. Kuulosti siltä kuin ilta-*bhajanit* olisivat alkaneet uudelleen. Laulu jatkui vielä jonkin aikaa. Sen jälkeen Äiti palasi tavalliseen tietoisuudentilaansa. Yksi oppilaista alkoi puhua lapsenlapsestaan, alle neljävuotiaasta tytöstä. Mies osoitti lasta ja sanoi: ”Amma, tämä tyttö rakastaa sinua kovasti. Hän ihailee sinua suuresti. Joskus hän peittää päänsä valkoisella vaatteella, menee *puja*-huoneeseen laulamaan *bhajaneita* ja keinuttaa itseään puolelta toiselle, aivan kuten sinä teet. *Bhajaneiden* jälkeen hän kutsuu kaikki koolle ja jakaa pyhää tuhkaa, sanoen että hän on *Vallikkavilamma*. Minkälainen tyttö hän onkaan!”

Äiti kutsui tytön luokseen ja kysyi: ”Lapsikulta, kun kasvat isoksi, onko sinulla silloin yhtä paljon *bhaktia* kuin nyt? Oletko silloin yhtä viaton?”

Tyttä nyökytti päätään. Selvästikin ylpeänä tytöstä isoisä innostui ja sanoi: ”Tyttö, kerro *Ammachille*, kuka sinun äitisi on!” Ilman pienintäkään epäröintiä pieni tyttö vastasi: ”Äitini ei ole *Girijamma* (hänen biologinen äitinsä). *Vallikkavilamma* on minun äitini.”

“Lapsi, miksi rakastat Ammaa?” Äiti kysyi. Tyttö vastasi heti: ”Koska Amma on Jumala.” Äiti nauroi ääneen ja syleili lasta keinuttaen häntä käsivarsillaan. Sitten hän asetti lapsen syliinsä istumaan ja aneli tätä leikkisästi laulamaan kanssaan *bhajanin*. Epävarmalla äänellä tyttö lauloi *Kamesha vamakshin* neljä ensimmäistä säettä...

Kamesha vamakshi

Tervehdys Shaktille, suurelle jumalattarelle,
joka saavutetaan antaumuksella;

tervehdys kosmiselle siemenelle, yhdelle totuudelle,
äärettömälle ja täydelliselle tietoisuudelle...

Äiti oli niin mielissään, että suuteli tyttöä molemmille poskille. Hän keinutti tätä edestakaisin ja sitten he molemmat hymyilivät ja nauroivat riemuissaan. Tämä leikkisä innostus asettui vähitellen. Kohta pimeästä kuului kissan naukunaa.

"Tule tänne, *Chakki*, tule! *Chakkii*!" Äiti kutsui kissaa katsellen suuntaan, josta naukuna oli kuulunut. Äiti kutsui yhä: "Tule tänne, *Chakki*. Missä olet? Tule tänne."

Muutaman sekunnin kuluttua kissa hyppäsi temppelin sivustalta kuistille. Se tuli suoraan Amman luo ja alkoi hieroa itseään hänen käsivarttaan vasten. Seuraavaksi se hyppäsi Amman syliin ja yritti käpertyä mukavaan asentoon. Koska siellä istui jo ennestään pikkulapsi, kissan yritykset naurattivat kaikkia. Äiti huomautti: "*Chakki* on hyvin mustasukkainen." Iloinen nauru täytti jälleen ilman.

Yksi *brahmachareista* sanoi innostuneesti: "Amma, kun kerran eläimetkin ovat mustasukkaisia, onko sitten mikään ihme, jos mekin olemme? Kun jopa eläimet haluavat olla sylissäsi, sinun ei pitäisi kieltää meiltä sitä iloa." Jälleen kaikki nauroivat.

Kuolemisen taito

Ilmapiiri vakavoitui, kun yksi *brahmachareista* kysyi: "Amma, olet toistuvasti sanonut, että *mahatmat* ja pyhät kirjoitukset toteavat, että meidän tulisi kokea pakottavaa tarvetta oivaltaa Itse tai irrottautua maallisuuden kahleista. Mitä tarkoitat tällä?"

Äiti laski lapsen sylistään ja sanoi: "Kyse on pakottavasta tarpeesta tuntea Jumala tai Itse. Oletetaanpa, että sinulla on todettu erittäin vakava sairaus. Lääkärit sanovat, että sinun on viipymättä ryhdyttävä ottamaan jotakin tiettyä lääkettä. Mitä teet silloin? Yrität saada lääkettä heti. Saatat huomata lääkkeen olevan hyvin kallista, mutta et välitä siitä. Et välitä hinnasta. Ja jos lääkettä ei ole saatavissa samalta paikkakunnalta, matkustat toiseen kaupunkiin. Jos sitä ei ole saatavissa sieltäkään, matkustat seuraavaan suurempaan kaupunkiin. Sinun on ehkä matkustettava jopa toiseen maahan leikkausta varten tai saadaksesi hoitoa. Teet kaiken tarvittavan. Et epäröi hetkeäkään. Tietysti on ihmisiä, joilla ei ole tällaiseen varaa, mutta suurin osa ihmisistä tekee mitä tahansa saadakseen hoitoa. Miksi? Koska tauti on uhka heidän elämälleen eivätkä he halua kuolla. Et halua jättää tätä kaunista maailmaa ja kaikkea mikä on tärkeätä sinulle. Et halua luopua rakastamistasi ihmisistä tai asioista. Pelkkä kuoleman ajattelukin saa sinut vapisemaan.

Yritäpä kuvitella, mitä kuoltuasi tapahtuu. Ruumiisi kannetaan hautausmaalle. Kaikki läheisesi, vaimosi, lapsesi ja vanhempasi, ovat rakastaneet kehoasi, mutta nyt kukaan ei halua sitä. Kukaan ei halua edes katsoa sitä. Pelkästään sen näkeminen on pelottavaa. Kaikki haluavat päästä siitä eroon niin pian kuin mahdollista. Niinpä ruumiisi viedään hautausmaalle. Tai joku vie sen polttoroviolle ja sinä olet mennyttä, lopullisesti. Ajatus siitä, että maailma jatkuu ilman sinua, saa sinut vapisemaan. Maailma jatkaa ilman sinua ja sinä menetät kaiken kauniin; kotisi, ystäväsi, kauniin nuoren vaimosi, lapsesi, puutarhan kukat ja niiden tuoksun. Ajatus siitä, ettet enää näe mitään näistä, että et näe poikasi hymyileviä kasvoja, ajatus siitä, että menetät kaiken rakastamasi, saa sinut tuntemaan olosi kurjaksi. Luonto ja kaikki sen kauneus, joet, vuoret ja laaksot, aurinko ja kuu, tähdet, meri – et näe niitä enää. Kutsut ja juhlatilaisuudet, vaimosi tai miehesi rakastavat ja lohduttavat sanat, rakkaittesi hellät hyväilyt, kaikki katoaa. Et tiedä, mihin päädyt, mutta otaksut, että sinua tulee ympäröimään vain pimeys. Olet avuton. Voitko kuvitella tämän? Ajatus kuolemasta pelottaa sinua. Pelkästään se, että eläydyt siihen miten avuton olet kuoleman hetkellä, voi synnyttää sinussa pakottavan tarpeen pelastaa elämäsi. Tämä pakko puolestaan merkitsee sitä, että syleilet elämän pelastavaa periaatetta, perimmäistä totuutta. Kyse on pyrkimyksestä oivaltaa Itsen kuolemattomuus.

Monet eivät halua meditoida, koska hiljaisuus, jonka he kokevat meditaatiossa, saa heidät ajattelemaan, että he kuolevat.

Sugunanandan Acchan pelkäsi aina, kun Amma meditoi. Jos meditaatio kesti muutamaa tuntia pidempään hän pelkäsi, että Amma kuolisi. Pelastaakseen Amman kuolemalta hän saattoi ravistella tätä kovakouraisesti tai kaataa ämpärikaupalla vettä tämän päälle. *Acchan*-raukka, hänellä ei ollut aavistustakaan siitä mitä meditaatio on. Hän ei tiennyt, että meditaatio on pelastava tekijä, että se tekee ihmisestä kuolemattoman ja ikuisen. Meditaatio vaputtaa sinut kuolemisen ja jälleensyntymisen kehästä. Meditaatio on jumalten ruokaa. Se itse asiassa vapauttaa kuolemanpelosta. Se tekee sinusta egottoman ja vie sinut ei-mielen tilaan. Kun ylität mielen, et voi kuolla. Meditaatio ja henkiset harjoitukset antavat sinulle voimaa ja tarvittavan rohkeuden hymyillä kuolemalle. Meditaatio auttaa sinua näkemään kaiken riemullisena näytelmänä niin, että jopa kuoleman hetkestä tulee autuaallinen kokemus.

Niinpä, lapseni, tämä pakottava tunne syntyy, kun kaikki toiveet ja haaveet romahtavat. Niiden täytyy romahtaa, koska olette etsineet onnea väärästä paikasta, sieltä, mistä sitä ei voi löytää.

Mies ryömi maassa nelinkontin. 'Mitä etsit?' kysyi naapuri. 'Avaintani', kuului vastaus. Kohta molemmat olivat polvillaan sitä etsimässä. Hetken kuluttua naapuri kysyi: 'Minne hukkasit sen?' 'Kotiin', mies vastasi. 'No voi hyvä luoja!' puuskahti naapuri. 'Miksi sitten etsit sitä täältä?' 'Koska täällä on valoisampaa.'

Samalla tavoin onni on sinun sisälläsi, mutta sinä etsit sitä ulkopuoleltasi. Tästä seuraa väistämättä turhautuminen. Sinusta alkaa tuntua, että elämäsi on vaarassa, ettet voi luottaa muuhun kuin Jumalaan tai kaikkialliseen voimaan. Pelko siitä, että kuolema vie sinulta kaiken, saa sinut etsimään ulospääsykeinoa. Etsintä vie sinut lopulta oikealle polulle, henkiselle polulle. Pyrkimyksesi voittaa kuolema vie sinut lopulta todelliseen Itseesi.

Ihminen haluaa elää ikuisesti. Kukaan ei halua kuolla. 'Elämää ja rakkautta, ei kuolemaa' on vaistomainen tunne, joka värähtelee jokaisessa elävässä olennossa. Ihmiset haluavat elää ja elää ja elää. Heillä on pakottava tarve takertua kaikkeen mihin vain voivat, jopa koko maailmankaikkeuteen. He eivät halua menettää mitään. Eri puolilla maailmaa on monenlaisia eri ihmisten suosittelemia keinoja ja menetelmiä siitä, kuinka tulisi elää. Niitä mainostetaan: 'Toteuta sydämesi toive kymmenen helpon askeleen avulla'. Tällaisten iskulauseitten avulla sinua yritetään saada ostamaan juuri heidän menetelmänsä onnellisuuden ja tyytyväisyyden saavuttamiseksi. Mutta mikä vahinko! Kukaan ei löydä oikeata tietä, paitsi todellinen etsijä. Missään päin maailmaa ei opeteta, kuinka kuolla. Missään ei opeteta kuinka kuolla egolle ja sen riippuvuuksille, vihalle, pelolle ja kaikelle mikä estää sinua saavuttamasta täydellistä rauhaa. Ihminen ei tiedä, että omistaessaan, hallitessaan ja hankkiessaan hän tietämättään menettää. Hän kulkee yhä lähemmäksi suurta menetystä, jota mikään ei voi enää korvata. Hän menettää mahdollisuuden päästä kuoleman ja jälleensyntymän ketjun tuolle puolen, mikä on ihmis-kehossa olemisemme todellinen tarkoitus. Ajatus: 'menetän, enkä saavuta mitään', voi toisinaan auttaa sinua tuntemaan välttämättömyyttä astua henkiselle polulle."

Kaikki istuivat Äidin sanojen lumoamina. Hän jatkoi: "Lapset, tiedättehän suuren pyhimyksen, *Tulsidaksen*. Me tietenkin tunnemme hänet nykyisin pyhimyksenä, mutta ennen henkistä pyrkimystään hän oli liikemies. Hän oli hullun lailla rakastunut vaimoonsa. Hänen kiintymyksensä ja hänen fyysinen halunsa vaimoansa kohtaan oli niin voimakas, että hän ei halunnut edes mennä töihin. Kerran kun hänen vaimonsa oli käymässä lapsuudenkodissaan, *Tulsidaksen* kaipuu yltyi niin hallitsemattomaksi, että hän käveli pitkän matkan pimeässä, tuulessa ja tuiskussa voidakseen olla hänen kanssaan. Hän oli niin päämääränsä sokaisema, että erehtyi luulemaan kuollutta ruumista veneeksi ja ylitti sillä vuolaan virran. Kun hän lopulta saapui perille puolenyön jälkeen, huomasi hän kaikkien ovien olevan lukossa. Koska vaimon huone oli yläkerrassa, hänen täytyi kiivetä sinne. Hän luuli python-käärmettä paksuksi köydeksi ja kiipesi sitä pitkin vaimonsa huoneeseen. Läpikäytyään kaikki nämä vaikeudet hän odotti tietenkin vaimonsa olevan iloinen nähdessään hänet. Mutta vaimo oli sen sijaan niin häpeissään hänen mielipuolisesta kiintymyksestään, että sanoi: 'Jos kaipaus, jota tunnet minua kohtaan, suuntautuisi Jumalaan, olisit oivaltanut Jumalan jo aikoja sitten.'

Nuo sanat järkyttivät *Tulsidasta*. Ne olivat isku hänen egolleen. Hän tunsi suurta häpeää järjettömästä ja typerästä kiintymyksestään vaimoaan kohtaan. Hän tunsi kiintymyksensä taakan. Näin hänen koko olemuksensa, jokainen solu, jokainen atomi hänen kehossaan, jokainen sydämenlyönti, henkäys ja huokonen kääntyi sisäänpäin. Tuolla hetkellä hän ymmärsi kiintymyksensä olevan raskas taakka, jota hän kantoi rakkauden nimissä. Hänen sydämensä pysähtyi hetkeksi purkaakseen tuon taakan ja täyttyäkseen sitten puhtaalla rakkaudella Jumalaa kohtaan. Sinä hetkenä hän päätti kuolla kehotietoisuudelle ja elää jumalatietoisuudessa. Hän jätti vaimonsa ja kotinsa ja ryhtyi elämään askeetikon elämää. Myöhemmin hänestä tuli kuuluisa pyhimys, jonka tunnemme *Tulsidaksena*.

Ilmestys, jonka monet suuret sielut ovat kokeneet, voi tulla teidänkin osaksenne. Jokaista valmistellaan tähän lopulliseen, kaikesta maallisesta kiintymyksestä ja kaikesta egosta irtautumiseen. Sen on tapahduttava, koska se on evoluution viimeinen aste. Sitä ei voi välttää. Voit yrittää tietoisesti tai tiedostamattomasti vältellä sitä tänään, mutta ennemmin tai myöhemmin menetät otteesi kaikkeen, omaisuuteesi, kehoosi ja kaikkeen mitä väität omaksesi. Luulet, että sinulla on loputtomasti elinaikaa. Mutta tiedostamisesi lisääntyy joka hetki, jopa huomaamattasi. Jokaisen sielun lopullisena päämääränä on irtautua kaikesta, joka on este rauhalle ja tyytyväisyydelle. Kun tuo hetki saapuu, ego putoaa pois etkä enää kamppaile. Et protestoi enää, etkä edes pysähdy miettimään, pitäisikö sinun päästää irti vai ei. Sinä vain kumarrut ja antaudut. Syvällä sisimmässään jokainen sielu odottaa tätä suurta irtipäästämistä. Suurin osa ihmisistä ei tunne tietoisesti tällä tavoin, koska heidän tietoisuutensa on niin matalalla tasolla, mutta tuo pakottavuuden tunne tulee esiin väistämättä jonakin päivänä."

Yksi *brahmachareista* kysyi: "Amma, sanoit, että 'missään päin maailmaa ei opetella kuinka kuolla.' Voiko kuolemista opetella? Voisitko ystävällisesti selittää?"

"Kyllä, kuoleminen on taito, joka voidaan oppia ja harjoitella. Sitä voidaan harjoitella päästämällä irti egosta. Sen voi oppia ainoastaan harjoittamalla meditaatiota.

Koska kuolema on suurin uhka ja pelonaihe, sekä kovin kolaus egolle, ihmiset yrittävät joka hetki piilottaa ja unohtaa kuolemanpelkonsa juoksemalla maailman nautintojen perässä. Kääntääkseen ajatuksensa pois kuolemasta ihmiset haluavat hemmotella itseään ja nauttia elämästään luomalla mielihaluja ja toteuttamalla niitä.

Jokaisena syntymäpäivänämme otamme yhden askeleen lähemmäksi kohti kuolemaa. Se on myös 'kuolemapäi-vä'. Syntymäpäivät muistuttavat tuosta kohtalokkaasta päivästä, tai itse kuoleman hetkestä. Mutta me emme halua muistaa sitä, siksi juhlimme sitä syntymäpäivänä. Järjes-tämme suuren juhlan, kutsumme ystäviä ja sukulaisia laulamaan 'Paljon onnea vaan' tai 'Kauan eläköön se ja se...'

Ajattelemme vain elämää. Emme koskaan halua ajatella kuolemaa, koska koemme, että kuolemassa kaikki se, mitä pidämme omana itsenämme, häviää täydellisesti ja tuhoutuu. Emme halua ajatella tätä hajoamista. Kuolema muistuttaa meitä itsestään ja mitä enemmän yritämme unohtaa sen, sitä paremmin sen muistamme. Ja mitä useammin ajattelemme kuolemaa ja sen epämääräisyyttä, sitä enemmän pelkäämme. Tämä pelko riistää meiltä sisäisen rauhamme. Vasta oivaltaessamme oman kuolemamme väistämättömyyden tunnemme pakottavaa tarvetta sisäisen rauhan ja todellisen onnellisuuden löytämiseen. Ken haluaa elää todellisen onnellisuuden ja tyytyväisyyden täyttämää elämää, hänen on opeteltava kuolemaan. Onnettomuudeksemme emme osaa kuolla rauhassa.

Kaikkialla maailmassa ihmiset kuolevat tuskallisesti, suuressa surussa ja kärsimyksessä. Kuoleminen on yksi sietämättömimmistä tuskista. Kukaan ei halua itselleen tuskaa ja siksi kuolemaa pelätään. Jokainen haluaa pitää kiinni tästä kauniista maailmasta, kehostaan, omaisuudestaan, ystävistään, sukulaisistaan, kodistaan ja niin edelleen. Ajatus siitä, että kuolema vie häneltä kaiken ja tuhoaa nämä asiat, on ihmiselle äärettömän tuskallinen. He eivät halua jättää noita asioita ja niinpä he kuolevat tuskassa ja surussa. He haluavat takertua elämään ja tämä synnyttää suuren sisäisen kamppailun. Tämä kamppailu aiheuttaa suurta tuskaa, koska he eivät halua päästää irti. Monet ihmiset ovat tiedottomia kuoleman hetkellä, mutta heidän sisimmässään on käynnissä kamppailu, ristiriitaisuuden tila ja avuton taistelu kuolemaa vastaan.

Lapset, älkää kuolko tiedottomina. Opetelkaa kuolemaan tietoisina. Jos opitte kuolemaan tietoisina, voitte itse päättää, mitä teistä tulee ja missä ja miten tulette elämään seuraavassa elämässä. Tai jos ette halua enää lainkaan tulla tähän maailmaan, sekin on mahdollista.

Amma on kuullut *mahatmasta*, joka myrkytettiin kuoliaaksi. Hän otti myrkyn vastaan hymyillen ja kuunteli hyvin tarkkaavaisesti vanginvartijaa, joka antoi ohjeet myrkyn juomiseksi. Hänen kätensä eivät vapisseet. Hän ei ollut huolissaan eikä tuntenut kuolemanpelkoa. Hän siemaisi juomansa tyynesti ja rauhallisesti rukoillen samalla. Kun hän makasi odottamassa kuolemaa, hän jopa kuvaili, kuinka myrkyn vaikutus eteni hänen kehossaan. Hän kuoli tietoisesti, ei tiedostamatta. Tämä on todellista kuolemista, todellinen kuolema. Todellinen kuolema tapahtuu vain, kun todistat kehosi kuolemaa. Sellaiselle henkilölle kuolema oli todellinen kokemus. Ihminen on tietoisuus, siksi hänen on opittava elämään ja kuolemaan tietoisesti."

Äidin puhe tietoisesta kuolemasta tuo mieleen kauan sitten tapahtuneen *Devi-bhavan,* jolloin *Sugunanandan*, Amman isä, vaati *Deviä* jättämään tyttärensä kehon. Noina alkuaikoina hän ja monet muut kyläläiset olivat täysin tietämättömiä Amman ykseydestä perimmäisen todellisuuden kanssa. He uskoivat, että *Krishna* ja *Devi* ottivat hänen kehonsa haltuunsa kolmesti viikossa *bhava-darshaneiden* aikana ja että muina aikoina hän oli vain hullu. 'Haluan tyttäreni takaisin!' hän huusi Äidille *Devi-bhavan* aikana. Äiti vastasi: 'Jos annan sinulle tyttäresi takaisin, on hän vain pelkkä ruumis, joka mätänee nopeasti ja sinun on haudattava hänet!' Sugunanandan jatkoi vaatimuksiaan saada tyttärensä takaisin, jolloin Äiti sanoi: 'Jos asiat ovat noin, niin tässä on tyttäresi. Ota hänet!'

Hän kaatui välittömästi siihen paikkaan. Hänen ruumiinsa jäykistyi, sydän ei enää lyönyt ja hengitys oli lakannut. Hän oli kuollut, katsoi asiaa miltä kannalta tahansa. Syvästi katuen *Sugunanandan* aneli Jumalallista Äitiä herättämään hänen tyttärensä jälleen henkiin. *Bhava-darshaniin* tulleet oppilaat olivat surun murtamia ja rukoilivat kiihkeästi. Kului kahdeksan tuntia, ennen kuin hänen kehossaan tapahtui ensimmäinen liikahdus ja hän palasi elämään.

Tässä on Äidin antama esimerkki siitä mitä on tietoinen kuolema ja kuinka palata jälleen tietoisesti kehoon. Kun opit kuolemaan, voit itse valita syntymäsi ja kuolemasi. Se on täysin sinun vallassasi.

"Lapset, opetelkaa kuolemaan autuaallisesti. Aivan kuten juhlitte syntymäpäiväänne, antakaa kuoleman muodostua suureksi juhlaksi ja autuuden hetkeksi. Autuaalliseen kuolemaan opettelu on meditaatiota. Mutta teidän on eläessänne lakattava tarrautumasta. Meditaation avulla voit opetella, kuinka kiinni pitäminen ja takertuminen lopetetaan. Koko elämäsi tulisi olla valmistautumista siihen, kuinka kuolla onnellisesti, sillä vasta kun olet oppinut kuolemaan onnellisesti, voit elää onnellisesti. Silloin oivallat, että kuolema, yhtä hyvin kuin elämäkin, on totuus. Oivallat, että kuolema ei ole täydellinen tuhoutuminen, vaan täydellinen vapautuminen egon otteesta.

Lapset, oppikaa hyväksymään kuolema, toivottamaan se tervetulleeksi ja tervehtimään sitä ilolla. Ole ystävä kuoleman kanssa ja kuolemasta tulee ystäväsi. Kun opit ottamaan kuoleman vastaan, pelkosi häviävät, olivat ne minkälaisia hyvänsä. Tällöin alat elää todellisessa rauhassa.

Seuraava hetki ei ole meidän. Vain nykyhetki kuuluu meille. Nykyhetkessä eläminen, menneisyydestä irti päästäminen ja tulevaisuuden unohtaminen on todellista elämää. Emme tiedä, olemmeko seuraavana hetkenä enää kehossamme. Emme tiedä, tarvitsemmeko seuraavana hetkenä asioita ja esineitä, joita nyt käytämme. Saatamme hengittää ulos, emmekä ehkä hengitäkään enää koskaan sisään. Kuka tietää heräämmekö huomenna? Suuret pyhimykset ja tietäjät elivät aina hetken kerrallaan. He eivät koskaan suunnitelleet tulevaa.

Vain tässä hetkessä elävä ihminen voi olla peloista täysin vapaa. Vain hän voi syleillä kuolemaa rauhallisesti. Tällainen nykyhetkessä eläminen on mahdollista vain meditaation ja henkisten harjoitusten avulla. Missä on ego, siellä on kuolemanpelko. Kun ego on ylitetty, ihmisestä tulee egoton ja myös kuolemanpelko häviää. Siinä vaiheessa kuolemasta tulee suuri juhlan hetki. Niille, jotka elävät hetken kerrallaan, kuolema ei ole pelottava, päinvastoin, siitä tulee rauhallinen ja lempeä kokemus.

Kun kuolema tulee, olemme avuttomia. Kuoleman mahdollisuuden jatkuva muistaminen on paras tapa opetella nöyryyttä. Nöyryys on antautumista ja antautuminen on sama kuin syvä kumarrus kaikelle olevaiselle. Silloin ei voi olla egoa. Kun sinusta tulee egoton, ei kuolemaa enää ole. Egoton ihminen ei voi kuolla, sillä hän ei ole enää keho. Hän on tietoisuus. Vain kehoon samaistunut ihminen kuolee."

Äidin syvällinen *satsang* nykyhetkessä elämisestä sekä siitä, kuinka kuolla ja kuinka kuoleman hetkestä voi tulla suuri hetki ja autuaallinen elämys, muistuttaa meitä *Upanishadien* suuresta julistuksesta '*Eha atraiva*', mikä tarkoittaa: Itsen oivaltaminen on tässä ja nyt, juuri tällä hetkellä.

Yksi oppilaista kysyi: "Amma, mikä on paras tapa päästää irti egosta ja syleillä kuolemaa lempeästi?"

Äiti sanoi: "Luottamalla. Luota yksinkertaisesti *gurun* olemassaoloon. Ainoastaan luottamus täydelliseen mestariin auttaa sinua luopumaan egosta ja kaikista itsekeskeisistä ajatuksista ja mahdollistaa sen, että kykenet syleilemään kuolemaa rakkaudella. Elä elämäsi kauniisti. Elämäsi täyttävä kauneus ilmenee kauneutena kuolemassakin. Tämä on kuitenkin mahdollista vain, jos antaudut todelliselle mestarille. Todelliselle mestarille antautuminen on kaikkeudelle antautumista.

Todellinen mestari opettaa sinua hyväksymään kaiken, mitä elämässä tapahtuu. Hän auttaa sinua olemaan kiitollinen niin hyvästä kuin pahasta, niin oikeasta kuin väärästä, vihollisista ja ystävistä, niistä jotka vahingoittavat sinua ja niistä jotka auttavat sinua, sekä niistä jotka vangitsevat sinut ja niistä jotka päästävät sinut vapaaksi. Mestari auttaa sinua unohtamaan synkän menneisyyden ja tuhansia lupauksia täynnä olevan tulevaisuuden. Hän auttaa sinua elämään nykyhetkessä sen kaikessa täyteydessä. Hän tekee sinulle tiettäväksi, että koko luomakunta, jopa vihollisesikin, auttavat sinua kehittymään ja saavuttamaan täydellisyyden.

Kun ihminen on kiitollinen kaikesta, hän jättää kaiken syleilläkseen lempeästi kuolemaa kaunis hymy kasvoillaan. Sellaiselle ihmiselle kuolema on erittäin kaunis kokemus. Hänelle kuolema ei ole vihollinen, jota tulisi pelätä. Päinvastoin, kuolemasta tulee hänen paras ystävänsä.

Tuntematta elämää et voi tuntea kuolemaa. Sellaiselle, joka ei ole tuntenut elämää ja elänyt elämää sen kaikessa täyteydessä, kuolema on pimeys, loppu. Mutta sellaiselle, joka on tuntenut elämän, kuolema on olemassaolon sydän. Elämä kukkii kuolemassa. Siksi suuret mestarit pystyivät kuolemaan leveä, autuaallinen hymy kasvoillaan, vaikka heidän kehonsa kärsivätkin. He syleilivät elämää ylitse-vuotavalla rakkaudella. He syleilivät kaikkea olevaista, kaikkia kokemuksia, niin hyviä kuin huonojakin, joten he pystyivät syleilemään myös kuolemaa.

Tämän kuolemisen taidon voi oppia ainoastaan antautumalla todelliselle mestarille. Hän auttaa sinua, sinun egoasi kuolemaan hänessä ja hän auttaa sinua elämään.

Tulevaisuudesta ei ole varmuutta, ei seuraavasta hetkestäkään. Kuolema on ainoa varma asia tulevaisuudessa. Tämä hetki kuuluu sinulle, mutta kukapa tietää, seuraava hetki kuuluu ehkä kuolemalle. Siksi tämä hetki kannattaa elää hyvin. Vain tämä hetki on varmaa. Seuraava hetki muodostuu tästä hetkestä."

Kello oli viittätoista vaille yksitoista illalla. Äiti pyysi kaikkia meditoimaan muutaman minuutin ennenkuin poistuisivat. Sitten Äiti meni huoneeseensa *Gayatrin* ja *Kunjumolin* seuraamana. *Brahmacharit*, *ashramin* perheelliset asukkaat ja vierailijat meditoivat viitisentoista minuuttia autuuden täyttämässä ilmapiirissä. Kaikkien läsnäolijoiden sielut olivat saaneet Äidin vaikuttavista sanoista innoitusta matkata syvälle sisäisiin ulottuvuuksiin. Ihmiset poistuivat paikalta yksi kerrallaan, lukuunottamatta muutamia, jotka jäivät vielä meditoimaan temppelin kuistille.

2. luku

Egon harhauttamana

Torstaina 19. heinäkuuta 1984

Sitä mukaan kuin tieto Pyhästä Äidistä ja hänen *ashramistaan* levisi, hänen *darshaneihinsa* alkoi saapua yhä enemmän etsijöitä ja näiden mukana myös muiden henkisten yhteisöjen jäseniä. Joskus nämä vierailijat tulivat antaneeksi sellaisia opetuksia, että vaikutti siltä kuin Äiti olisi saanut heidät tulemaan *ashramiin* vain tuota tarkoitusta varten. Tänään *ashramiin* saapui vieras, jonka käytös ja asennoituminen olivat melko epätavallisia henkiselle etsijälle. Hän oli erääseen henkiseen yhteisöön kuuluva *sanjaasi*. Hänen yhteisönsä oli aloittanut varojen keräyksen koulutuskeskuksen rakentamista varten, ja kyseisen *sanjaasin* tehtävänä oli kertoa kampanjasta Ammalle. Hän oli ryhmineen lähtenyt liikkeelle *Kanya Kumarista*, Intian eteläisimmästä kärjestä, ja nyt he olivat matkalla kohti pohjoista. Matkan varrella he halusivat saada Amman *darshanin* ja siunauksen keräyksen onnistumiseksi. Tämän etukäteen tulleen *swamin* tehtävänä oli valmistella ryhmän majoittamista ja muonittamista. Mutta hänen käytöstään ei voinut juurikaan kehua. Hänen esiintymistään ja puheitaan sävytti ylpeys ja niistä puuttuivat niin nöyryys kuin kohteliaisuuskin.

Ashramin asukkaat olettivat aluksi, ettei vieraan ylpeys ollut todellista. He ajattelivat, että hän vain vaikutti ylpeältä heidän oman käsityskykynsä rajoittuneisuuden vuoksi. Vähitellen hänen puheensa ja käytöksensä paljastivat kuitenkin täysin kiistatta, että hän todellakin oli täynnä itsetärkeyttä. Hän esitti *ashramin* asukkaille monenlaisia vaatimuksia ja käyttäytyi alentavasti *brahmachareja* kohtaan, jotka pyrkivät palvelemaan häntä. Yösijakseen hän vaati yksityishuonetta. Vapaana oli kuitenkin vain muutama vaatimaton maja vailla mukavuuksia. Asukkaat tekivät kaiken voitavansa ja tarjosivat vieraalle parasta majaa.

Yksinkertaisen asunnon nähdessään hän protestoi äänekkäästi: "Mitä! Pitäisikö minun muka majoittua tällaiseen kosteaan loukkoon? Ei käy!" Sitten hän syöksyi ulos. Asukkaat olivat järkyttyneitä. He ihmettelivät, kuinka vihkiytynyt henkinen etsijä saattoi reagoida tuolla tavoin, sillä heitä oli opetettu olemaan välittämättä nukkumapaikan kaltaisista pikkuseikoista. Heillä oli edessään vaikea tilanne. Minne vieraan voisi sijoittaa? *Ashramissa* ei ollut "mukavia huoneita". Itse asiassa siellä ei ollut huoneita lainkaan, ainoastaan majoja. Vakituiset asukkaat ja vierailevat oppilaat nukkuivat maassa pelkillä olkimatoilla, ja monina öinä *brahmacharit* antoivat majansa ja jopa olkimattonsa vieraiden käyttöön maaten itse ulkona paljaalla hiekalla. Siksi heistä oli hämmentävää, että henkinen pyrkijä, vieläpä *sanjaasi*, saattoi olla niin vaativa.

Lopulta Amman vanhempien suostumuksella vieraalle järjestettiin pieni huone näiden talosta. Mutta *swami* ei ollut tähänkään tyytyväinen. Huoneen nähdessään hän ilmehti nyrpeästi ja poistui paikalta nuristen. Hän marssi suoraa päätä majaan, jossa Amman *darshan* oli parhaillaan menossa. Amma istui majan lattialla olevalla olkimatolla. *Swamia* varten levitettiin nopeasti toinen olkimatto, jotta hän voisi istua kasvotusten Äidin kanssa. *Swami* ei osoittanut Ammaa kohtaan minkäänlaista kunnioitusta, hän ei kumartunut maahan eikä myöskään aloittanut tervehdyk-sellä kuten henkinen etsijä yleensä menettelisi tällaisessa tilanteessa kohdatessaan mestarin. Kuten tavallista, Amman kasvoilla loisti kaunis hymy. *Ashramin* asukkaat, jotka olivat yrittäneet järjestää huonetta *swamille*, olivat uteliaita, millä tavoin tämä itsekeskeinen vieras puhuttelisi Äitiä. He tulivat majaan ja seisoivat seinustoilla kuuntelemassa keskustelua.

Vaikuttaen itsetärkeältä *swami* sanoi: "Edustan varojen-keräysmatkalla olevaa *sanjaasiryhmää*. Olen tullut etukäteen ilmoittamaan, että he saapuvat tänne muutaman päivän kuluttua. Ryhmämme aikoo viettää täällä kokonaisen päivän. Tarvitsemme hyvää ruokaa ja mukavan majoituk-sen."

"Poikani", Amma sanoi, "olet ilmaissut toiveen, että ryhmäsi jäsenet voisivat viivähtää *ashramissa* ja saada täällä ruokaa. Se sopii. Amma on vain iloinen saadessaan palvella teitä. Mutta ei ole sopivaa, että vaadit mukavia oloja ja hyvää ruokaa. Totuudenetsijän ei tulisi vaatia mitään. Hänen ei tulisi pyytää itselleen mukavuutta ja mielihyvää. *Sadhakan* tulisi olla tyytyväinen siihen, mitä hänen kohdalleen lankeaa. Henkinen etsijä jättää kaiken Jumalan käsiin. Hänen ei tulisi odottaa mitään etuoikeuksia. Sinun tulisi pitää matkaanne tilaisuutena harjoitella luopumista. Matkan ei tulisi suuntautua mukavuuden ja nautinnon etsimiseen."

"En ole samaa mieltä siitä, että mukavuus ja nautinto ovat henkiseltä etsijältä kiellettyjä", *swami* väitti vastaan.

"Hallitsemattomat elämäntavat eivät sovi lainkaan sellaiselle, jonka päämääränä on Jumaloivallus", Amma vastasi. "Henkinen etsijä tarvitsee itsekuria. On hyvä opiskella henkisen elämän sääntöjä ja periaatteita, mutta mitä hyötyä opiskelusta on, jos ei pysty harjoittamaan käytännössä sitä, minkä on oppinut kirjoista? Lukemasi sanat tulevat eläviksi vasta, kun toteutat niitä jatkuvasti elämässäsi. Jos olet itsekeskeinen ja painotat omien tarpeittesi tärkeyttä, kuinka voit palvella? Antautumisen ja luopumisen asenne ovat välttämättömiä, kun pyritään palvelemaan toisia pyyteettömästi. Vasta silloin kaikesta mitä teet, tulee jumalanpalvelus."

"Oletko sinä henkilö, joka on luopunut kaikesta?", *swami* kysyi.

Tämä huomautus raivostutti *brahmachareja* ja muita oppilaita, jotka olivat jo ennestään ärtyneitä. Mutta koska Amma oli läsnä, he onnistuivat hillitsemään itsensä.

Kuultuaan kysymyksen Amma nauroi sydämellisesti ja sanoi: "Amma ei väitä olevansa *sanjaasi* eikä hän käytä *sanjaasivaatteita*. Amma ei väitä itsestään mitään. Amma ei välitä siitä hyväksytkö hänet tai kunnioitatko häntä vai et. Mutta sinä haluat muiden kunnioittavan ja arvostavan sinua. Käytät okranväristä kaapua ja sanot olevasi *sanjaasi*. Sinun pitäisi olla esimerkkinä muille, siksi

Amma puhuu sinulle tällä tavoin. Oma ongelmasi ei ratkea kysymällä: 'Onko Amma luopunut kaikesta?' Amman luopumiset ja luopumatta jättämiset eivät liity mitenkään sinuun. Sinä hyödyt vain muuttumalla itse, ja sinun muuttuessasi myös muut hyötyvät."

Koska *swami* ei sanonut mitään, Amma jatkoi kertomalla tarinan. "Eräs vanha mies muisteli elämäänsä. Hän istui teetuvassa ystäviensä kanssa ja kertoi näille tarinaansa. 'Nuorena olin ylimielinen ja kuvittelin tietäväni kaiken. Tunsin voivani tehdä mitä tahansa ja halusin muuttaa jokaisen ihmisen. Rukoilin Jumalalta voimaa voidakseni muuttaa maailman. Keski-ikäisenä, eräänä aamuna herätessäni oivalsin elämäni olevan jo puoliksi ohitse. En ollut saanut aikaan mitään, enkä ollut muuttanut ketään. Niinpä rukoilin Jumalalta voimaa muuttaa läheisiäni, sillä he tarvitsivat sitä niin kipeästi. Mutta nyt olen vanha ja rukoukseni on hyvin yksinkertainen: Jumala, anna minulle voimaa muuttaa edes itseni.'"

Kaikki nauroivat, paitsi *swami*. Hän kalpeni ja meni täysin pois tolaltaan. Lyhyen tauon jälkeen Amma jatkoi: "Älä yritä muuttaa maailmaa tai muita ihmisiä, ennenkuin kykenet muuttamaan itsesi. Jos yrität muuttaa muita muuttamatta omia asenteitasi, ei työlläsi ole mitään vaikutusta. Poikani, tämän värillisen vaatteen tarkoituksena ei ole korostaa persoonaasi tai saada sinua näyttämään kauniilta. Sen tulisi muistuttaa jatkuvasti ihmiselämän korkeimmasta päämäärästä. Sen tarkoituksena ei ole kasvattaa egoasi, vaan auttaa sinua tulemaan egottomaksi. Olet ylpeä siitä, että olet *sanjaasi*. Mutta sana *sannyasa* tarkoittaa luopumista, luopumista väärästä ylpeyden ja itsetärkeyden tunnosta. Yritä kunnioittaa okran väristä vaatetta nöyrtymällä. Yritä hallita hieman enemmän omaa mieltäsi."

Swami ei antanut periksi. "En ole samaa mieltä kanssasi yhdestäkään näistä näkemyksistä. Mutta en myöskään halua kiistellä kanssasi. Saanko nyt huoneen vai en?"

Äiti hymyili: "Selvä, et ymmärtänyt, mistä tässä oli kyse. Amma ei moiti sinua." Sitten hän kutsui luokseen *brahmachari* Sreekumarin ja käski hänen järjestää Amman oman huoneen valmiiksi *swamia* varten. *Ashramin* asukkaat eivät hyväksyneet tätä ja alkoivat väittää vastaan, koska eivät halunneet, että joku, joka heidän mielestään oli peräti ylimielisyyden ruumiillistuma, häpäisisi Äidin huoneen.

Amma lohdutti *brahmachareja*: "Lapset, mitä haittaa siitä on, että hän nukkuu yhden yön Amman huoneessa? Vai onko niin, että teidän egonne ei kestä hänen egoaan? Hän on sentään viestintuoja. Hänet on lähetetty tuomaan meille viestiä hyvän asian puolesta. Meidän on kohdeltava häntä hyvin. Antaa hänen käyttäytyä ja puhua ylimielisesti. Se ei saisi häiritä meitä. Meidän on käyttäydyttävä omien henkisten pyrkimystemme mukaisesti kaikissa tilanteissa."

Swamin häpeilemättömän itsekeskeinen esiintyminen ei vaivannut Ammaa lainkaan, vaikka kaikkia muita se järkytti kovasti. Amma pysyi täysin rauhallisena. Vastentahtoisesti *brahmacharit* veivät *swamin* Äidin asuntoon. Heti asetuttuaan sinne hän pyysi, että hänelle tuotaisiin illallinen huoneeseen. Amman antamien ohjeiden mukaisesti *brahmacha-rit* toimittivat hänelle kaiken, mitä hän pyysi. Lopetettuaan illallisensa hän tilasi aamiaisen tasan kello seitsemäksi. Hän jopa eritteli, mitä hän halusi.

Eräs *brahmachari*, joka ei voinut enää sietää tällaista, esitti vastalauseen: "*Swami*, sinun tulisi muistaa, että edustat Intian suurten pyhimysten ja tietäjien aloittamaa perinnettä. Koska olet *sanjaasi*, sinun tulisi olla meille esimerkkinä nöyryydessä ja maallisesta luopumisessa. Mutta sen sijaan tuot häikäilemättä esiin egosi ja ylpeytesi."

Häkeltyen hetkeksi vieras ei vastannut heti. Mutta pian hän keräsi voimansa ja vastasi takaisin: "Hei, etkö tiedä, kenelle puhut? Etkö osaa käyttäytyä *sanjaasin* edessä? Ymmärryksesi *dharmasta* tarvitsee kohennusta. Eikö *gurusi* ole opettanut sinulle mitään? Oletan, että kukaan teistä ei ole opiskellut pyhiä kirjoituksia. Pyydä *guruasi* tekemään tarvittavat järjestelyt opiskeluanne varten. Tarvitsette jonkun minunkaltaiseni opettamaan teitä ymmärtämään kirjoituksia."

Brahmacharit eivät kyenneet enää olemaan vaiti. "*Swami*, jos kirjoitusten oppiminen saa meissä aikaan yhtä suurta vahinkoa kuin se on ilmeisesti saanut aikaan sinussa, jätämme mieluummin opiskelematta."

Nyt *swami* korotti ääntänsä. "Pilkkaatteko minua?"

"Ei, *swami*, emme pilkkaa sinua", vastasi sama *brahma-chari*. "Meidän on vain vaikea ymmärtää sinua. Sanot, että meidän tulisi opiskella pyhiä kirjoituksia ymmärtääksemme paremmin *dharmaa*. Sanot lukeneesi kaikki kirjoitukset, ja kuitenkaan emme näe sinun toimivan lainkaan oikein. Et toteuta niiden antamia *acharoita*, ja se hämmentää meitä."

"Olen kirjoitusten ja *acharoiden* tuolla puolen", *swami* sanoi.

Kauhistuneena ja järkyttyneenä moisesta häpeämättömyydestä *brahmacharit* eivät tienneet kuinka vastata. Miten tämä *swami* saattoi väittää olevansa pyhien kirjoitusten tuolla puolen? Pitkän tauon jälkeen eräs *brahmachareista* puhui: "*Swami*, tiedämme, että sinulla on henkinen mestari. Pidätkö häntä suurena sieluna, ja pidätkö hänen sanojaan yhtä pätevinä kuin pyhien kirjoitusten tekstejä?"

"Kyllä, tietysti", *swami* vastasi. "Hän on *guruni* ja suuri sielu. Minun on uskottava hänen sanaansa."

Sanaakaan sanomatta *brahmachari*, joka oli keskustellut *swamin* kanssa, ryntäsi ulos ja palasi muutaman minuutin kuluttua kirje mukanaan. Ojentaen sen *swamille* hän sanoi: "Ole ystävällinen ja lue tämä kirje. Se on *gurultasi*."

Ashramin asukkaat odottivat kirjeen muuttavan hieman *swamin* asennetta. Hänen *gurunsa* oli nimittäin kirjoittanut sen eräälle *brahmacharille*, ja siitä ilmeni selvästi *gurun* suuri arvostus ja kunnioitus Äitiä kohtaan. Hän oli lopettanut kirjeen seuraavasti: "Kaikki on Äidin *liilaa*, kumarrun nöyrästi hänen jalkojensa juureen." *Brahmacharit* katsoivat toiveikkaasti *swamia* tämän lukiessa kirjettä. Hän kalpeni, mutta sitten hän nosti päänsä ja hämmästytti kaikkia sanomalla: "Olen jopa *gurun* tuolla puolen."

Mikä järkytys! Brahmacharit mykistyivät täysin. Tyrmistyneinä *swamin* hävyttömästä väitteestä he eivät löytäneet enää sanoja ja lähtivät hiljaa huoneesta. He kävelivät hitaasti kohti temppeliä, jossa Amma antoi *Devi bhava -darshania*. *Swami* pysytteli huoneessaan koko illan eikä tullut Amman *darshaniin*.

Perjantaina 20. heinäkuuta 1984

Seuraavana aamuna Amman tultua *darshan*-majaan *swami* tunkeutui sisään ja vaati saada puhua hänen kanssaan. Amma hymyili ja levitti rakastavasti hänen eteensä maton ja pyysi häntä istumaan. *Swami* istuutui kova ilme kasvoillaan. Amma istui maton toisessa päässä kasvotusten hänen kanssaan. Kaikki läsnäolijat olivat lumoutuneita Äidin nöyryydestä ja rauhaisasta jumalallisuudesta, joka huokui hänestä. Mutta *swami* ei ollut taltutettavissa aivan niin helposti. Vieraan ikäänkuin uhmatessa Ammaa ja tämän suuruutta hän paljasti jälleen ylimielisyytensä.

"Kuten tiedätte, tulen erittäin arvostetusta henkisestä järjestöstä. Olen opiskellut pyhiä kirjoituksia seuran päämajassa. Saatuani kirjalliset opintoni päätökseen *guruni* vihki minut *sanjaasaan*. Siitä lähtien olen kiertänyt opettamassa *vedantaa*. Lukemattomat ihmiset ovat saaneet innoitusta henkisistä luennoistani. Monet ihmiset taivaltavat henkistä polkuaan saaden inspiraationsa minun opetuksistani. Vaikuttaa kuitenkin siltä, kuin nämä pojat eivät olisi ymmärtäneet minua. He eivät tiedä, kuinka korkealla henkisellä tasolla olen eivätkä ole kunnioittaneet minua asiaankuuluvalla tavalla."

Kuunnellessaan hänen kerskumistaan *ashramin* asukkaat olivat tyrmistyneitä ja samalla vihastuneita. Tuollaiset ylpeyden ja ylimielisyyden ilmaukset olivat jotain ennenkuulumatonta, erityisesti Jumalallisen Äidin edessä. Kaikki katsoivat Ammaa, mutta hänen tyyneytensä ja rauhallisuutensa kehotti heitä pysymään vaiti.

Amma hymyili *swamille* kuin olisi kuunnellut harhautuneen lapsen hupsua höpinää. Hän vastasi *swamille* hyvin ystävällisesti ja pehmeästi: "Poikani, rauhoitu. Rentoudu. Olet tutkinut kirjoituksia ja tiedät, mitä henkisyys merkitsee. Mutta pyhimykset ja tietäjät, joiden kautta *vedat* ja *upanishadit* ovat saaneet alkunsa, olivat täysin vapaita egosta. Todellinen henkisyys on egottomuutta. Nämä opettajat eivät koskaan julistaneet olevansa kaiken tuolla puolen. He eivät koskaan sanoneet olevansa suuria. Milloinkaan he eivät vaatineet, että muiden tulisi palvoa heitä, suoda heille huomionosoituksia tai edes kunnioittaa heitä. Heidät muistetaan ja heitä ihaillaan yhä heidän suuren nöyryytensä ja maailmasta luopumisensa tähden. Jos voit lakata vaatimasta, että muiden tulisi kunnioittaa sinua ja huomioida sinut, huomionosoitukset ja kunnioitus tulevat osaksesi pyytämättä. Yritä vain olla nöyrä ja kärsivällinen, niin näet, kuinka asiat ympärilläsi muuttuvat. Koeta vain olla oma itsesi. Kun lakkaat vaatimasta, muut alkavat huomioida ja palvoa sinua, vaikka et välittäisi koko asiasta, vaikka et edes haluaisi sitä.

Poikani, puhut niin lapsellisesti. Ihmiset tekevät pilaa sinusta. He pitävät sinua tietämättömänä ja epäkypsänä. He eivät kiinnitä mitään huomiota sinuun eivätkä lainkaan välitä siitä, mitä sanot. He pitävät sinua narrina. Tuotat häpeää ja huonoa mainetta *gurullesi* ja edustamallesi järjestölle olemalla niin ylpeä itsestäsi ja puhumalla niin ylimielisesti. Sinä olet peili, jossa *gurusi* ja järjestösi suuruuden tulisi näkyä. Sanojesi ja tekosi tulisi lisätä gurusi ja hänen työnsä kunniaa ja loistokkuutta.

Yritä olla lapsen kaltainen. Vain silloin voit oppia ja kasvaa. Täysikasvuisuuden ja suuruuden tunteet eivät auta sinua oppimaan. Vain nöyryys auttaa sinua kasvamaan. Lapsen tunne-elämä ja älykkyys kehittyvät, koska lapsella ei ole egoa, joka esittäisi vastalauseita ja kasaisi esteitä oppimiselle. Tieto virtaa lapseen esteettömästi. Mutta aikuisen egon päästyä kasvamaan ilmaantuvat sellaiset tuntemukset kuten 'minä' ja 'minun', ja kaikki mahdollisuudet sisäiseen kasvuun estyvät.

Poikani, sanot siis olevasi suuresta henkisestä järjestöstä. Mutta suuruus ei ilmene koossa tai jäsenten lukumäärässä. Henkinen järjestö saattaa olla suuri kooltaan, mutta sen todellinen suuruus piilee kuitenkin sen jäsenten nöyryydessä, kärsivällisyydessä ja maallisuudesta luopumisessa. Kuuluupa henkilö mihin järjestöön hyvänsä, hengelliseen tai muunlaiseen, hänen tulisi olla nöyrä ja mukau-tumishaluinen. Vasta sitten hän voi todella kasvaa.

Mikään ei ole syntyessään täysikasvuista. Kaiken mikä syntyy on käytävä läpi lapsuusvaihe ennen kuin se saavuttaa kypsyyden. Tämä on tervettä kasvua. Oli kyseessä mikä tahansa esine, kasvi, eläin, yhteiskunnallinen laitos tai valtio, sen on läpikäytävä erilaisia kasvun vaiheita. Kaikella on luonnollisesti menneisyytensä, nykyisyytensä ja tulevaisuutensa, koska kaikki on olemassa ajassa. Siksi järjestön iällä ja jäsenmäärän suuruudella ei ole merkitystä. Sen sijaan on tärkeää, että sen edustaja oppii elämään sen opetusten mukaisesti etenkin, jos kyseessä on pyhiä kirjoituksia tutkinut henkinen etsijä. Poikani, etkö maininnut lukeneesi kaikki kirjoitukset? Yritä siis olla esimerkkinä näille pojille täällä. Innosta heitä kärsivällisyydelläsi, nöyryydelläsi ja luopumuksellasi. Muutoin heissä saattaa kehittyä vastenmielisyys kirjoitusten opiskelua kohtaan. He ovat vasta aloittelijoita. Jos sinä olet egoton, he hyväksyvät sinut ja arvostavat sinua. Sinä innoitat heitä ja he yrittävät noudattaa esimerkkiäsi."

Swami vastasi: "Olen kaikkien sääntöjen ja määräysten tuolla puolen. Olen jopa pyhien kirjoitusten saavuttamatto-missa enkä todellakaan ole tullut näyttämään esimerkkiä näille aloittelijoille." Kova ilme pysyi hänen kasvoillaan.

Amma jatkoi: "Poikani, kaikkien rajojen ylitse päässeillä ihmisillä ei ole mitään sanottavaa. He tietävät, että tuo suuri kokemus on sanojen tavoittamattomissa. Eikö tämä seikka ole tuttu opinnoistasi? Pidätkö pyhiä kirjoituksia vain kokoelmana sanoja, joita jotkut ihmiset kynäilivät, koska heillä ei ollut muuta tekemistä? Jos todella uskot näiden suurten ihmisten kokemaan totuuteen, jos todella uskot heidän sanomaansa ja haluat tehdä hiukankaan oikeutta tälle loistavalle henkiselle perinteelle ja käyttämällesi okran-väriselle vaatetukselle, yritä harjoittaa käytännössä sitä, mitä he esittivät.

Näiden lasten, joita Amma yrittää kasvattaa, tulisi voida oppia sinunkaltaisiltasi ihmisiltä kärsivällisyyttä, nöyryyttä ja luopumista. Mutta sen sijaan sanasi ja tekosi hämmentävät heitä. Kun olet lähtenyt, Ammaa odottaa kysymysten ja epäilyjen tulva, johon hänen pitää vastata. Viime yönä he kyselivät: 'Kuinka *swami* saattaa tuolla tavoin vaatia hyvää ruokaa ja tasokasta majoitusta? Kuinka hän saattoi nukkua Amman huoneessa tietäen, että se on hänen? Emme koskaan kuvitelleetkaan, että henkinen etsijä voisi olla tuollainen. Jos pyhien kirjoitusten lukeminen kasvattaa niin suuren egon kuin olemme tuossa *swamissa* nähneet, olemme mieluummin lukematta niitä.'

Amma onnistui jotenkuten tyynnyttämään heitä sanoen, että heidän ei tulisi nähdä vikoja toisissa, sillä se haittaa heidän omaa henkistä kehitystään. Amma kysyi *brahmachareilta* myös: 'Miksi teidän pitäisi tuomita kokonainen henkinen suuntaus vain yhden henkilön vikojen perusteella? Jos hän käyttäytyy kummallisesti, on hän itse syypää siihen. Kuinka voitte vierittää syyn viattomien pyhimysten ja tietäjien niskoille? Miten voitte syyttää koko lääkärikuntaa yhden lääkärin tekemästä virheellisestä diagnoosista?'"

Lyhyen tauon jälkeen Amma puhui jälleen *swamille*: "Poikani, voit toimia kuten tahdot, mutta tiedätkö, kuinka paljon vahinkoa saat aikaan sanoillasi ja teoillasi? Sinulla on omat teoriasi ja käsityksesi asioista. Hyvä niin. Pidä ne itselläsi, jos olet niin kiintynyt niihin, mutta miksi saattaa muita ihmisiä ymmälle levittämällä sellaisia uskomuksia? Se on vakava synti, josta joudut jossain vaiheessa maksamaan. Amma opettaa lapsilleen *tyagaa*, ei *bhogaa*."

Majaan tuli hiirenhiljaista. *Swamissa* ei ollut havaittavissa minkäänlaisia tunteita. Kaikki katselivat ja kuuntelivat tarkkaavaisesti. Kun vieras lopulta puhui, hänen vastauksensa oli kuin salama kirkkaalta taivaalta: "Olet jatkuvasti kutsunut minua 'pojaksi'. Ehkä minun pitäisi kutsua sinua 'tyttäreksi!'".

Swamin hävyttömyys oli liikaa *ashramin* asukkaille, eikä eräs heistä pystynyt hillitsemään itseään vaan ryhtyi esittämään vastalauseita. Mutta Amma viittasi häntä pysymään hiljaa. Hän kääntyi nopeasti tuon oppilaan puoleen ja sanoi: "Mikä sinua oikein vaivaa? Amma ei halua kenenkään puuttuvan tähän. Pysykää hiljaa jokainen, kunnes keskustelu on ohitse. Ellette pysty siihen, lähtekää ulos."

Jos *swami* vain olisi ollut vastaanottavainen nähdäkseen silmillään ja tunteakseen sydämellään, hän olisi oivaltanut Äidin suuruuden pelkästään tarkkailemalla häntä. Kaikesta, mitä Amma sanoi ja teki, näkyi ylevöityneen tilan kiistämättömät tunnusmerkit: järkähtämätön kärsivällisyys ja syvä nöyryys vailla egon häivääkään.

Mutta *swami* oli liian sulkeutunut, liian sokea. *Swamin* ylimielisyys oli kuin malliesimerkki *Bhagavad-Gitan* kuuluisasta säkeestä:

> *Omaksuessani ihmiskehon, typerykset jotka eivät tunne minun todellista luonnettani kaikkien olentojen Suurena Herrana, eivät tunnista minua ja jättävät minut huomiotta. (IX:1)*

Kääntyen *swamin* puoleen Amma vastasi hymyillen: "Amma ei ole koskaan pyytänyt ketään kutsumaan itseään Äidiksi (Ammaksi). Hän ei ole milloinkaan vaatinut sitä. Mutta kaikki kutsuvat häntä Äidiksi, ja hän vastaa heille kutsumalla heitä puolestaan lapsiksi. Amma ei ole koskaan piitannut siitä, millä nimellä ihmiset puhuttelevaat häntä. Oppilaat ja henkiset etsijät kutsuvat häntä Äidiksi. Jotkut kutsuvat häntä hänen vanhempiensa antamalla nimellä. Eräät ateistit ja muut, jotka ovat häntä vastaan, käyttävät vähemmän mairittelevia sekä halveksivia nimityksiä. Tämä ei vaivaa Ammaa lainkaan. Ihmiset näkevät asiat omien *vasanoidensa* mukaisesti. Sama ihminen voi olla jollekin sisar, toiselle tytär ja muille serkku, täti tai ystävä. Kuinka monen syntymän, kuinka monen kehon, kuinka monen kohdun ja kuinka monen nimen ja muodon kautta olemmekaaan kulkeneet ennen tähän nykyiseen elämään saapumistamme? Kuinka monta kertaa ja kuinka monelle ihmiselle olemme olleetkaan isiä, äitejä, veljiä, siskoja, sukulaisia ja ystäviä? Älä siis, poikani, ole huolissasi. Se ei ole tärkeää. Keho on muuttuva: se on epätodellinen. Voit kutsua tätä kehoa millä nimellä haluat. *Tämä* (osoittaen itseään) ei välitä."

Amman mielentila näytti muuttuvan, ja hän alkoi puhua äärettömyyden näkökulmasta: "*Tämä* tuli äärettömyydestä." Hän osoitti jälleen itseään. " *Tämä* oli vailla kehoa. *Tämä* otti itselleen muodon ja ilmentyi tässä kehossa. Jotkut kutsuvat sitä Ammaksi, jotkut *Sudhamaniksi*, ja on ihmisiä, jotka kutsuvat sitä *Amritanandamayiksi*, sekä lukemattomilla muilla nimillä. Mutta *tämä* pysyy samana, muuttumattomana, koskemattomana. Kukaan ei pysty läpäisemään *tämän* olennon mysteeriä."

Hänen syvälliset sanansa ja ylevöitynyt mielentilansa näyttivät vaikuttavan *swamiin*, joka kalpeni eikä kyennyt sanomaan mitään. Äidin sanojen voima ja hänen syvällinen selvityksensä, joka kumpusi mielen käsityskyvyn ylittävistä henkisistä korkeuksista, sai *swamin* sanattomaksi.

Swami yritti piilotella hämmennystään, mutta pian hän oli jälleen vanha ylimielinen itsensä ja hän yritti peitellä typerää huomautustaan Amman kutsumisesta tyttäreksi. Kun hän puhui, hänen äänensä oli lattea ja voimaton. "Minulle on sama, miksi sinä nimität minua. Miksi minun pitäisi välittää? Minä olen *Brahman*."

Kaikki nauroivat kuullessaan moisen typeryyden. Se toi mieleen Amman sanonnan: "Egoistiset ihmiset käyttäytyvät joskus kuin mielipuolet."

Vastauksena tähän Amma sanoi: "Myös hullu koira on *Brahman*, mutta onko sillä erottelukykyä?" Sitten hän sulki silmänsä ja istui sisäänpäin kääntyneenä jonkin aikaa. Kun Amma tuli takaisin tavalliseen tietoisuudentilaan, *swami* sanoi jälleen, aivan kuin mitään ei olisi tapahtunut: "Voitko siis järjestää ruokaa ja majoituksen *sanjaaseille* ja *brahmacha-reille*, jotka kulkevat tätä kautta varojenkeräysmatkallaan?"

Amma vastasi nauraen: "Poikani, se on jo sovittu. Mutta sinun velvollisuutesi on välittää viesti asian edellyttämällä ja kohteliaalla tavalla. Ammalle voit puhua kuten haluat, hän haluaa antaa anteeksi ja unohtaa. Mutta et voi käyttäytyä tällä tavoin ketä tahansa kohtaan. Ihmiset ja järjestöt antavat paljon painoa säännöille ja määräyksille. Poliisiasemalla et voi käyttäytyä miten huvittaa. On olemasssa lakeja, ja asiat tehdään tietyllä tavalla. Sinun on käyttäydyt-tävä sopivalla ja asiaankuuluvalla tavalla virkamiehen tai oikeuden tuomarin edessä. Tämä pätee myös temppelissä tai kirkossa käynnin suhteen. Sellaisissa paikoissa sinun tulisi pitäytyä niissä säännöissä ja menettelytavoissa, jotka niihin ovat vakiintuneet. Et voi toimia omien oikkujesi ja päähänpistojesi mukaan. Yhteisöllä, johon kuulut, on silläkin omat sääntönsä ja määräyksensä, eikö totta? Sinä noudatat niitä. Eikö niin?

Etkö tiedä, että kaikilla paikoilla on oma *dharmansa*? Kaikella on oma luonteensa. Kuinka voit vaatia, että minkään paikan tai yleensä minkään pitäisi muuttaa luonnettaan, että sen tulisi etääntyä *dharmastaan*? Onko oikein vaatia, että jonkun paikan tulisi poiketa sille luonteenomaisilta toimintatavoiltaan vain, koska sinä tai joku muu ei pidä siitä, miten se toimii? Et voi vaatia, että poliisiaseman tulisi olla kuin kauppatori tai temppelin kuin viinakauppa. Et voi olettaa *ashramin* olevan viiden tähden hotelli. Jokaisella paikalla on oma toimintatapansa, joka on sille luontainen, toisin sanoen sen *samskara*. Jos paikka muuttaa luonnettaan, siitä tulee jotakin muuta.

Tämä on *ashram*. Sillä on oma tapansa toimia. Amma on hyvin iloinen toivottaessaan kaikki tänne saapuvat tervetulleiksi ja ruokkiessaan heitä. Amma kutsuu mitä lämpimimmin kaikki rahankeräysryhmän jäsenet viivähtämään joksikin aikaa *ashramissa* ja syömään täällä. Olet välittänyt viestin heidän tulostaan, ja Amma on onnellinen saadessaan tietää asiasta etukäteen. Mutta poikani, tämä on *ashram* eikä hotelli tai palatsi parhaimpine ruokineen ja loistomajoituksineen. Se ei käy päinsä. Yksinkertaisuus ja nöyryys ovat *ashramin* ja todellisen henkisen etsijän tavoitteena. Et voi olettaa saavasi nauttia täällä seitsemän ruokalajin aterioista ja ylellisestä oleskelusta. Täällä on kaikki korutonta. Ei ole oikein vaatia *ashramilta* hotellitasoa. Se on vastoin *ashramin dharmaa*. *Ashram* on paikka, jossa asuu henkisiä etsijöitä - ihmisiä, jotka yrittävät jättää maalliset asiat taakseen. Ne, jotka tietävät tämän, eivät odota ensiluokkaista majoitusta. He tietävät, että *ashramissa* käynnin ensisijainen tarkoitus on ruokkia sielua. Kehon ruokkiminen on toisarvoista *ashramissa*."

"Tiedän kaiken tämän. Enkö kertonut, että olen opiskellut *vedantaa* kolme vuotta?", *swami* huomautti.

Lempeästi kiusoitellen Amma toisti vieraan sanoja: "Minä tiedän... olen opiskellut *vedantaa*... olen suuri..." Sitten hän nuhteli tätä sanoen: "Poikani, sinulla on niin iso 'minä'. Se on ongelmasi. Juuri 'minä' opiskeli tuon kaiken. Jatkoit egosi ruokkimista. Tällä tavoin 'minä', ego, vain kasvoi ja kasvoi, ja todellinen minäsi jäi kärsimään. Mikä häpeä! Opiskelit pyhiä kirjoituksia, ja nyt toistat niitä kuin papukaija ymmärtämättä niitä tai etsimättä niiden todellista merkitystä. Poikani, oletko kuullut tämän tarinan?

Rikkaalla miehellä oli upea lintukokoelma, ja hän ylpeili siitä jokaiselle, joka kävi hänen talossaan. Kerran hänen esitellessään lintutaloaan joillekin ystävilleen eräs heistä huomautti: 'Mutta sinullahan ei ole puhuvaa papukaijaa.' Heti vieraiden lähdettyä mies säntäsi eläinkauppaan ja kysyi: 'Onko teillä puhuvaa papukaijaa?' 'Kyllä, on tietysti', vastasi kauppias ja osoitti häkissä olevaa papukaijaa. 'Puhuuko tämä papukaija?', kysyi mies. 'Siitä ei ole epäilystäkään', vastasi papukaija itse. Pyörtymäisillään onnesta mies osti papukaijan, eikä havainnut, että kauppias yritti kertoa hänelle jotakin.

Malttamattomana hän kutsui luokseen samat ystävät, jotka olivat huomauttaneet, että häneltä puuttui puhuva papukaija. Papukaijan nähtyään eräs heistä kysyi: 'Puhuuko tämä papukaija?' 'Siitä ei ole epäilystäkään', vastasi papukaija. Hämmästyneenä vastauksesta toinen vieraista kysyi: 'Mikä on nimesi?' Papukaija vastasi: 'Siitä ei ole epäilystäkään'. Kerta toisensa jälkeen se vastasi kaikkiin kysymyksiin: 'Siitä ei ole epäilystäkään.' Huomattuaan, että papukaija osasi vain tämän yhden lauseen, vieraat alkoivat nauraa ja kiusoitella miestä. Kiukuissaan mies avasi häkin oven ja päästi linnun menemään sanoen: 'Mikä typerys olenkaan!' Ja papukaija sanoi poislentäessään: 'Siitä ei ole epäilystä-kään.'

Kaikki nauroivat, ja *swami* katseli ympärilleen kysellen: "Pilkkaatteko minua?" Hän vaikeni ja katsoi sitten Ammaan kysyen: "Onko *sanjaaseilta* kielletty kaikki elämän mukavuudet?"

Amma nauroi ääneen: "Poikani, juuri *sanjaasien* maailmasta luopumisen ja yksinkertaisen elämäntavan takia muu maailma saa nauttia. Maailman koko olemassaolo on riippuvainen vilpittömien *sadhakoitten* harjoittaman *tapasin* synnyttämästä henkisestä energiasta.

Kaikilla elämänalueilla joidenkin ihmisten tehdessä asiat väärin jotkut muut tekevät ne oikein. Tämä pitää pallon liikkeessä. Näin yhteiskunta pystyy toimimaan tuhoutumatta kokonaan. Hyvä tasapainottaa aina pahan, ylistykset tasapainottavat loukkaukset, luominen tasapainottaa hävityksen. Luopuminen, pidättyväisyys ja takertumattomuus tasapainottavat halujen tyydyttämisen, nautiskelun ja kiintymyksen. Kun maalliset ihmiset tuhlaavat energiansa nautiskellessaan ylenmäärin ja etsiessään tyydytystä, henkiset etsijät säästävät energiansa pidättäytymällä liiallisesta halujen tyydyttämisestä ja kohtuuttomasta kiintymisestä. Toisaalla kaikki energia tuhlataan ja toisaalla se säilytetään. Säästäminen on avuksi kulutukselle. Miten ilman säästämistä voitaisiin kuluttaa? *Tapasvi*, henkinen etsijä, joka tekee itsekuriharjoituksia ja säästää energiaa , muuttuu aikanaan ankarien henkisten harjoitustensa ansiosta ehtymättömäksi voiman lähteeksi. Sen sijaan ihmiset, jotka antautuvat nautinnonhalulleen ja elävät loputtomien odotuksien, unelmien ja toiveiden vallassa, rakentavat pilvilinnoja. Siten he hukkaavat kaiken energiansa ja lopulta he murtuvat. Kenen puoleen he voivat silloin kääntyä? Kuka voi auttaa heitä saamaan takaisin energiansa ja elinvoimansa? Heidän ainoa tukensa ja turvansa on valtaisan energiamäärän kerännyt henkinen ihminen, jolla on varaa antaa rajattomasta varastostaan ylenpalttisesti. Hän säästää energiaa muiden ihmisten ja maailman hyväksi ja auttaa tarvitsevia."

Lyhyen tauon jälkeen Amma jatkoi: "*Sanjaasi* on sellainen ihminen, joka luovuttuaan kaikista kiintymyksen kohteista on olosuhteista riipumatta aina autuuden tilassa. Hän on kaikkien rajojen tuolla puolen. Hän on hyvin kärsivällinen, pitkämielinen, sinnikäs ja anteeksiantavainen. Koska hän elää omassa todellisessa Itsessään, aika tai paikka eivät vaikuta häneen. Hän löytää onnen sisältään. Hän voi elää onnellisena alimmassa helvetissäkin. Hän voi asua raivokkaita eläimiä vilisevässä metsässä ja olla silti autuaallinen.

Etkö ole lukenut *Ramayanaa*? *Rama* luopui hymyillen koko kuningaskunnastaan eikä tuntenut vähimmässäkään määrin vihaa tai kaunaa niitä kohtaan, jotka olivat juonitelleet häntä vastaan. Sinä yönä kun he lähtivät *Ayodhyasta*, *Rama*, *Sita* ja *Lakshmana* joutuivat nukkumaan ulkosalla ilman suojaa. Olosuhteista huolimatta *Ramalla* ei ollut mitään vaikeuksia nukkua paljaalla maalla. Itse asiassa hän oli ainoa, joka nukkui kunnolla. *Lakshmana* ja *Sita* olivat niin kiihtyneitä, etteivät he saaneet nukutuksi silmänräpäystäkään. *Rama* oli todellinen *sanjaasi*. Muista, että hän oli sentään prinssi, jolla oli ollut käytettävissään kaikki elämän ylellisyydet aina karkotukseensa saakka. Kuitenkaan hänellä ei ollut mitään vaikeuksia luopua kuninkaallisista nautin-noista ja hyväksyä uusi, erittäin epämiellyttävä tilanne. Pystyisitkö sinä siihen? Sinä kysyt: 'Eikö *sanjaasi* voi nauttia elämästä?' Tietenkin voi. Miksi ei voisi? Mutta oletko henkisesti niin kypsä ja vapaa, että olisit valmis jättämään kaiken minä hetkenä hyvänsä ja hyväksymään iloiten tilalle jotain täysin odottamatonta? Jos olet, silloin voit todella nauttia elämästä.

Poikani, tämä ei ole ensimmäinen kerta, kun *ashramissa* vierailee *sanjaasi*. Monet *sanjaasit* ja henkiset ihmiset ovat vierailleet täällä. Lapset täällä ovat aina valmiita palvelemaan heitä ja auttamaan heitä kaikin tavoin. He ovat onnellisia saadessaan palvella vieraita, ja he arvostavat *sanjaaseja* suuresti. He kunnioittavat okranväristä vaatetta. Mutta sinä käyttäydyt oudosti, *sanjaasille* ennenkuulumattomalla tavalla. Olet saanut heidät hämmennyksiin. He eivät ole täydellisiä sieluja. He odottavat sinun kaltaistesi ihmisten olevan heille esimerkkinä. He tarvitsevat vihjeitä ja kokemuksia, jotka auttavat heitä heidän sisäisessä kasvussaan. Mutta sinun kummallinen käytöksesi ja itsekkäät sanasi ovat järkyttäneet heitä. Käyttämäsi okranvärisen vaatteen tulisi muistuttaa sinua siitä, että harjoittaisit nöyryyttä ja kärsivällisyyttä kaikissa puheissasi ja teoissasi. Kun ihmiset eivät näe sinussa sellaisia ominaisuuksia, he yksinkertaisesti sivuuttavat sinut ja pitävät sinua täysin sopimattomana tälle polulle."

Swami oli ilmeisen rauhaton. Hän oli aivan hiljaa. Amma sulki silmänsä ja pysytteli jonkin aikaa sisäänpäin kääntyneenä. *Swami* istui tuijottaen maahan, niska häpeästä kyyryssä. Silloin tällöin hän nosti kuitenkin hieman päätään ja katsoi Amman autuaita kasvoja. Ehkäpä Amman hurmioitunut tila herätti hänessä kiinnostusta. Jonkin ajan kuluttua Äiti avasi silmänsä. Ikäänkuin hän olisi nähnyt, mitä *swami* oli juuri käymässä läpi ja tarkkaillut tämän sisäistä kamppailua egonsa kanssa, hän hymyili hyväntahtoisesti tälle ja jatkoi:

"Poikani, kun siemenestä kasvaa puu, jolla on yllin kyllin hedelmiä, sen ei tarvitse julistaa maailmalle: 'Katsokaa kaikki, katsokaa minua! Olen kaunis puu, täynnä hedelmiä. Tulkaa, ihmiset, tulkaa! Levätkää oksieni varjossa. Nauttikaa lehtieni lomitse virtaavasta viileästä ilmasta. Nauttikaa maukkaista hedelmistäni!' Ihmiset tulevat muutenkin sankoin joukoin sellaisen puun luokse nauttimaan sen suomista hedelmistä, varjosta ja viileydestä. Mutta ennen sitä, aivan kuten siemenen on kasvettava ulos kuorestaan, on sinunkin kasvettava ulos egosi kovasta kuoresta. Aivan kuten siemen kumartaa syvään maaperälle kasvaakseen puuksi, on sinun kumarrettava hyvin nöyränä kaikelle olevaiselle, jos aiot kehittyä Itseksi.

Ajatellaanpa esimerkiksi kukkaa. Nuppuvaiheessa emme havaitse sen värikkäitä terälehtiä tai suloista tuoksua. Mutta ne ovat kukan sisällä ilmenemättömissä olomuodossa. Ne ovat siellä piilevinä. Kukan kukkiessa on terälehtien kaunis väri nähtävissä ja sen tuoksu leviää ympäristöön. Samalla tavoin jumalallisuus on sisäisesti sinussa. Sinä olet jumalallisuus, joka ei ole vielä ilmentyntyt. Ikuinen kauneus ja jumalallinen tuoksu ovat mahtavina sinussa. Mutta sydämesi on tällä hetkellä sulkeutunut väärän ylpeydentunteesi vuoksi kuin avautumaton kukka, sen vuoksi et ole oivaltanut todellista olemassaoloasi tietoisuudessa. Henkisten harjoitusten avulla sydämesi nuppu lopulta avaa terälehtensä. Vasta silloin oivallat olevasi yhtä korkeimman tietoisuuden kanssa.

Et voi lypsää maitoa lehmää esittävästä kuvasta etkä sammuttaa janoasi jokea esittävän piirroksen vedellä. Et myöskään voi saada kokemusta *Atmanista* pyhien kirjoitusten teksteistä. Kirjoitusten tutkiminen vastaa kartan käyttöä päämäärän löytämiseksi. Nähtäväksi jää, oletko ymmärtänyt kartan antamat ohjeet riittävän selkeästi. Ohjeet voidaan ymmärtää väärin ja sinä voit tulla johdetuksi harhaan. Itseasiassa *vedantaa* opiskeltaessa väärinymmärryksen mahdollisuus on suurempi kuin filosofian ymmärtäminen oikein. *Vedantan* opiskelu useimmiten vain kasvattaa egoa. Kukaan ei voi mennä *srutien*, *vedojen* ja *upanishadien* tuolle puolen ennenkuin ego on poistettu. Amma ehdottaa sinulle ainoastaan, että aloittaisit henkiset harjoitukset ja heittäisit pois suuren oppineen ylpeytesi. Muussa tapauksessa elämäsi menee hukkaan. Edistyessäsi henkisissä harjoituksissasi tulet oivaltamaan Amman sanojen totuudellisuuden.

Ja vielä eräs asia. Amma tietää, että sinua ei ole vihitty *sanjaasaan*. Otit okranvärisen vaatteen omin päin."

Äidin sanat iskivät *swamiin* kuin salama. Hän oli selvästikin liian järkyttynyt kyetäkseen puhumaan. Hän istui pitkän aikaa liikahtamatta. Mietiskelikö hän, mitä Äiti oli sanonut? Ymmärsikö hän, kuinka typerä hän oli ollut Amman ja muiden edessä? Häpesikö hän lainkaan? Kaikki istuivat hiljaa odottaen, mitä tapahtuisi seuraavaksi. Sanaakaan sanomatta *swami* nousi ja lähti.

Vaikka *ashramin* asukkaat eivät enää nähneet häntä, he saivat myöhemmin vahvistuksen sille, että *swami* oli todellakin vihitty vain *brahmacharyaan*, että hän ei ollut *sanjaasi*. Tämä tieto ei tullut kenellekään yllätyksenä, mutta samalla he saivat kuulla, että hän oli vetäytynyt yksinäisyyteen harjoittamaan *sadhanaa*. Ehkäpä Amma oli siis tehnyt häneen voimakkaaman vaikutuksen kuin he olivat kuvitelleet. Vaikka vieras oli ärsyttänyt ja jopa suututtanut kaikkia peräänantamattomalla ylimielisyydellään, he tunsivat sydämissään lämpöä tätä kohtaan kuullessaan uutisen.

Swamin mentyä Amma puhui *brahmachareille*: "Lapset, tuo poika oli todellakin hyvin ylimielinen. Mutta voitte oppia häneltä paljon. Muistaessanne, mitä tunsitte häntä kohtaan, teidän tulisi ponnistella, ettette koskaan käyttäytyisi omahyväisesti. Vaikka jonain päivänä olisitte lukeneet kaikki pyhät kirjoitukset ja ihmiset alkaisivat osoittaa suurta kunnioitusta teitä kohtaan, teidän ei tulisi poiketa luopumisen ja nöyryyden polulta. Teidän ei koskaan tule pitää ketään itseänne vähäisempänä eikä vaatia muilta palveluksia tai kunnioitusta." Pienen tauon jälkeen Amma jatkoi: "Mielenne on kiihdyksissä, eikö niin? Rauhoitutaanpa, ennenkuin puhumme tai teemme mitään muuta." Sitten hän pyysi *brahmachari Paita* laulamaan *bhajanin*.

Hän lauloi laulun:

Verumoru pulkkodi

Oi Äiti, olen vain ruohonkorsi,
en ole mitään ilman armoasi.
Oi Sinä joka hohdat kuin kulta,
vuodata minulle myötätuntosi.

Olen egon muovaama hahmo,
minut on luonut voimakas harha.
Oi Äiti, poista syntini
ja tule sydämeeni.

Laulu vaikutti voimakkaasti jokaiseen. Kaikki kuuntelivat tarkasti sanoja mietiskellen omaa merkityksettömyyttään ja sitä kuinka he olivat ainoastaan Äidin armon ansiosta saaneet mitään aikaan elämässään. Äiti ei laulanut vaan istui liikahtamatta, silmät suljettuina. Laulun päätyttyä vallitsi pitkä ja syvä hiljaisuus, jota kukaan ei halunnut rikkoa. Muutaman minuutin kuluttua Amma avasi silmänsä ja hymyili kaikille ympärillään oleville. Hänen hurmaava hymynsä kuvasti hänen vakaata ja järkkymätöntä luonnettaan. Kuinka mikään voisikaan häiritä Ammaa, joka on vakiintunut pysyvästi omaan Itseensä?

Äidin rakkaus

Lauantaina 21. heinäkuuta 1984

Vaikka *swami* oli lähtenyt edellisenä päivänä, hänen vierailunsa oli vielä kaikkien mielessä. Hänen käytöstään ei voinut unohtaa. Hänet muistettaisiin vielä kuukausien ja jopa vuosienkin kuluttua. Päivän *darshan* oli loppunut. Amma istui kookospalmujen alla *ashramin* asukkaiden ja muutaman vierailevan oppilaan ympäröimänä. Yksi *brahmachareista* käytti tilaisuutta hyväkseen kysyäkseen *swamista*: "Amma, kuinka saatoit olla niin kärsivällinen ja tyyni tuon *swamin* ylimielisyydestä huolimatta? Kunnioituksen puute, jota hän osoitti

Sinua kohtaan, sai minut niin raivostuneeksi. Luulen, että kaikki muutkin tunsivat samoin."

Amma vastasi: "Kuinka Amma voisi suuttua lapselleen vain, koska tämä oli vähän tuhma ja itsepäinen? Amma tunsi häntä kohtaan ainoastaan myötätuntoa. Myös hän on Amman lapsi, vaikka hän on tietämätön siitä. Joskus lapsi potkii ja lyö äitiään ja sanoo hänelle pahasti, mutta äiti sietää tämän kaiken kärsivällisesti. Hän ei lyö eikä potkaise takaisin. Äiti tietää, että lapsi on tietämätön eikä kykene näkemään asioiden oikeaa laitaa. Lapsi saattaa joskus puraista imiessään äitinsä rintaa. Mitä äiti tekee? Hän ei lopeta imettämistä. Hän ei suutu eikä lyö lasta sen takia. Äiti kestää kivun ja jatkaa imettämistään rakkaudella. Koska hän tuntee lastaan kohtaan rakkautta ja myötätuntoa, hän on kärsivällinen ja ymmärtäväinen.

Äitinä et voi olla rakastamatta. Voit olla vain myötätuntoinen, voit vain antaa anteeksi ja unohtaa. Siksi kaikki mikä on rakkaudellista ja kärsivällistä tunnetaan nimellä 'äiti'.

Maa on meille 'Äiti Maa'. Miksi? Kärsivällisyytensä takia. Ihmiset käyttäytyvät julmasti maata kohtaan. He eivät huolehdi siitä eivätkä rakasta sitä. He riistävät sitä, vaikka se on antanut meille ihmeellisiä lahjoja. Tästä huolimatta maa kestää kaiken kärsivällisesti ja siunaa ihmiskuntaa valtavilla rikkauksilla ja yltäkylläisyydellä. Tämän vuoksi maa on Äiti Maa ja luonto on Luontoäiti. Kaikki maan joet hyödyttävät suuresti koko ihmiskuntaa, etenkin *Ganges*. Myös joet ovat äitejä. Mutta me vahingoitamme niitä suuresti väärinkäyttämällä ja saastuttamalla niitä. Ne ovat kuitenkin kärsivällisiä ja rakastavaisia meitä kohtaan. Myös meri kaikkine luonnonvaroineen ja rikkauksineen siunaa meitä jatkuvasti, vaikka me aiheutamme sille vahinkoa. Niinpä merikin on meille äiti. Intiassa myös lehmää pidetään äitinä. Pahat ja ahneet ihmiset teurastavat tuhansittain lehmiä kaikkialla maailmassa, mutta silti lehmä antaa meille maitonsa. Ja Jumala on kaikkein suurin äiti, sillä Hän on koko maailmankaikkeuden valtias ja valtiatar. Kaiken anteeksiantavan rakkautensa ja myötätuntonsa vuoksi Jumala opastaa ja innostaa koko luomakuntaa olemaan kärsivällinen ja myötätuntoinen meitä ihmisiä kohtaan siitä huolimatta, että ihmiset eivät anna lainkaan vastarakkautta.

Lapset, Amma ei voi olla kenellekään vihainen, sillä kaikki ovat hänen lapsiaan. Amma ei kykene näkemään eroavuuksia. Hän näkee kaiken omana Itsenään, joka ilmenee eri muodoissa.

Lapset, älkää olko pahalla mielellä tai vihaisia tuon pojan egoistisen käytöksen vuoksi. Viha on hyvin tuhoisaa. Jos tarkkailemme luonteeltaan vihaista ihmistä, voimme havaita, että hän on vihainen lähes koko ajan. Toisinaan viha näkyy selvemmin, joskus vähemmän selvästi, mutta se kiehuu hänen sisällään koko ajan. Hän ei kykene näkemään eikä arvostamaan sitä mikä on hyvää toisissa. Vaikka joku tekisikin hyvän työn, hän ei pysty onnittelemaan tätä. Kovuudessaan ja jyrkkyydessään hän ei voi näyttää eikä ilmaista rakkautta. Hän ei osaa olla edes ystävällinen. Hän voi joutua raivon valtaan pienimmästäkin syystä. Sama pätee myös mustasukkaiseen ihmiseen, joka haluaa jatkuvasti löytää jonkin syyn olla mustasukkainen, olkoon syy kuinka hölmö hyvänsä. Jos mitään ei tapahdu, joka saisi hänet reagoimaan mustasukkaisesti, hän hakee itse jonkun syyn jonka vuoksi hän voi olla mustasukkainen tai vihainen.

Vihainen aviomies tai mustasukkainen vaimo voi vihallaan tuhota koko perheen ja lasten elämän myös. Jokainen heidän kanssaan tekemisissä oleva myrkyttyy heidän vihastaan ja mustasukkaisuudestaan. Tällaiset ihmiset riitelevät ja epäilevät alituiseen. Kerron teille tarinan.

Eräs vaimo oli niin epäluuloinen miehensä suhteen, että he riitelivät joka päivä. Heti miehen tultua töistä kotiin vaimo tutki miehen taskut ja haisteli tämän vaatetusta. Joka päivä hän katsoi tätä tiukasti silmiin nähdäkseen, oliko niissä pelkoa tai syyllisyyttä. Hän kävi läpi jokaisen sivun tämän päiväkirjasta. Jos päiväkirjasta löytyi uusi puhelinnumero tai paidasta pitkä hius, hän alkoi epäillä ja vaatia selitystä niiden alkuperästä. Riidat päättyivät syytöksiin, huutamiseen ja itkuun. Tästä tuli jokapäiväinen ohjelmanumero.

Eräänä päivänä vaimo ei löytänyt mitään, ei edes hiusta. Hän etsi pitkän aikaa, mutta ei vain löytänyt mitään. Lopulta hän murtui ja alkoi itkeä. Mies kysyi: 'Miksi itket tänään? Takissani ei ollut ainoatakaan hiusta.' Vaimo vastasi kyynelten läpi: 'Minäpä kerron, miksi itken. Nyt olet alkanut käydä treffeillä kaljujen naisten kanssa. Arvasin, että näin tässä käy!' Nauru kajahti ilmoille, ja myös Amma nauroi oppilaittensa kanssa.

Pyhien kirjoitusten opiskelu

Eräs avioliitossa elävä *ashramin* asukas kysyi: "Amma, jos pyhien kirjoitusten opiskelu voi saada ihmisessä aikaan noin paljon egoa ja vihaa, en halua opiskella niitä. En halua hautoa vihaa enkä aiheuttaa vahinkoa yhteiskunnalle."

Amma vastasi: "Ei kirjoitusten opiskelu sinänsä kasvata egoasi. Egoa kasvattaa kirjoitusten vääränlainen ymmärtäminen. Pyhien kirjoitusten tutkiminen ei ole pelkkää tiedonkeruuta *Atmanista* tai Itsestä. Sellaisesta, joka on käsittämätön ja sanojen ja mielen tuolla puolen ei voida kerätä tietoa. Tietoa voidaan kerätä ihmisistä, esineistä, paikoista ja tietokoneohjelmoinnin kaltaisista asioista, jotka ovat ihmisälyn tuotetta. Mutta et voi koota tietoa Tietoisuudesta. Vain luopumalla älystä ja järkeilystä voit ymmärtää Puhdasta Tietoisuutta. Pyhien kirjoitusten tutkimisen tarkoituksena on auttaa sinua jättämään egosi ja pääsemään kaikkien selitysten ja tulkintojen tuolle puolen ja osoittaa, kuinka sanat ovat riittämättömiä kuvaamaan tuota tilaa. Kirjoitusten tarkoituksena on antaa aavistus henkisyydestä. Ne kertovat henkisen elämän hyödyllisyydestä. Kirjoitukset ovat vain selityksiä ja johtopäätöksiä. Mutta pidä mielessä, että kaikki pyhien kirjoitusten lausunnot ja julistukset ovat egotietoisuuden ylittäneiden ihmisten tekemiä. Ihmisen on luovuttava egostaan voidakseen oppia tuntemaan kirjoitusten esittämät totuudet.

Informaatio ja tieto ovat esteenä totuuden kokemiselle. Mieli ja ajatusaallot häiritsevät puhdasta kokemista. Oletetaan, että haluat kokea kukan kauneuden. Voidaksesi todella kokea sen sinun on lakattava häiritsemästä kokemista mielesi tulkinnoilla. Jos ainoastaan katsot kukkaa, koet sen kauneuden. Samoin pyhien kirjoitusten todellinen merkitys voidaan tuntea vain mielen hiljaisuudessa. Silloin todella opit ne ja koet niiden täyteyden. Kun mieli lakkaa arvioimasta, alkaa todellinen ymmärtäminen. Tutkikaa kirjoituksia, mutta älkää luulko, ettei mitään muuta olisi olemassa. Älkää luulko, että pelkkä kirjoitusten opiskelu riittää. Pyhien kirjoitusten tutkimisen lisäksi on tehtävä henkisiä harjoituksia. Totuutta ei voi selittää eikä tulkita. Totuus voidaan vain kokea. Tällä asenteella varustettuna kirjoitusten tutkimisesta ei ole mitään haittaa. Lue niitä, mutta pysy samalla tietämättömänä kuin lapsi. Silloin kasvat sisäisesti."

Lyhyen tauon jälkeen Amma jatkoi: "Oletteko kuulleet tämän tarinan? Kerran eräs *mahatma* hyväksyi nuoren miehen oppilaakseen ja kehotti tätä kirjoittamaan kaiken, mitä tiesi henkisestä elämästä. *Mahatma* sanoi: 'Sinun on yritettävä kirjata kaikki, mitä tiedät uskonnosta ja henkisyydestä. Se on sinulle suureksi hyödyksi.' Tottelevainen oppilas lähti ja teki niin kuin oli käsketty. Uurastettuaan yli vuoden hän sai lopulta työnsä päätökseen ja palasi mestarin luo hyvin paksu kirja kainalossaan. Antaessaan kirjan mestarille hän sanoi: 'Olen työskennellyt kovasti tämän eteen yli vuoden ajan. Olen yrittänyt kirjata kaiken, mikä liittyy henkisyyteen ja uskontoon. Lopputulos on kaukana täydellisestä, mutta minusta tuntui, että nyt olisi parasta näyttää, mitä olen tehnyt.'

Mestari selasi läpi oppilaan antaman paperipinkan ja sanoi sitten: 'Olet selvästikin käyttänyt paljon aikaa ja nähnyt paljon vaivaa. Esityksesi on hyvin vakuuttava, selvä ja täsmällinen, mutta se on aivan liian pitkä. Saisitkohan lyhennettyä sitä hieman?' Nuori mies poistui ja teki työtä käskettyä viiden vuoden ajan. Palatessaan *gurun* luokse hän esitteli tutkielman, joka oli kooltaan puolet edellisestä. *Guru* luki sen ja sanoi kannustavasti: 'Oikein hyvä. Olet sisällyttänyt tähän keskeiset näkemykset ja todella lähestynyt asioiden ydintä. Esittämistavassasi on selkeyttä ja voimaa. Mutta se on yhä liian pitkä. Yritä tiivistää sitä vielä vähän, jotta tavoittaisit todella keskeisen sisällön.'

Vaikka oppilas olikin hieman suruissaan kuullessaan tämän, hän hyväksyi sen, mitä *guru* oli sanonut ja jatkoi tutkielmansa työstämistä. Tehden pitkiä päiviä ja nähden paljon vaivaa hän yritti tavoittaa asian ytimen. Tällä kertaa työrupeama kesti kymmenen vuotta. Palatessaan mestarinsa luokse hän kumarsi syvään tämän edessä ja ojensi tälle äärimmäisen nöyrästi vain viisi sivua sanoen: 'Tämä on kiteytys siitä, mitä tiedän henkisyydestä. Tässä on elämäni ja olemassaoloni koko tarkoitus ja ydin, se, mitä uskonto on minulle. Olen erittäin kiitollinen sinulle siitä, mitä olet minulle tämän kautta opettanut.' Tällä kertaa mestari luki sen läpi huolellisesti ja läpikotaisin. 'Erinomaista! Olet todellakin päätynyt tähän henkisen työn kautta, mutta se ei ole vielä aivan täydellinen. Sinun on esitettävä vielä lopullinen selvennys aiheesta.'

Vuodet kuluivat, ja eräänä päivänä, *gurun* jo valmistautuessa jättämään kehonsa, hänen oppilaansa saapui. Kumartaen mestarin edessä opetuslapsi ojensi hänelle tyhjän paperiarkin ja pyysi tältä siunausta. Mestari laittoi iloiten kätensä uskollisen oppilaansa pään päälle ja siunasi hänet kaikkein suurimmalla lahjalla, Itseoivalluksella, ja sanoi: 'Nyt sinä todella ymmärrät. Nyt sinä tiedät.' Opetuslapsi istui hiljaa *gurunsa* jalkojen juuressa, kun tämä luopui maallisista raameistaan matkatakseen lopulliseen asuinsijaansa."

Amma piti pienen tauon, ja sanoi sitten: "Lapset, vain asennoituminen, 'minä en ole mitään, minä en tiedä mitään', auttaa saavuttamaan lopullisen tilan. Vain tuollainen suhtautuminen saa *gurun* armon virtaamaan sinuun. Lähesty pyhiä kirjoituksia tällä asenteella varustettuna, niin voit todella oppia niistä. Ja jopa senkin jälkeen, kun olet opiskellut niitä, yritä suhtautua näin: 'En ole opiskellut mitään, en tiedä mitään.' Tämä vie sinut päämäärään. Yritä olla kuin lapsi koko elämäsi ajan, niin silloin voit todella oppia. Lue kirjoituksia tällä asenteella varustettuna."

3. luku

Kaikkitietävä jalokivi

Maanantaina 20. elokuuta 1984

Ashramin alkuajat olivat hyvin ainutlaatuisia kaikille niille, jotka olivat tuolloin kerääntyneet Pyhän Äidin ympärille. Nuo ajat soivat ensimmäisille *brahmachareille* lukemattomia kallisarvoisia kokemuksia, joita he yhä vaalivat syvällä sydämensä kammioissa. Äitiin kohdistuva palava rakkaus ja syvä kaipaus kanavoitui lauluihin, joita he sävelsivät ja lauloivat hartaalla antaumuksella. Heidän tiellään oli monenlaisia vaikeuksia, jotka estivät heitä olemasta Äidin kanssa niin paljon kuin he olisivat halunneet. Amman vanhempien vihamielisyys *brahmachareja* kohtaan vain vahvisti heidän kaipaustaan. Niinpä kaikki laulut olivat täynnä syvää merkitystä, ja niissä soi heidän sydämensä kaipuu .

Alkuun Amman vanhemmat ajattelivat tyttärensä *Sudhamanin* seonneen tilapäisesti. He olivat huolissaan perheen maineesta, sillä heillä oli tarkoitus aikanaan naittaa hänet. Tämän vuoksi he olivat erittäin huolestuneista nuorista miehistä, jotka halusivat olla jatkuvasti Äidin läheisyydessä. Vanhempien mielestä *brahmacharien* ja muiden oppilaiden olisi pitänyt tulla korkeintaan *bhava-darshaneihin* ja poistua sitten välittömästi. Nähdessään *brahmacharit* Äidin ympärillä he huolestuivat ja tekivät parhaansa ajaakseen heidät pois. Useasti he lähettivät *brahmacharit* pois sallimatta näiden edes nähdä Ammaa.

Samalla kun Äidin vanhemmat tekivät näin huolehtiessaan perheen maineesta, eräät vanhemmista oppilaista yrittivät pitää *brahmacharit* poissa mustasukkaisuutensa takia. He pelkäsivät, että

Äidin rakkaus heitä kohtaan vähenisi, jos *brahmacharit* olisivat aina hänen ympärillään. Lopulta *brahmacharien* oli niin vaikeaa ilmaista tunteitaan Ammalle henkilökohtaisesti, että he alkoivat kirjoittaa lauluja, joissa he ilmaisivat tuskansa. Oheinen laulu antaa käsityksen siitä, kuinka syvää surua ja kaipausta he tunsivat:

Karuna nir kadale

Oi Äiti,
Sinä olet rakkauden valtameri.
Jos et osoita myötätuntoa minua kohtaan,
kuka antaa minulle turvapaikan?

Oi Äiti,
minun sydämeni odottaa Sinua saapuvaksi.
Meneekö tämäkin päivä hukkaan?
Meneekö tämäkin päivä hukkaan?

Anna tämän ihmiselämän saada täyttymyksensä.
Kylvetä minut henkisen heräämisen viileissä vesissä,
poista kehotietoisuuteni,
ja anna minun sulautua pehmeän hymysi valoon.

Oi myötätuntoinen Äiti,
jos lopulta menehtyisin
saamatta nähdä Sinua,
tulevat sukupolvet ajattelisivat,
että myötätunnostasi ei ole mitään apua.

Kun Amman vanhemmat ja oppilaat alkoivat ajan myötä ymmärtää paremmin Äidin ylimaallista tilaa, heistä tuli hyväksyvämpiä *brahmachareja* kohtaan. Tämä ei kuitenkaan lainkaan vähentänyt *brahmacharien* halukkuutta ilmaista syvintä kaipaustaan laulun välityksellä.

Kun yhä useammat henkiset etsijät hakeutuivat Äidin luo, hänen vanhempansa ymmärsivät vierailijoiden majoittamiseen tarvittavan enemmän tilaa ja hankkivat sen vuoksi lisää maata. Perhe muutti viereisellä palstalla sijaitsevaan taloon ja alkuperäinen, kaksi pientä makuuhuonetta, olohuoneen, keittiön ja varastohuoneen käsittävä talo siirrettiin Amman *ashramin* nimiin. Olohuoneen vieressä sijaitseva huone muutettiin kirjastoksi. Tänä nimenomaisena aamuna kirjastossa istui kaksi *brahmacharia*, *Balu* ja *Sreekumar*, kirjoittamassa uutta laulua. Uusien laulujen esittämisestä Ammalle *Devi-bhavojen* aikana oli jo muodostunut tapa. Melkein jokaisena *Devi bhava*-iltana oli uusi laulu valmiina.

Sreekumar keskittyi harmonin soittoon *Balun* yrittäessä säveltää melodiaa. He olivat hahmotelleet melodian kertosäkeeseen ja olivat opettelemassa sitä ulkoa, kun Amma tuli sisään aivan odottamatta. Hän seisoi hetken paikoillaan, ja kun hän näki, mitä oli meneillään, hänestä tuli kuin pieni lapsi. Viattomasti ja täynnä intoa hän huudahti: "Hei, teettekö uutta laulua pyytämättä minua mukaan?" Tämän sanoessaan hän alkoi polkea jalkojaan lattiaan kuin oikutteleva lapsi. Nauttien Äidin *bala bhavasta brahmacharit* katsahtivat toisiinsa ja hymyilivät. Kuin lepytellen pientä tyttöä he sanoivat: "Mutta Amma, vastahan me aloitimme, olemme saaneet musiikin valmiiksi vain kertosäkeeseen!" Täysin samastuneena lapsen mielentilaan Äiti toisti toistamistaan: "Ei, ei... En usko! Jätitte minut pois tahallanne! En puhu teille! En puhu teille!" Toistaen tätä yhä uudestaan ja uudestaan hän istui lattialle. Sitten hän asettui makuulle ja jäi siihen sanomatta enää sanaakaan.

Vaikka *brahmacharit* tiesivät sisimmässään tämän olevan jumalaista näytelmää ja Äidin olevan takertumattomuuden ruumiillistuma, he olivat huolissaan ja hieman suruissaan. He kutsuivat tätä yhdessä: "Amma... Amma... Amma...", mutta eivät saaneet vastausta. He lupasivat hänelle, etteivät enää tekisi niin, mutta heidän aneluillaan ja vetoomuksillaan ei ollut mitään vaikutusta. Niinpä he vaikenivat. Heti kun he lopettivat anelemisen, Äiti nousi lattialta ja alkoi kiskoa ja töniä heitä. Hän nappasi sanoituksen *Balun* kädestä, työnsi hänet nurin ja alkoi laulaa. *Brahmacha-rien* hämmästykseksi Amma lauloi kertosäkeen melodian juuri siten kuin he olivat säveltäneet sen.

Mutta ei siinä kaikki, lisäksi hän jatkoi seuraavaan säkeeseen. Äiti lauloi säkeistö toisensa jälkeen koko laulun läpi mitä kauneimmalla melodialla, joka oli täydellisessä sopusoinnussa kertosäkeen kanssa. Amma oli nyt tehnyt muutamassa minuutissa sen, mitä *Balu* ja *Sreekumar* olivat niin pitkään yrittäneet saada aikaan. Laulu oli:

Idamilla talayunna

Olen vaeltaja,
vailla kotiliettä ja kotia.
Oi Äiti, anna minulle suoja,
johdata minut luoksesi.
Älä anna minun joutua syvien vesien varaan,
ojenna auttava kätesi
ja vedä minut rannalle.

Mieleni palaa maailmassa,
kuin tuleen kaadettu voi.
Jos lintu putoaa,
on maa valmis ottamaan sen vastaan.
Mutta minulla ei ole muuta perustaa kuin Sinä,
Sinä olet ainoa tukeni.

Oi Äiti,
kaipaan lootusjalkojasi.
Enkö ole toistanut Sinun nimeäsi alati?
En uskonut koskaan,
että hylkäisit tämän pienen lapsesi.
Olinko väärässä?
Oi Äiti, en tiedä.

Oi Äiti,
siunaa minua, että saisin nähdä lootusjalkasi,
koetan alati tavoittaa tämän jumalallisen näyn.
Oi maailmankaikkeuden Äiti,
enkö ansaitse edes sen vertaa?

Kerro minulle, milloin läsnäolosi
valaisee vihdoin mieleni!

Tämä tapaus, kuten niin monet muutkin tapahtumat Amman ympärillä, osoittaa todeksi *upanishadien* julistuksen: *Tieto, jonka tunteva tietää kaiken. Guru* on ääretön. Myös hänen tietonsa on rajaton. Eräs kuuluisa *gurua* ylistävä säe kuuluu näin: *Jokaista tiedon haaraa ei tarvitse tutkia, sillä kaikki tieto ja sen merkitys sarastavat sisällämme itsestään, jos meillä on gurun armo. Kumarrun nöyrästi tällaisen gurun jalkojen juureen.*

Brahmachari Balun kokemus , joka sattui noin aikoina havainnollistaa tätä erinomaisella tavalla. *Balu* halusi kovasti säestää itseään harmonilla, sillä hänestä tuntui, että jos hän voisi laulaessaan soittaa harmonia, hän kykenisi uppoutu-maan syvemmälle rakkauden ja antaumuksen mielentilaan. Hän yritti ja yritti, muttei onnistunut soittamaan muuta kuin nousevia ja laskevia nuottisarjoja. Eräänä aamuna istuessaan temppelissä hän luritteli jälleen tavanomaisia skaalojaan. Amma tuli paikalle pian *Balun* aloitettua ja sanoi: "Minä opetan sinua." Hän istui *Balun* viereen, ja aivan kuten lasta kirjoittamaan auttava opettaja hän piteli mitä lempeimmin *Balun* sormia ja painoi niitä koskettimia vasten. Tehtyään tämän vain kerran Amma nousi ja lähti sanoen: "Tämä riittää."

Balu ajatteli tämän olevan vain yksi Äidin leikeistä, yksi monista miellyttävistä hetkistä Äidin kanssa. Hän ei kuvitellutkaan, että tämä harmonin soiton oppitunti, joka kesti vain muutaman minuutin, saisi ihmeitä aikaan. Seuraavana päivänä *Balu* tunsi innoitusta laulun kirjoittamiseen. Hänen kirjoittaessaan sitä sanat ja melodia tulivat samanaikaisesti hänen mieleensä. Kun laulu oli valmis, hänelle tuli pakottava tarve soittaa se harmonilla. Ikäänkuin joku olisi pyytänyt häntä soittamaan. Hän vei harmonin huoneeseensa, istuutui ja alkoi soittaa. Hämmästyksekseen Balu huomasi painelevansa vaistomaisesti oikeita koskettimia. Hän ei voinut uskoa, että sellainen taito olisi voinut kehittyä niin lyhyessä ajassa. Mutta hän tiesi, että Äidin armo virtasi hänen sormiensa kautta. Amman jumalallinen kosketus sai aikaan sen, että hän kykeni soittamaan. Näin Amma oli täyttänyt *Balun* hartaan toiveen. Siitä päivästä lähtien *Balu* kykeni säestämään lauluaan harmonilla.

Tämän laulun *Balu* kirjoitti opetellessaan soittamaan harmoniumilla:

Nilambuja Nayane

Oi Äiti, sinilootussilmäinen,
etkö suostuisi kuuntelemaan,
kuinka tämä sureva sydän huutaa tuskaansa?
Vaellanko nyt yksin
jonkin menneen elämän tekojeni vuoksi?
Olen kulkenut läpi aikakausien,
ennenkuin synnyin tähän elämään.

Oi, vedä minut luoksesi äidilliseen syleilyyn.
Anna minun lapsen lailla käpertyä syliisi.
Oi Äiti, en ehkä ansaitse Sinua,
mutta hylkäätkö minut vain siksi?
Tule ja pidä minua lähelläsi,
sulje minut katseesi armoon.

Karman teoria

Keskiviikkona 22. elokuuta 1984

Iltapäivällä Äitiä tuli tapaamaan ryhmä koulutettuja miehiä ja naisia, jotka kokoontuivat säännöllisesti *satsangin* merkeissä. Seurue istui Amman kanssa majassa, ja yksi heistä kysyi: "Amma, henkinen tiede perustuu näkemykseen *karmasta*. Me kaikki uskomme, että jokainen joutuu korjaamaan tekojensa hedelmät. Silti *karmaa* on vaikea käsittää. Amma, voitko sanoa jotakin *karmasta* ja siitä, kuinka se toimii?"

"Poikani, aivan ensimmäiseksi sinun on pidettävä mielessäsi, että *karma* on mysteeri eikä sitä ole helppo ymmärtää. Voit selittää sitä kuinka paljon tahansa, mutta yhä se pysyy mysteerinä. *Karmaa* ei voi tutkia älyllisesti, eikä sitä voi todistaa laboratoriossa tieteellistä laitteistoa käyttäen.

Vaikka kuuntelisit päivät pitkät esityksiä *karman* laista, et siltikään tietäisi siitä todellisuudessa mitään. Puhuminen ja älyllisesti vakuuttavien puheiden kuuntelu on kuin huumetta. Voit tulla siitä riippuvaiseksi, siitä voi tulla tapa. Ole siis varovainen.

Lapset, *karman* lain analysointi ei ole kovin tärkeää. Kaikkein tärkeintä on päästä *karmasta* eroon, ylittää tietämättömyyden aikaansaama *karman* ketju.

On olemassa toinenkin syy, miksi *karman* lakia on vaikea selvittää oikealla tavalla. Menneisyydessä suoritetut kielteiset teot eivät ehkä kanna hedelmää aivan lähitulevaisuudessa, ja sama pätee hyviin tekoihin. Saatamme nähdä vähemmän hyveellisen ihmisen viettävän ilmeisen miellyttävää elämää, ja saatamme myös nähdä hyvän ihmisen kärsivän ilman selvää syytä. Tämä näyttää sotivan *karman* lakia vastaan, ja saatat jopa päätellä tästä, että sitä ei ole olemassakaan. Jotta *karman* lain merkityksen voisi nähdä, olisi sitä tarkasteltava ja arvioitava korkeammalta tietoisuudentasolta käsin. Muuten voit pilkata sitä ja hylätä sen sanoen sitä hölynpölyksi. Kyetäkseen näkemään *karman* korkeammasta tietoisuudesta käsin on tehtävä henkisiä harjoituksia ja omattava uskoa. Tässä mittapuu ei ole äly vaan sydän.

Voit esittää vaikka sata vastaväitettä *karman* olemassaoloa vastaan. Voit kiistellä siitä loputtomiin. Voit jopa keksiä keinoja, joilla osoittaa *karman* laki virhepäätelmäksi, mutta silti *karman* laki toimii elämässäsi. Olet sen otteessa. Tai saatat todistella *karman* lain olemassaoloa viittaamalla useisiin tapahtumiin ja kokemuksiin. Mutta oletko todella ymmärtänyt sen? Ei, et ole.

Ihminen, joka ei usko Jumalaan, ei usko myöskään *karman* olemassaoloon. Hän saattaa uskoa syyn ja seurauksen lakiin tieteellisenä teoriana, mutta ei sen uskonnollisessa merkityksessä. Hän uskoo esimerkiksi, että hänen vanhempansa ovat syy ja hän itse seuraus, tai aurinko on syy ja valo seuraus. Hänen uskonsa syyn ja seurauksen lakiin pätee vain asioihin, joita hän voi havaita, pelkkiin todistettuihin tosiasioihin. Hän uskoo vain siihen, mikä tulee näkyviin. Hän ei usko absoluuttiin, havaitsemattomaan. Jos uskot karman lakiin, sinun on uskottava Jumalan näkymättömiin käsiin. Sinun on uskottava, että ilmenevien asioiden aiheuttajana on Jumalan näkymätön voima.

Joku voi kysyä: 'Mikä on aikaansaanut tämän elämän ja tämän nykyisen tilan?' Joku toinen voi vastata: 'Edellisen elämän *vasanat* saivat aikaan tämän elämän.' Edellinen elämäsi ja siitä peräisin olevat *vasanat* eivät ole näkyviä tosiasioita. Ne ovat vain uskoon perustuvia olettamuksia. Siispä sinun on uskottava edelliseen elämään ja sitä edelliseen elämään. Ja tämän elämän jälkeen tulee seuraava elämä, ja jälleen seuraava ja seuraava. Näin ketju jatkuu. Emme kuitenkaan muista edellisiä elämiämme, emmekä myöskään pysty ennustamaan, minkälaisia seuraavista elämistämme tulee. Mitä tämä siis on? Silkkaa uskoa, eikö niin? Ellet pysty tarkastelemaan asiaa korkeammasta tietoisuudentilasta käsin, et voi ymmärtää *karmaa*. Siksi Amma sanoo sen olevan puhtaasti uskon asia.

Kaikki elämä etenee sykleissä. Koko maailmankaikkeus perustuu kiertokulkuun. Aivan kuten maapallo kiertää aurinkoa radallaan, noudattaa kaikki luonnossa tapahtuva kehämäistä kaavaa. Vuodenajat toistuvat sykleissä: kevät, kesä, syksy, talvi, sitten taas kevät ja niin edelleen. Siemenestä kasvaa puu, puu antaa siemeniä, jotka jälleen kasvavat puiksi. Tämä tapahtuu sykleissä, kuten myös syntymä, lapsuus, nuoruus, vanhuus, kuolema ja jälleen syntymä. Nämä ovat päättymättömiä kehiä. Aika etenee sykleissä, ei lineaarisesti. Jokaisen elävän olennon on väistämättä koettava *karma* ja sen seuraukset, kunnes mieli on hiljennetty ja ihminen on tyytyväisenä omassa Itsessään.

Syklit toistuvat yhä uudestaan ja uudestaan toimintana ja reaktioina. Aika kulkee syklissä. Ei kuitenkaan niin, että tapahtuvat toistuisivat täsmälleen samanlaisina yhä uudestaan ja uudestaan, vaan pikemminkin niin, että *jivatman* omaksuu erilaisia muotoja *vasanoidensa* mukaan. Reaktiot ovat tulosta menneisyydessä suoritetuista teoista. Tämä jatkuu ja jatkuu. Kuolema ei ole loppu, se on uuden elämän alku. Kun elämänpyörä kääntyy, menneisyyden teot kantavat hedelmää. Emme voi tietää milloin hedelmät kypsyvät, millaisia ne ovat ja miten ne ilmaantuvat. Se on mysteeri, jonka vain Luoja tietää. Jos omaat uskoa, silloin uskot. Muussa tapauksessa kiellät. Uskot tai et, hedelmät kypsyvät ja *karman* laki toimii. Mutta älä kuitenkaan yritä analysoida miten tai miksi, koska *karman* pyörä on Jumalan lailla mysteeri. Myöskään *karmalla* ei ole alkua, mutta se päättyy, kun luovumme egosta ja saavutamme oivalluksen tilan.

Ihminen kehittyy Jumalaksi. Jokainen ihminen on pohjimmiltaan Jumala. Evoluutio ihmisestä Jumalaksi on hidas prosessi. Se vaatii paljon leikkaamista, hiomista ja uudelleenmuovausta. Se vaatii paljon työtä ja suunnatonta kärsivällisyyttä. Sitä ei voi tehdä kiireessä. Vallankumous tapahtuu nopeasti, mutta se tappaa ja tuhoaa. Ihminen on kumouksellinen, kun taas Jumala suosii kehitystä.

Elämänpyörä liikkuu hitaasti, koska elämä on kehitty-vää. Tulee kesä. Se kestää aikansa. Sillä ei ole lainkaan kiire. Kaikki muut vuodenajat - talvi, kevät, syksy - kestävät nekin oman aikansa. Sykli on hidas ja vakaa. Älä kuitenkaan yritä analysoida elämänpyörää. Se ei onnistu. Vuodenaikojen tuleminen ja meneminen ovat tosiasioita kokemusperäisessä, empiirisessä maailmassa. Silti ne ovat mysteerio, jonka voi vain kokea. Salaisuuksien takana piilee Jumalan näkymätön voima, jota ei voi analysoida. Luota tuohon voimaan.

Yritä unohtaa koko *karman* pyörä. Menneisyyden ajatteleminen on hyödytöntä. Kirjan kannet ovat kiinni. Tehty mikä tehty. Valmenna itseäsi kohtaamaan nykyhetki. Älä murehdi menneisyyttä tai menneitä tekoja. Tärkeintä on nykyhetki, sillä tulevaisuutesi riippuu siitä, kuinka kohtaat nykyhetken. Vasta kun jumalallisuuden jatkuva läsnäolo täyttää koko elämäsi, olet tässä hetkessä. Siihen saakka elät joko menneisyydessä tai tulevaisuudessa.

Karman voima verhoaa todellisen olemuksemme, mutta samalla se myös herättää meissä tarpeen totuuden oivaltamiseen. Se auttaa meitä matkaamaan takaisin kohti tosiolemustamme. *Karman* pyörä edistää suuresti kasvuam-me, jos meillä on silmää nähdä se oikeassa valosssa. Sillä on meille merkittävä viesti: 'Tämä on menneen elämäsi vaikutusta. Ole siksi varovainen, sillä nykyiset tekosi määräävät tulevaisuutesi. Jos teet hyvää, sinut palkitaan sen mukaisesti, mutta jos teet virheitä tai pahoja tekoja, ne palautuvat sinulle vastaavalla voimalla. Ja todelliselle henkiselle etsijälle tuo suuri sanoma on: 'On parempi irtautua kehästä kokonaan. Lakkauta tilisi ja ole ikuisesti vapaa.' Kaikkien näiden *karman* kuvausten ja selitysten tehtävänä on auttaa ihmisiä olemaan vahingoittamatta itseään ja muita, ja estää heitä etääntymästä todellisesta luonnostaan eli Jumalasta."

Äiti lakkasi puhumasta. Hän sulki silmänsä ja alkoi laulaa hiljaa itsekseen. Hän jatkoi näin jonkin aikaa muiden yrittäessä kuulla hänen kauniin äänensä. Pian Amma avasi kuitenkin silmänsä ja pyysi lähellään istuvia *brahmachareja* jatkamaan samaa laulua:

Oru Nimisham Engilum

Oi ihminen,
tavoitellessasi maailman nautintoja
koetko hetkeäkään
todellista rauhaa?
Mayan varjojen takaa-ajamana ja harhauttamana,
ymmärtämättä todellisuutta
tai elämän perusprinsiippejä
tulet menehtymään tuskaisesti
kuin koiperhonen liekeissä.

Olet käynyt läpi pitkän evoluutioprosessin,
vaeltanut kautta lukemattomien kehojen,
hyönteisinä, matoina, matelijoina,
erilaisina kasveina ja eläiminä,
ja nyt viimein olet syntynyt
tähän ihmisen kehoon.

Oi ihminen, ajattele kirkkaasti,
käytä erotttelukykyäsi!

Mikä on tämän ihmiselämän tarkoitus?
Varmastikaan sen tarkoitus ei ole
juoksennella maallisten nautintojen perässä.
Muista, että ihmiseksi syntyminen on
kallisarvoinen tilaisuus ja sisältää
suunnattoman vastuun.

Oi ihminen,
ellet luovu ylpeydestä,
hankkimisen ja omistamisen halusta,
ylenpalttisista aistinautinnoista,
ja jollet saavuta ikuisen ykseyden tilaa
perimmäisen Brahmanin kanssa
et voi koskaan saavuttaa rauhaa ja autuutta.

Äiti avasi silmänsä vähän sen jälkeen, kun *brahmacharit* olivat lopettaneet laulamisen. Eräs oppilas halusi innokkaasti kuulla Amman puhuvan lisää *karmasta*. Rikkoen hiljaisuuden hän sanoi: "Amma, vaikutti siltä, että et sanonut vielä kaikkea. Etkö voisi puhua vielä jotakin *karmasta*?"

"Lapset, Amma kertoo teille tarinan. Olipa kerran vanha mies, joka oli koko elämänsä ajan tehnyt kovasti työtä rakentaakseen maatilan lapsilleen ja lapsenlapsilleen. Kaiken tarvittavan hän hankki erämaasta ja onnistui jotenkin selviytymään hengissä kuivuudesta, myrskyistä ja kulkutaudeista. Vuosien pelloilla uurastuksen jälkeen hän päätti, että nyt hänen oli aika vetäytyä eläkkeelle ja käyttää jäljelläolevat vuodet kuistilla istumiseen ja maailmankaikkeuden mietiskelyyn. Hänen pojallaan oli oma perhe, ja poika oli innokas ottamaan maat haltuunsa. Niinpä vanha mies antoi pojan käydä ohjaksiin onnellisena siitä, että saattoi nyt rentoutua kuistilla lempituolissaan kaikkien noiden kuluttavien aherrusvuosien jälkeen.

Otettuaan tilan haltuunsa poika oli aluksi ylpeä saadessaan vihdoin olla isäntä. Myös hän työskenteli lujasti ja teki vuosikaudet pitkiä päiviä pelloilla taistellen olosuhteita vastaan. Vähitellen häntä alkoi harmittaa isänsä laiskuus, kun tämä vietti päivät pitkät sinistä taivasta tuijotellen ja lapsenlapsia polvellaan hyppyttäen. Hänen ärtymyksensä kasvoi päivä päivältä. Hän näki isänsä vain yhtenä ruokittavana suuna, ja mitä enemmän hän ajatteli asiaa, sitä enemmän hän vakuuttui siitä, että isä oli valtava taakka. 'Entä sitten, vaikka hän työskentelikin kovasti kaikki nuo vuodet?', poika ajatteli itsekseen. 'Ajat ovat muuttuneet. Minulla on nyt oma perhe ruokittavana ja huolehdittavana. Miksi minun pitäisi huolehtia hänestä?' Hänen vihansa kasvoi niin, että sadonkorjuuaikana hän ei halunnut enää antaa ruokaa tuolle 'hyödyttömälle käppyrälle kuistilla'. Itse asiassa hän päätti hankkiutua lopullisesti eroon koko vanhuksesta.

Ja niin hän rakensi tiikkipuusta suuren laatikon, toi sen kärryissä isänsä luo ja vaati vanhusta menemään laatikkoon. Sanomatta sanaakaan isä kumartui ja teki niinkuin käskettiin. Poika sulki laatikon tiiviisti ja kärräsi sen kallion laelle. Juuri kun hän oli työntämässä sitä alas, hän kuuli sisältä koputuksen.

'Mitä haluat?' poika ärähti. Hänen isänsä sanoi pehmeällä ja lempeällä äänellä: 'Tiedätkö, minä ymmärrän tunteesi. Jos haluat päästä minusta eroon, ymmärrän sen täysin. Pidät minua hyödyttömänä vanhana miehenä. Mutta päästä minut ensin pois laatikosta ja tönäise minut vasta sitten alas. Sinuna minä säästäisin laatikon. Lapsillasi saattaa olla sille käyttöä jonakin päivänä.'"

Kaikki nauroivat tarinalle ja Amma nauroi lastensa mukana. Naurun laantuessa hän alkoi puhua vakavalla äänellä: "Lapset, tekomme palautuvat meille itsekullekin, uskoimme tai emme. Ihminen on *karmansa* tai kohtalonsa uhri, millä nimellä tuota tekijää sitten kutsutaankin. Voit kiistellä ja väittää vastaan. Voit jopa saada muut vakuuttuneeksi siitä, että *karman* laki on looginen harhakuvitelma. Mutta senkaltainen sanallinen temppuilu ja arvailu ei voi mitenkään lopettaa *karman* lain toimintaa.

Amma on kuullut aseesta nimeltä bumerangi, joka lentää ilman halki ja palaa lopuksi heittäjälleen. *Karma* on kuin bumerangi, jonka kiinniottamisessa enimmäkseen epä-onnistutaan ja niinpä se osuu heittäjäänsä. Ero *karman* ja bumerangin välillä on se, että *karma* ei ehkä palaa välittömästi, vaan vasta jonkin ajan kuluttua. Sitä vanha mies tarkoitti sanoessaan: 'Lapsillasi saattaa olla laatikolle käyttöä jonakin päivänä.' Hän viestitti näin pojalleen: 'Muista, poikani, että oma poikasi maksaa velan ja tasaa tilit kanssasi.' Tämä velkojen maksaminen voi tapahtua nyt, myöhemmin tämän elämän aikana tai se voi tapahtua vasta joskus myöhemmässä elämässä. Hetkeä emme voi tietää. Mutta se tapahtuu, olivat uskomuksesi tai filosofiasi mitä tahansa. Pitäkää mielessä, että myös tämä vanha mies oli korjaamassa omien tekojensa hedelmää. Hän oli luultavasti tehnyt jotain vastaavaa omalle isälleen tai jollekulle muulle.

Kehä jatkuu, kunnes lakkaat reagoimasta nykyhetkeen, joka on tulosta menneestä. Kun pystyt hyväksymään nykyiset kokemuksesi väistämättöminä, omien tekojesi seurauksina, ja kohtaamaan ne ilman vihan tai koston ajatuksia, *karman* kehä lakkaa.

Olet jo luonut vaadittavat olosuhteet kaikelle sille, mitä tapahtuu. Ja nytkin valmistat omilla teoillasi maaperää tulevaisuudelle. Kun aika on kypsä, tekosi kantavat hedelmää. Huomaat olevasi avuton oman *karmasi* otteessa.

Elämässäsi tapahtuu monia ei-toivottavia asioita. Jokainen yrityksesi elannon ansaitsemiseksi osoittautuu turhaksi. Tapahtuu odottamattomia onnettomuuksia ja perhees-säsi tapahtuu kenties äkillinen kuolema. Suvussasi voi vaikuttaa jokin perinnöllinen sairaus ja vastasyntyneet lapset ovat fyysisesti tai henkisesti kehitysvammaisia. Ovatko tällaiset tapahtumat sattumia? Eivät. Kaikkeen, mitä elämässä tapahtuu, on syynsä. Joskus syy on selvä, joskus ei. Joskus syy löytyy aivan lähimenneisyydestä, joskus se juontaa juurensa aikojen takaa. Suuri muusikko voi esimerkiksi syntyä sukuun, jonka aiemmista sukupolvista ei löydy lainkaan muusikkoja. Miten tämä on mahdollista? Mikä 'aiheuttaa' suuren muusikon syntymisen ei-musikaaliseen sukuun? Jos se ei kerran ole perinnöllisyys, mikä se voisi olla?

Oletetaanpa, että huomaat eräänä aamuna heti herättyäsi, kävellessäsi kylpyhuoneeseen, olevasi hyvin väsynyt ja heikko. Kiivettyäsi muutaman portaan huohotat ja haukot henkeäsi. Sinua huimaa ja pyörryttää. Sinut viedään sairaalaan, ja siellä sinulla havaitaan munuaisvika. Alkoiko munuaisvika juuri tuona aamuna? Ilmaantuiko se ilman mitään syytä? Ei, sille on syynsä. Tauti oli jo olemassa, mutta se ei ollut vielä ilmennyt. Vain oireet alkoivat vasta tuona aamuna. Sanoisitko, että tämä sairaus oli sattumaa? Siihen täytyy olla syy. Eikö totta?

Mikään ei ole sattumaa. Luonto ei ole sattumalta sellainen kuin on. Luominen ei ole sattuma. Aurinko, kuu, meri, puut, kukat, vuoret ja laaksot eivät ole sattumia. Planeetat kiertävät aurinkoa poikkeamatta senttiäkään ennaltamäärä-tyiltä radoiltaan. Valtameret peittävät valtavia alueita maapallolla nielaisematta sitä kuitenkaan kokonaan. Jos tämä kaunis luomakunta olisi pelkkää sattumaa, siinä ei vallitsisi niin täydellinen järjestys ja lainalaisuus. Maailmankaikkeus olisi sekasotku. Mutta katso luomakunnan kauneutta ja lumoa. Voitko nimittää tätä sattumaksi? Luomakunnan täyttävä kauneus ja järjestys osoittavat hyvin selvästi sen, että kaiken takana on suuri sydän ja valtava äly.

Lapset, menneisyytemme ei rajoitu tähän elämään. Menneisyytemme ei koostu ainostaan nykyisen kehomme syntymän ja tämän hetken välisestä ajanjaksosta. Mennei-syyttämme ovat myös kaikki entiset elämämme, joissa olemme matkanneet eri hahmoissa ja eri nimisinä. Emme myöskään näe tulevaisuuttamme, se ei ole vallassamme. Emme voi ennustaa, mitä huomenna tapahtuu. Siksi totuus *karmasta* on enemmän uskon asia kuin mitään muuta.

Meidän on oltava valppaana ja tarkkana sen suhteen, mitä teemme tänään, koska emme tiedä, mitä se saa aikaan huomenna. Nykyisyys löytyy vain tästä hetkestä, jonka me aina hukkaamme. Vain hetkestä hetkeen eläminen Jumalassa, Itsessä, voi lopettaa *karman* lain työskentelyn meissä.

Lapset, kun oivallatte Itsen, todellisen olemuksenne, tulette tietämään kaiken *karmasta*. Myös edellisten elämienne salat paljastuvat teille. Oivallatte koko maailmankaikkeuden, koko luomakunnan salaisuuden. Siihen saakka kyselette *karmasta* ja yritätte tehdä siitä omia tulkintojanne ja selityksiänne. Vasta Itseoivallus selvittää mysteerin. Mutta saavuttaessanne täydellisyyden tilan tulette tietämään, että Itse oli ja on aina läsnä. Tulette tietämään, että todellinen Itse ei ole koskaan syntynyt eikä koskaan kuole, ja että se ei ole ollenkaan *karman* lain alainen.

Tietysti *karma* on olemassa, mutta se on enemmän uskoon liittyvä kokemus kuin asia, joka voitaisiin osoittaa olemassaolevaksi. On asioita, joita voidaan todistaa, mutta usko on voimakas varmuus sydämessä. Sellaisia asioita ei logiikka kykene todistamaan."

Viimeisen lauseen jälkeen Amma alkoi toistaa: *"Shiva... Shiva... Shiva... Shiva"*, pyörittäen oikeaa kättään ilmassa. Sitten hän istui täysin sisäänpäinkääntyneenä erään oppilaan alkaessa laulaa muutamia säkeitä Saundarya Laharista:

Oi Äiti!
Vedojen korkein huipentuma
kantaa jalkojasi kruununaan.
Ole armollinen ja aseta nuo jalkasi
myös minun pääni päälle.
Jaloillesi uhratusta vedestä
muodostuu Gangesjoki,
joka virtaa Shivan tukasta.

Hohtavan punainen jauhe jaloillasi
antaa loistavaa valoaan
Vishnun kruununjalokiville.
Ylistäen tervehdimme jalkojasi,
jotka ovat ilo silmälle loistokkuutensa vuoksi.
Puolisosi Shiva
haluaa tuntea noiden jalkojen painon päällään,
ja on mustasukkainen asoka-puulle
rakkaassa puutarhassasi,
sillä jopa tuo puu odottaa
innokkaasti potkujasi..

Laulun loputtua eräs oppilas kysyi: "Amma, todelliset etsijät kohtaavat toisinaan paljon hankaluuksia ja vaikeuksia. Miksi niin tapahtuu?"

"Lapset", Amma sanoi, "saatatte joskus nähdä, kuinka ihminen, joka todella haluaa antautua ja ryhtyä oppilaaksi tai opetuslapseksi, käy läpi paljon vaikeuksia ja kohtaa ongelmia. Näin tapahtuu, koska tällainen ihminen on puhdistumisprosessissa. Kaikki sisäinen pimeys on poistettava heistä. Tämä ei tarkoita vain pinnalla olevaa tiedostettua likaa, vaan myös pinnan alla olevaa tiedostamatonta likaa. Kun puhdistumisprosessi lähtee liikkeelle ja kun pyritään täydelliseen antautumiseen, kaikki tämä lika - niin näkyvä kuin näkymätönkin, niin ilmenevä kuin ilmenemätönkin - tulee esiin.

Eräänä päivänä eräs länsimaalaisista lapsista kertoi Ammalle, että heidän maassaan voidaan jopa viemärivedestä puhdistaa hyvää juomavettä. Kuinka se tehdään? Poistamalla kaikki lika. Viemärivedessä on kaikenlaista likaa ja epäpuhtauksia. Miten siitä voisi tulla juomakelpoista, ellei siitä poisteta likaa? Samalla tavoin me olemme nyt kuin viemärivettä kaikkine epäpuhtauksinemme ja kielteisine ominaisuuksinemme. Aivan kuten vesi puhdistetaan perusteellisessa prosessissa, myös me tarvitsemme perinpohjaista puhdistusta. Todellisen etsijän tai oppilaan käydessä lävitse tätä toisinaan kivuliasta puhdistusprosessia, joka poistaa hänen *vasananansa* perusteellisesti, saattaa ei-uskova tai epäilijä käyttää tätä esimerkkinä siitä, että Jumalaa ei ole. 'Jos Jumala on olemassa, miksi hänen täytyy kärsiä tuolla tavoin?', hän sanoo.

Todelliseksi oppilaaksi tai opetuslapseksi pyrkivän henkilön elämässä nähtävät kärsimykset ja vaikeudet tosiasiassa vauhdittavat hänen puhdistumisprosessiaan. Poistamalla näkyvät ja näkymättömät *vasanat, karmiset* siteet häviävät. Hän haluaa vapautua kaikista maallisista kahleista ja hänen antautumisensa saa sen todella tapahtumaan. Todellinen etsijä yrittää häivyttää mielensä ja päästä älyn ja kehon tuolle puolen. Vain ihminen, joka on pitkään ollut vankilassa, voi nauttia vapauden tuomasta autuudesta. Samalla tavoin vain etsijä, joka on käynyt läpi *gurun* antaman koulutuksen, voi kokea oivalluksen tuoman vapauden.

Jos kyseessä on kuitenkin oppilas, joka tahtoo pitää kiinni siteistään, omaisuudestaan, nimestään ja maineestaan, tätä nopeutusta ei voi tapahtua. Hänen kehityksensä on äärimmäisen hidasta. Näet hänen elävän ylellisesti ja nauttivan elämästä. Tällä tavoin hän kasvattaa *vasanoitaan*, mikä puolestaan lisää lenkkejä hänen *karmiseen* ketjuunsa. Nautiskelemalla ja hemmottelemalla itseään hänen paluumatkansa olemassaolon todelliselle lähteelle pitenee, kun taas todellinen oppilas tai opetuslapsi palaa nopeammin tosiolemukseensa, Itseen, polttamalla *karmaa*."

Äiti lisäsi murheellisesti: "Ihmisen kohtalona on kulkea tämän syklin läpi. Hän kokee *karman* lain joka päivä, mutta siltikään hän ei usko siihen, eikä myöskään yritä ylittää sitä."

Amman oppilaat ja vierailevan ryhmän jäsenet istuivat suuren ihmetyksen vallassa kuunnellen hänen syvällisiä sanojaan. Jonkin aikaa vallitsi hiljaisuus. Monesti aiemmin Äiti oli tyystin vaiennut, kun häneltä oli kysytty *karmasta* tai kuoleman jälkeisestä elämästä. Hän oli pannut pisteen koko keskustelulle sanomalla: "Ei sitä voi selittää. Se on puhtaasti kokemuksellista. Siitä seuraa liiaksi kiistoja." Tai hän saattoi sanoa: "Et tarvitse selvitystä. Yritä mieluummin päästä siitä eroon kuin pohtia sitä." Mutta nyt Amma puhui aiheesta pitkään. Hänen sanansa, korkeuksista tuleva todellinen tieto, alkuperäisestä lähteestä pulppuavat näkymättömät totuuden virrat soljuivat kuin Gangesin vedet kaikkien läsnäolevien kuultaviksi. Opetuksia saattoi suorastaan koskettaa, tuntea ne, imeä ne itseensä ja kantaa niitä sydämessään kallis-arvoisina ja unohtumattomina lahjoina Äidiltä, aarteina, joita vaalia, muistella ja mietiskellä vaikeina aikoina.

Kukaan ei puhunut tai liikkunut vähään aikaan. Kaikki näyttivät haltioituneen Äidin sanojen voimasta.

"Amma, tämä on todella merkittävää", huomautti vihdoin eräs vierailijoista. "Sanasi ovat auttaneet poistamaan monia epäilyksiämme. Muutamat meistä kokoontuvat joka sunnuntai erään oppilaan kotona. Keskustelemme eri aiheista, luemme otteita pyhistä kirjoituksista ja kerromme kokemuksiamme Sinusta. Lausumme *mantroja* ja meditoimme. *Karman* laki ja sen vaikutukset ovat olleet ykkösaiheitamme. Nyt se on selvitetty meille. Mutta Amma, mielessäni on yhä epäilys. Mainitsit, että ihmisestä tulee *karman* ketjun uhri. Tarkoitatko sillä, ettei *karman* otteesta ole poispääsyä?"

"Ei, ei", vastasi Äiti, "sitä en tarkoita. Sellaisella, joka ei usko korkeimpaan voimaan tai ihanteisiin, ei ole poispääsyä *karman* otteesta. Uskova, joka tietää, että hänen on korjattava tekojensa hedelmät, harjoittaa henkisiä harjoituksia kuten *japaa*, meditaatiota ja rukousta. Nämä harjoitukset ja hänen suorittamansa hyvät teot toimivat tasapainottajana. Nykyiset hyvät teot mitätöivät menneiden pahojen tekojen vaikutukset. Usko Jumalaan tai *guruun* antaa ihmisille valtavasti voimaa *karman* kohtaamiseen. *Karmaa* ei voi välttää. Usko toimii kuitenkin haarniskana, suojaavana voimana. Vaikka *karman* ketju toimiikin, usko lievittää huomattavasti sen vaikutuksia. Puhumme nyt henkilöstä, joka uskoo Jumalaan, mutta viettää tavanomaista elämää maailmassa. *Karman* toiminnan pysäyttäminen ei ehkä ole hänen järkähtämätön tavoitteensa. Hän saattaa reagoida, suuttua ja tehdä pahoja tekoja. Hänellä saattaa olla mielihaluja ja hän saattaa haluta kasata omaisuutta. Mutta koska hän uskoo Jumalaan, hän haluaa myös harjoittaa henkisiä harjoituksia kuten meditaatiota ja rukousta, ja hän suorittaa hyviä tekoja, kuten antaa ruokaa köyhille ja niin edespäin. Niinpä hänen tekonsa ovat tasapainossa. Tämä tasapaino auttaa häntä voittamaan hänen elämässään esiin nousevat vaikeat tilanteet.

Mutta tapa, jolla *sadhaka*, todellinen etsijä kohtaa *karman*, on aivan erilainen kuin tavallisen uskovan. *Sadhaka* ei ole huolissaan siitä, tuoko *karma* hänelle hyviä vai huonoja kokemuksia. Hän ei ole huolissaan siitä, kohtaako häntä onni vai onnettomuus. Todellinen etsijä käyttää kaiken energiansa päästäkseen yhä syvemmälle ja syvemmälle tietoisuuteensa. Hän ei halua vaivata mieltään tekojensa hedelmillä. Täydellisesti jumalalliselle antautuen hän keskittyy henkisiin harjoituksiin. Hän yksinkertaisesti antaa kaiken tapahtua luonnollisella tavalla. Hän ei taistele vastaan. Hän tietää, että hänen *karmansa* on jo päästetty irti, kuin jousesta ammuttu nuoli. Nuolen on osuttava kohteeseensa. Se saattaa vahingoittaa tai haavoittaa häntä tai jopa tappaa hänet, mutta hänelle se on merkityksetöntä. Ajattele levysoittimen neulan matkaa vinyylilevyn urassa. Kappaleen on soitava niin pitkään kuin elämän neula kulkee uraa pitkin. Kappale saattaa olla karmea tai miellyttävä. Joka tapauksessa hän on tuottanut kappaleen itse. Kyseessä on hänen oma äänensä. Hän tietää, että hänen, eikä kenenkään muun, on kohdattava se mitä hänen on kohdattava, vaikka se olisi kivuliastakin. Hän ei halua paeta *karmaansa*, sillä hän tietää, että kyseessä on puhdistumisprosessi ja että se puhdistaa hänet menneissä elämissä aiheutuneista tahroista. Hän haluaa kiihdyttää prosessia. Hän tietää, että vastaanpaneminen ja reagointi pidentää *karman* ketjua. Siksi hän pysyy tyynenä. *Sadhakan* tapauksessa *karma* ei myöskään voi toimia samalla voimalla tai teholla kuin se toimisi toisenlaisessa tilanteessa tai toisen ihmisen kohdalla. Hänen suorittamansa henkiset harjoitukset luovat hänen ympärilleen suojaavan voiman. Ja ennen kaikkea, todellisella etsijällä on aina *gurun* suojaus ja armo. Siksi hän saa lohtua ja apua kaikkein vaikeinpinakin aikoina.

Lapset, todellinen etsijä estää mieltänsä kulkemasta menneisyyteen ja tulevaisuuteen. Hän yrittää kohdata nykyisyyden viisaasti ja arvostelukykyisesti. Hän hyväksyy vallitsevat olosuhteet reagoimatta niihin. Jokainen reaktio lisää uuden lenkin *karman* ketjuun, joten hän yrittää olla reagoimatta. Hänen ainoa päämääränsä on pysäyttää *karman* ketjun eteneminen. Hän ei halua lisätä siihen enää uusia silmukoita.

Karma voidaan voittaa helposti *satgurun* armon avulla. Noudattamalla täydellisen mestarin antamia ohjeita selviydyt voittajana kaikista vaikeuksista ja koettelemuksista. Jokaisen ihmisen on käytävä läpi tiettyjä kokemuksia, joista osa on hyviä, osa huonoja. Jos noudatat *satgurun* ohjeita, pääset koetusten läpi musertumatta. Usko *guruun* täyttää sydämesi ja sielusi valtavalla voimalla ja rohkeudella.

Edes kuolema ei voi koskea sinuun, jos sinulla on *gurun* ohjaus ja armo.

Usko

"Mutta Amma, kaikki riippuu uskosta, eikö niin? Entä ihminen, jolla ei ole uskoa?"

"Niin tietysti", Äiti sanoi. "Tarvitset rakkautta ja uskoa saadaksesi voimaa ja rohkeutta. Jo pelkkä usko voi saada aikaan armon jatkuvan virtauksen luoksemme.

Lapset, on olemassa paljon ihmisiä, joiden usko on typerää. Heidän uskonsa ei ole todellista. Todellisen uskon suhteen he ovat epäluuloisia ja varauksellisia ja heidän mielessään herää satoja epäilyksiä. He eivät kykene uskomaan todella, koska heissä on enemmän pelkoa ja epäilystä kuin rakkautta ja luottamusta. Kuitenkaan heillä ei ole pelkoa tai epäilyksiä televisioidensa tai muiden rikkoontuvien tavaroiden suhteen. Jopa älykkäänä pidetyt ihmiset luottavat vain autojensa, televisioidensa ja kotiensa kaltaisiin asioihin. Ne voivat mennä rikki milloin tahansa, silti ihmiset uskovat lujasti niihin. Mikä vahinko! He eivät usko katoamattomaan *Atmaniin*, joka on heidän oma syvin olemuksensa.

Pyydäpä tällaista ihmistä uskomaan rukoukseen tai meditaatiotekniikkaan. Tai pyydä häntä uskomaan *mantraan, mahatmaan* tai Jumalaan. Hän esittää satoja kysymyksiä. Hän ilmaisee epäilyksensä ja pelkonsa. Hän ei kykene luottamaan näihin asioihin. Hän saattaa sanoa: 'Tiedätkö, minulla on hyvin vähän aikaa tuollaiseen. Ja sitä paitsi pidän työtäni *sadhanana*. En myöskään usko tuollaisten asioiden todella toimivan. Henkisesti suuntautuneet ihmiset aiheuttavat nykyisin enemmän haittaa yhteiskunnalle kuin kukaan muu.' Hänellä on syitä loputtomiin. Totuus on, että hän ei halua uskoa. Hänen autonsa, televisionsa ja talonsa riittävät hänelle. Hänen uskonsa niihin saa hänet tuntemaan itsensä onnelliseksi. Eikö tällainen ole typerää uskoa?

Lapset, kerronpa erään tarinan. Olipa kerran hyvin sairas mies. Eräänä päivänä hän vaipui koomaan, ja kaikki luulivat hänen kuolleen. Niinpä hautausurakoitsijat hakivat hänen ruumiinsa, pesivät sen ja panivat arkkuun. Hautajaisjärjestelyt tehtiin ja pappi kutsuttiin paikalle suorittamaan siunaus. Kun arkkua kannettiin kohti hautausmaata, kantajat kuulivat sisältä koputuksen. He laskivat arkun maahan ja avasivat sen. Ihmiset kerääntyivät kuulemaan, kun 'kuollut' mies puhui. 'En minä ole kuollut. Päästäkää minut pois tästä laatikosta.' Mutta hänelle sanottiin: 'Olemme pahoillamme. Ette voi olla elossa. Kuolemas-tanne on olemassa lääkärintodistus ja myös pappi on vahvistanut sen.' Sitten kansi suljettiin ja mies haudattiin suunnitelmien mukaan." Nauru kajahti ilmoille.

Lyhyen tauon jälkeen Amma jatkoi: "Usko televisioihimme ja autoihimme, jopa usko kehoon, jota kannamme mukanamme, on typerää uskoa ellemme ymmärrä näille asioille kuuluvaa asemaa ja asianmukaista merkitystä elämässämme. Jos katsot ympärillesi ja tarkkailet huolellisesti ihmisten elämää, näet, että uskon puute on syynä kaikkiin heidän ongelmiinsa. Ilman uskoa ei ole tunnetta, ei sydäntä, ei rakkautta. Tämä on universaali totuus. Se pätee jokaiseen kaikkialla. Ilman uskoa olet täynnä pelkoa. Pelko lamauttaa, halvaannuttaa sinut.

Luottaessaan 'pätevyyteen', todistuksiin ja oppiarvoihin ihmiset uskovat siihen, mitä lääkärit ja tiedemiehet sanovat, vaikka nämä ovat juuttuneita älyynsä ja ovat siksi rajoittuneita. Koska *mahatmalla* ei ole vaikuttavia tutkintoja, he epäilevät hänen sanojaan ja luotettavuuttaan, hänen, joka on paneutunut syvälle maailmankaikkeuden saloihin ja jolla on rajaton viisaus ja voima.

Ihminen, jolla ei ole uskoa, on tarpeettoman arka ja herkkä. Kuka ja mikä hyvänsä voi loukata häntä - jopa sana tai katse saa hänet masentuneeksi ja surulliseksi. Hän vapisee vaikeuksien edessä. Hän ei kykene ajattelemaan eikä toimimaan järkevästi. Heikkona hetkenä sellaiset ihmiset saattavat jopa päättää päivänsä, kun taas uskon omaava ihminen voi elää hyvillä mielin koko ajan. Usko suojelee sinua kaikissa olosuhteissa, mihin hyvänsä tilanteeseen joudutkin. Amma tarkoittaa tällä tietenkin järkkymätöntä uskoa Jumalaan tai täydelliseen mestariin, *satguruun."*

"Mutta Amma, myös ihmiset, jotka eivät usko korkeimman voiman olemassaoloon, elävät tavallista elämää, eikö niin?", kysyi eräs vierailijoista.

Äiti vastasi: "Saatat kohdata vailla uskoa olevia ihmisiä, jotka elävät tavallista elämää ilman suurempia ongelmia ja harmeja, ja saatat ihmetellä: 'Tämä ihminen ei usko Jumalaan eikä korkeampaan totuuteen, ja silti hänen elämänsä on aivan kunnossa. Hän näyttää onnelliselta ja tyytyväiseltä siihen, mitä hänellä on.' Mutta havaintosi ja arviosi perustuvat vain siihen, kuinka asiat näyttävät olevan ulkoisesti. Ulospäin kaikki saattaa näyttää hyvältä, mutta et voi tietää, mitä hänen sisällään tapahtuu. Melko todennäköisesti hän on näivettynyt sisäisesti ja kaipaa innostusta elämäänsä. Hän tuntee jatkuvaa ahdistusta elämänsä vuoksi ja kykenee vain harvoin rentoutumaan. Pystymättä uskomaan mihinkään sellainen ihminen voi olla hyvin kapeakatseinen ja rakkaudeton. Kykenemättä hoitamaan edes omia ongelmiaan hän ei pysähdy kuuntelemaan myöskään puolisonsa tai lastensa murheita. Koska hän on kärsimätön, hän suuttuu helposti loukaten muita ihmisiä, eikä kukaan halua olla hänen ystävänsä.

Tällaiset ihmiset jatkavat elämäntyyliään, kunnes tulevat tietoisiksi elottomuudestaan. Tämä oivallus auttaa heitä lopulta kääntymään jonkin sellaisen puoleen, joka voi antaa heille sen, mitä heidän elämästään puuttuu. Tuota aukkoa ei voi täyttää mikään muu kuin usko ja rakkaus. Elämästä tulee täyteläistä ja ehjää vasta, kun sydän on täynnä uskoa korkeimpaan voimaan. Siihen saakka etsintä tyhjyyden täyttämiseksi jatkuu. Me kaikki haluaisimme täyttää sen erilaisilla asioilla. Yritämme täyttää sen kovalla työnteolla. Tarraudumme esineisiin ja yritämme saada niistä mielihyvää. Mutta tyhjä kohta on ja pysyy, ja saattaa lisäksi jopa kasvaa.

Jokainen esine, johon takerrumme, ja jokainen merkityksetön mielihalumme, jonka täytämme, on kuin rantakaistale, jolla luulemme voivamme levätä ja olla rauhassa. Muista, että jokainen siirtymä rannalle, jokainen yritys löytää vakaus ulkoisesta maailmasta vain lisää tyytymättömyyttämme. Se vain pidentää todellisen olemassaolomme rannalle palaamiseen tarvittavaa aikaa. Pian huomaamme, että kaikki rantakaistaleet, joilla olemme halunneet levätä, murenevat ja uppoavat. Kaikki asiat, joille uskomme ja toivomme on perustunut, osoittautuvat eräänä päivänä hyödyttömiksi ja merkityksettömiksi. Tuo päivä tulee ennemmin tai myöhemmin. Ennen sitä emme voi saavuttaa täyttymystä uskon puutteen vuoksi. Siihen saakka olemme epäileviä ja joustamattomia. Mutta jonain päivänä huudamme varmasti: 'Oi Jumala, olen avuton. Tule ja pelasta minut. Auta minua! Suojele minua!' Huudamme apua ymmärtäessämme kaikkien toiveidemme päätyvän toivottomuuteen.

Niin kutsutut intellektuellit tai ajattelijat, jotka kieltävät Jumalan olemassaolon ja luottavat vain älynsä voimaan, katsovat usein olevansa muiden yläpuolella, etenkin sellaisten, jotka uskovat voimakkaasti Jumalaan. Mutta todellisuudessa juuri he ovat häviäjiä, juuri he ovat huono-osaisia. Vailla uskoa heiltä jää tavoittamatta elämän kauneus ja viehätys, mutta he eivät itse ymmärrä sitä. Oletetaan, että näet arvokkaan kiven tien vieressä. Mitä tapahtuu, jos vain kävelet ohitse ottamatta sitä mukaasi? Silloin et voi omistaa sitä, eikö niin? Sinä itse hukkasit suuren mahdollisuutesi. Jalokivi kyllä säilyy kauniina ja kallisarvoisena, ja joku toinen, joka tunnistaa sen arvon, rikastuu pelkästään ottamalla sen mukaansa. Virheesi myöntämisen ja sokeutesi tunnustami-sen sijaan puolustat itseäsi sanoen, että kivi ei ollut aito tai ettet välitä siitä lainkaan. Epäilijät puolustavat uskomuksiaan sillä tavoin. Mutta Jumalaa ei huoleta, jos ihmiset eivät usko häneen. Ne, jotka eivät usko jumalallisen olemassaoloon ovat häviäjiä. Rakkaudettomilta ihmisiltä puuttuu elämänilo. He ovat kuin eläviä ruumiita. Elämän kauneus ja viehätys ei säteile tällaisista ihmisistä. Kukaan ei tunne viehätystä heihin, kukaan ei koe innoitusta heidän sanoistaan ja teoistaan. Ihmiset eivät välitä heistä. Jopa heidän puolisonsa ja lastensa on vaikea sietää heitä. Mutta tulee päivä, jolloin myös he huutavat: 'Jumala! Auta!'"

Antaudu kohdataksesi karman

Sama vierailija kysyi: "Amma, onko ihmisen elämässä joku tietty jakso, jolloin *karman* laki alkaa toimia? Onko mahdollista saada joku vihje tai merkki ennen kuin niin tapahtuu?"

Äiti vastasi kujeileva hymy kasvoillaan: "Kun itsekeskeiset tuntemukset 'minä' ja 'minun' nousevat pintaan, alkaa *karman* laki toimia kohdallasi. Kun ego tulee esiin, unohdat Jumalan. Puhut ja toimit kaikkeuden lakien vastaisesti. Taannut kaikin tavoin. Kaikki hyveesi ja hyvät ominaisuutesi kuten muista välittäminen, rakkaus ja anteeksiantavaisuus katoavat. Silloin *karman* laki alkaa vaikuttaa. Kun alat murehtia menneitä, kun alat arvostella ja loukata muita ja syyttää heitä oman elämäsi vastoinkäymisistä, kun suunnittelet ja unelmoit lupaavasta tulevaisuudesta ja unohdat elää nykyhetkessä, silloin *karman* laki alkaa vaikuttaa sinussa. Tämä pätee sekä yksilöön että yhteiskuntaan heidän unohtaessaan Jumalan. Kun Jumala unohdetaan, astutaan *karman* kiertokulkuun. Tämä elämä ja keho ovat tietenkin itsessään *karman* tuloksia. Mutta on olemassa älykäs ja terve tapa antaa *karman* lain toimia elämässään, tapa, joka sallii meidän viettää onnellista ja ilontäyteistä elämää myös kohdatessamme kunkin *karmisen* tai ennaltamäärätyn kokemuksen."

Toinen vieras kysyi: "Mikä on tällainen älykäs ja terve tapa kuluttaa *karmiset* kokemuksemme loppuun?"

"Älä koskaan unohda todellista Itseäsi", vastasi Äiti. "Älä koskaan unohda, että todellinen olemassaolosi on Jumalassa ja että kaikki, mitä väität omaksesi, on vain ohimenevää. Älykkäin tapa kuluttaa *karmalliset* kokemukset loppuun on pitää tätä mottonaan ja toteuttaa sitä jokapäiväisessä elämässä.

Älä koskaan unohda Jumalaa. Älä milloinkaan unohda todellista alkulähdettäsi. Älä poistu todellisesta sisäisestä keskuksestasi. Kykenetkö siihen? Jos kykenet, voit voittaa *karman* lain. Jos harjoitat tätä, *karma* ja sen seurausvaikutukset eivät voi vahingoittaa sinua. *Karma* menettää voimansa Jumalan tai *gurun* armon ansiosta.

Ilman armoa ei voi kohdata kohtaloa. Ihmisen yrityksessä on tietysti voimaa. Mutta ihmisolennoilta puuttuu arvostelukyky. Heidän toimintansa lähtee itsekeskeisyydestä, ja siksi heidän toimenpiteensä jäävät lopulta tehottomiksi kohtalon edessä. Antaudu *Paramatmanille.* Toimi maailmassa tuntematta ylpeyttä voimastasi. Rukoile ja yritä tuntea Jumalan läsnäolo kaikessa mitä teet ja ole kiitollinen hänen armostaan. Tämä on kaikkein tärkeintä. Ihmiset luulevat, että kohtaloa voi vastustaa. Mutta he eivät pysty siihen. Vaikka yrittäisit taistella kuinka voimakkaasti hyvänsä, sinut lyödään. Sinut riisutaan aseista. Kohtalon paino murskaa sinut."

Tätä seurasi kysymys: "Amma, tarkoitatko, että ihminen on täysin avuton *karman* tai kohtalon edessä?"

Äiti vastasi: "Ei, sitä en tarkoita, vaan sitä, että on tärkeää kohdata *karma*, ei tuntien ylpeyttä omista voimistasi, vaan turvaten ja luottaen Jumalaan. Voit turvata Jumalan voimaan vain, jos antaudut hänelle. Antautuminen on nöyrtymistä, kykyä kumartaa syvään. Lapset, nöyryys on oikea tie. Kumarra syvään, niin *karma* ei osu sinuun. Se lentää pääsi yli, koska olet Jumalan palvelija ja täten hänen suojaamansa.

Amma haluaa kertoa teille kaksi tapahtumaa, jotka sattuivat *Krishnan* elinaikana. Molemmat tapahtuivat suuressa *Kurukshethran* taistelussa. Tässä on ensimmäinen tapahtuma. Kun *Pandavat* tappoivat *Pandavoiden* ja *Kauravoiden* yhteisen suuren aseopettajan *Dronan*, tämän poika *Aswathama* joutui raivon valtaan. Hän oli niin järkyttynyt isänsä kavalasta surmasta, että hän laukaisi *Narayanastran*, kaikkein tuhoisimman ohjuksen. Tulta sylkien ja tuottaen sisältään tuhansia uusia aseita tuo voimakas ohjus sai aikaan sekasorron *Pandavien* joukoissa. Tuhannet sotilaat saivat surmansa muutamassa sekunnissa. Vain *Krishna* tiesi, miten tuon suuren ohjuksen saattoi välttää. Hän juoksi sotajoukkojen halki käskien jokaista luopumaan aseistaan ja käymään maahan makaamaan. *Krishnan* käskyä toteltiin heti. Koko *Pandava*-armeija heittäytyi makuulle, paitsi *Bhima*, järjestyksessä toinen *Pandavan* veljeksistä. Hän jäi pystyyn taistelukentälle huutaen ja uhmaten tappavaa asetta.

Hän ei halunnut antautua. Hän kieltäytyi ehdottomasti luopumasta aseistuksestaan ja käymästä maahan makaamaan. Haluten kohdata kasvotusten suuren *Narayanastra*-ammuksen hän jatkoi ylväänä ohjuksen uhmaamista ja *Aswathaman* pilkkaamista. Näin *Bhima*, yksi maailman vahvimmista miehistä, seisoi pelottomana nuolen edessä.

Bhiman onnettomuudeksi nuoli oli äärimmäisen voimallinen ja osoittautui liian valtaisaksi jopa hänelle. Sen syöksemä tuli alkoi hitaasti sulkea *Bhimaa* sisäänsä. Silti hän tanssi ympäriinsä huutaen ja hyppien kuin silmittömästi raivostunut tulipallo. Nähden millaisessa vaaratilanteessa *Bhima* oli, *Krishna* ja *Arjuna* ryntäsivät paikalle pyytäen hartaasti häntä heittämään pois aseensa ja käymään makuulle. Mutta heidän vetoomuksensa olivat turhia. Lopulta sekä *Krishna* että *Arjuna* tarttuivat *Bhiman* aseisiin ja heittivät ne pois. Vaikutus oli välitön: voimallinen ammus vetäytyi *Bhiman* luota.

Lapset, voimakas *Narayanastra-ohjus* edustaa *karmaa*. Mikään ei voinut estää sitä käymästä sotilaiden kimppuun. Jopa vahvimmat ja voimakkaimmat soturit, kuten *Bhima*, olivat avuttomia sen mahdin edessä. Vain Herran käsky, 'Käy maahan, ole nöyrä', kykeni pelastamaan heidät. *Bhima* oli itseriittoinen. Hän kuvitteli, että hän voisi voittaa omien voimiensa avulla. Mutta hänet yllätettiin ja melkein kukistettiin. Hänestä olisi ollut hetken päästä jäljellä vain kourallinen tuhkaa, ellei Jumala olisi puuttunut asioiden kulkuun. *Bhima* oli toiminut oman valintansa pohjalta. Hän oli yrittänyt omaa ratkaisuaan. Hän oli yrittänyt taistella vastaan. Se oli toimintaa, mutta väärää toimintaa väärässä paikassa ja väärään aikaan.

Jumala itse neuvoi häntä: 'Käy makuulle, luovu aseistasi'. Mutta *Bhima* oli liian itseriittoinen tehdäkseen niin. Hän ajatteli: 'Minä olen suuri. Minä olen voimakas. Mikään ei voi kukistaa minua.' Suurin osa ihmisistä on egoistisia luullen voivansa tehdä monenlaisia asioita. Mutta kohtalo on paljon vahvempi ja tuhoaa sinut, ellet pitäydy täydellisen mestarin tai Jumalan opetuksiin. Kaikesta huolimatta Jumala pelasti *Bhiman*, koska *Bhima* halusi antautua. Hän oli aina noudattanut *Krishnan* ohjeita. Niinpä Herra oli myötätuntoinen häntä kohtaan ja pelasti hänet.

Lapset, *karmisten* kokemusten edessä kaikki egosi aseet ja vahvuus ovat tehottomia, ellet luovu niistä *gurun* ohjeiden mukaisesti ja heittäydy maahan antautuen nöyrästi. Et voi paeta *karmaa*. Jos Jumalan tai *gurun* armo on kanssasi, ei menneisyytesi jousesta lähtenyt *karman* nuoli voi kuitenkaan vahingoittaa sinua."

Lyhyen tauon jälkeen Amma jatkoi: "Kuunnelkaapa nyt toinen *Mahabharatan* kuvaama tapahtuma samaiselta taistelukentältä. *Arjunan* ja *Karnan* välisessä mittelössä *Karna* oli ylivertainen jousen ja nuolen käytössä. *Karna* lähetti jumalallisen ammuksen pyrkimyksenään ampua *Arjunan* pää irti. *Arjunan* vaunun ohjastaja *Krishna* näki ennalta tämän *Arjunaa* lähestyvän suuren *karmisen* vaaran. Myötätuntoinen Herra painoi heti lujasti isovarpaallaan maata saaden kaikki neljä hevosta polvistumaan maahan. *Krishnan* isovarpaan voimakas painallus sai myös vaunun pyörät vajoamaan muutaman tuuman maan sisään. Tämän ansiosta nuoli pudotti ainoastaan kruunun *Arjunan* päästä vahingoittamatta hänen kehoaan.

Myös tässä on joitakin muistamisen arvoisia näkökohtia. Ensinnäkin itse Jumala oli *Arjunan* vaununajaja. Tämä tarkoittaa sitä, että *Arjuna* oli valinnut Jumalan ohjastamaan elämänsä vaunua. Ennen taistelun alkua *Arjunalle* ja *Duryodhanalle* annettiin kaksi vaihtoehtoa. *Krishna* sanoi heille: 'Toinen teistä saa koko armeijani, mutta minä en itse tule mukaan. Toiselle tulen vaununajajaksi ilman aseistusta, ja armeijani auttaa vihollista. Kumman valitsette, minut vai armeijani?' *Arjuna* sanoi täysin epäröimättä: 'Minä haluan sinut, Herrani. Sinä yksin riität. En tarvitse armeijaa.' Niin *Arjuna* valitsi Jumalan mestarikseen. Luopumisensa ansiosta *Arjuna* saattoi saada Jumalan armon osakseen. *Arjuna* omasi erottelukykyä. Hän ei valinnut ihmissotilaita ystävikseen ja auttajikseen. Hän valitsi vain Jumalan auttamaan itseään. Tässä on iso ero. Jumalan armo antaa *karmisen* nuolen mennä pääsi ylitse antaen sen tuhota ehkä vähäpätöisen kruunun tai muuta vastaavaa, mutta säästää sinut itsesi kuolettavalta iskulta.

Arjuna oli voimakas, mutta ei niin voimakas kuin *Karna*. *Arjuna* edustaa toimintaa, inhimillistä ponnistusta, ja *Karna* edustaa kohtaloa. *Karna* oli voimakkaampi kuin *Arjuna*. Kaikki *Arjunan* ponnistukset säästyä *Karnan* kuolettavalta nuolelta olisivat epäonnistuneet ilman kaikkivaltiaan Jumalan armoa. *Duryodhanalla* näet oli suurempi ja parempi armeija kuin *Pandavoilla*. Hänen puolellaan oli monia suuria sotureita. Hänen armeijansa oli kaikin tavoin vahvempi. *Duryodhana* ja hänen armeijansa edustavat ihmisen voimaa ja vahvuutta ilman armoelementtiä. *Pandavoilla* oli puolellaan Krishna, Jumala, armon ja voiman alkulähde. Taistelun oli tapahduttava. Kukaan ei voinut estää sitä. *Kauravoiden* ja *Pandavoiden* menneet teot kulminoituivat tähän koitokseen. Se oli heidän tekojensa hedelmä. Mutta luopuminen, usko ja antaumus auttoivat *Pandavoita* kääntämään tilanteen edukseen, kun taas ylimielisyys, ilkeys ja itsekeskeisyys tuhosivat *Kauravat*. Heistä tuli helppoja uhreja *karman* mahtavalle voimalle."

Amma lopetti, ja sanoi: "Lapset, nyt on puhuttu jo tarpeeksi."

Eräs vierailijoista osasi klassista intialaista musiikkia ja oli kirjoittanut useita lauluja. Hän ilmaisi toiveensa saada laulaa Äidille. Istuen harmonin ääreen hän lauloi *Para-vasamannen hridayam* -laulun:

Paravasamannen hridayam

Oi Äiti,
mieleni on syvästi ahdistunut
monien häiritsevien ajatusten vuoksi.
Älä anna minun enää odottaa,
käännä huomiosi tähän poloiseen!

Oi, näethän, että olen vaipumassa
meren syvyyksiin.
Oi Äiti,
kaikki tuntevat loistokkaan historiasi.
Etkö tulisi vihdoin luokseni
ja pyyhkisi kosteat silmäni?

Mieleni on hämmentynyt,
täynnä turhautumisen aaltoja.
Haparoin tulimeren keskellä,
saavuttamatta koskaan rantaa,
näkemättä vilahdustakaan lootus-jaloistasi.

Kun vieras alkoi laulaa, Äiti sulki silmänsä ja istui täydellisessä meditaatioasennossa. Oppilas, kirjoituksia opiskellut mies, lauloi voimakkaalla tunteella, ja kaikki läsnäolijat olivat selvästi liikuttuneita. Laulun kohotessa korkeuksiinsa, miehen laulaessa kyyneleet silmissä Amma kohotti oikean kätensä. Hänen sormensa muodostivat jumalallisen *mudran*: nimetön sormi ja keskisormi olivat taivutettuina alas ja muut sormet osoittivat suoraan ylös. Vasen käsi lepäsi reidellä, ja säteilevä hymy valaisi hänen kasvojaan. Laulun loputtuakin Äiti oli yhä tässä tilassa. Hänen jumalallinen mielentilansa innosti vierasta laulamaan toisenkin laulun, *Ehi murare*:

Ehi murare

Oi Mura- ja Madhu-demonien tuhoaja,
oi myötätunnon valtameri Kesava,
niiden ystävä, jotka lähestyvät Sinua nöyryydellä,
lehdoissa usein nähty vieras,
oi sinä siunattu kauniskasvoinen
tule luokseni!

Oi Krishna,
rauhaisa Madhusudana,
lehdossa on satoja mehiläisiä.
Krishna, leikkisä rakastettuni,
oi rauhaisa Madhusudana,
rukoilen sinulta darshanin lahjaa!

Oi Radhan lumoaja,
oi Kamsan tuhoaja,
oi Krishna, kumarrun jalkojesi juureen,

jalkojesi, jotka poistavat kaiken surun.
Oi keltaviittainen Janardana,
tule luokseni Mandharan lehtoon!

Kaikki yhtyivät tähän lauluun suurella rakkaudella ja antaumuksella ja jotkut löivät käsillä rytmiä laulaessaan. Muutama minuutti laulun loppumisen jälkeen kaikki lähtivät majasta erään vanhemman *brahmacharin* kehotuksesta. Oppilaiden laulu oli vienyt Amman toisiin ulottuvuuksiin, ja hän viipyi ylevässä tilassaan vielä jonkun aikaa.

4. luku

Maanantaina 3. syyskuuta 1984

Oli aikainen aamu. Äiti oli temppelin kuistilla lohdutta-massa naapurustossa asuvaa naista, joka itki ja valitti aviomiehensä vuoksi. "Amma, olenko tuomittu kärsimään tällä tavoin koko elämäni? Minulla on seitsemän lasta. Vanhin tyttäreni on yhä naimaton ja hän on jo 28-vuotias. Poikani, viides lapsista, on älykäs ja haluaisin saada hänet kouluun. Jotta poika voisi keskittyä opintoihinsa, olisi kotona vallitsevaan tilanteeseen tultava parannus, mutta mieheni pilaa kaiken. Hän ei tee työtä eikä huolehdi perheen taloudesta. Henkistäkään tukea häneltä ei saa."

Kykenemättä pidättelemään enää kyyneleitään nainen istuutui temppelin kuistille ja purskahti itkuun. Äiti istahti hänen viereensä ja kohotti lempeästi hänen päätään. Kuivatessaan naisen kyyneleitä hän sanoi: "Tyttäreni, älä huolehdi. Amma yrittää puhua miehellesi. Toivottavasti hän kuuntelee Ammaa. Jos hän senkin jälkeen jatkaa häiritsevää käyttäytymistään eikä muuta tapojaan, Amma keksii jonkin toisen tavan auttaa sinua. Älä itke. Rauhoitu."

Amma painoi naisen pään olkapäätään vasten, suukotti hänen molempia poskiaan ja osoitti hänelle kaikin tavoin rakkautta ja välittämistä. Nainen alkoi rauhoittua. "Ammachi", hän sanoi selvästikin jonkin verran helpottuneena, "mieheni kunnioittaa sinua paljon, ja hän puhuu sinusta pelkkää hyvää. Mutta hän ei ole kovin luotettava."

Äiti vastasi: "Anna Amman yrittää." Hän nousi ylös ja oli kävelemässä pois, kun nainen kutsui häntä: "Amma!" Äiti kääntyi ympäri ja kysyi: "Mitä, tyttäreni? Tarvitsetko jotakin?" Hieman epäröiden nainen vastasi: "Amma, kotonamme ei ole ruokaa. Minulla ei ole ollut töitä kahteen päivään. Tulin eiliseen saakka toimeen vähillä säästöilläni, mutta nyt talossa ei ole enää penniäkään. Sitäpaitsi pojallani - sillä, joka menestyy hyvin opinnoissaan - on hyvin korkea kuume. En kykene viemään häntä sairaalaan enkä pysty hankkimaan lääkärin mahdollisesti määräämiä lääkkeitä."

Amma vastasi hymyillen: "Miksi epäröit kertoa Ammalle tätä?" Tämän sanottuaan hän pyysi lähellä seisovaa *Kunjumolia* kutsumaan *Gayatrin* paikalle. *Gayatri* saapui muutaman minuutin kuluttua, ja Äiti kuiskasi jotain hänen korvaansa. *Gayatri* lähti ja odottaessaan hänen paluutaan Äiti alkoi rupatella kylästä kotoisin olevan naisen kanssa.

Aina kun hän puhuu kyläläisten kanssa, hän asettuu heidän tasolleen, yhdeksi heistä. He tuntevat olonsa niin kotoisaksi hänen seurassaan, että vuodattavat hänelle sydämensä täysin. He kertovat hänelle kaiken, hyvin tavanomaisista asioista lähtien mitä henkilökohtaisimpiin saakka. Äiti ei osoita minkäänlaista kärsimättömyyttä. Hän kuuntelee hyvin tarkkaan kaiken, mitä heillä on sydämellään, ja he tuntevat olonsa mukavaksi ja rentoutuneeksi hänen seurassaan. Monet heistä eivät suinkaan ole hänen seuraajiaan, eivätkä jotkut edes usko Jumalaan. Silti Äiti koskettaa heitä kaikkia jollain tavoin. Kerrottuaan ongelmistaan Ammalle he saattavat sanoa: "Oli siinä kyse mistä hyvänsä, ainakin hän lohduttaa suuresti ja antaa uskoa tulevaisuuteen."

Gayatri palasi pian,mukanaan kangaskassi täynnä riisiä, hedelmiä ja vihanneksia. Amma otti kassin hänen kädestään ja antoi sen naiselle. Kääntyen *Gayatrin* puoleen Äiti sanoi: "Anna sinä rahat." *Gayatri* ojensi naiselle vähän rahaa Äidin selittäessä, että raha oli pojan sairaalaan viemistä varten ja tarvittavien lääkkeiden hankkimiseen. Kyläläisnainen lähti *ashramista* sydän täynnä kiitollisuutta ja rakkautta.

Eläkää Jumalaa odottaen

Tämän jälkeen Äiti meni *brahmacharien* majoihin viettäen muutaman minuutin kussakin ja antaen *brahmachareille* ohjeita siitä, millä tavoin heidän tulisi ripustaa vaatteensa, pitää alttarinsa kunnossa ja kirjat ja muut henkilökohtaiset tavarat järjestyksessä, ja niin edespäin. Eräässä majassa asui *brahmachari*, joka ei ollut erityisen siisti eikä pitänyt majaansa järjestyksessä. Hänen tavaransa lojuivat ympäri huonetta ja alttarikuva oli aivan pölyinen. Amma kääntyi vakava ilme kasvoillaan *brahmacharin* puoleen ja sanoi: "Poikani, tällaisenako pidät huoneesi? Vain henkilö, jolla ei ole *sraddhaa* tai *bhaktia*, voi tehdä näin. Katso nyt vaatteitasi. Kirjat ovat ympäri lattiaa. Ja kuinka pölyinen tämä meditaatiokuva onkaan, sinun *dhyana rupamisi!*

Äiti otti kuvan ja näytti sitä kaikille sanoen: "Katsokaa tätä kuvaa. Tätä hän meditoi. Katsokaa, kuinka huolimaton hän on meditaationsa kohteena jumaluuden suhteen. Voiko ihminen, joka rakastaa valitsemaansa jumaluutta tai *gurua* toimia näin? On sanottu, että valitsemaansa jumaluutta tulisi rakastaa yhtä paljon kuin itseään." Hän kääntyi huolimattoman *brahmacharin* puoleen ja jatkoi: "Et selvästikään ole puhdistanut tätä kuvaa aikoihin. Se on merkki siitä, että et rakasta Jumalaa.

Lapset, *sadhakan* tulisi nähdä jumalallisuus, *gurunsa* tai Jumalan läsnäolo kaikkialla. Ihmisen yrittäessä nähdä ja tuntea jumalallinen läsnäolo kaikessa hän alkaa arvostaa ulkoista puhtautta. Hän ajattelee Jumalansa tai *ishta devatansa* olevan kaikkialla, kävelevän kaikkialla ja istuvan joka paikassa. *Sadhaka* odottaa Hänen tuloaan suurella rakkaudella ja antaumuksella. Etsijällä on sammumaton jano saada nauttia Hänen kauneudestaan. Hän toivoo hartaasti sydämensä saavan täyttyä Jumalan läsnäolosta. Niinpä hän odottaa malttamattomana. Jokaisessa kuulemassaan askeleessa, jokaisessa tuntemassaan liikkeessä, jokaisessa ihmisessä ja kaikessa, mihin hän katsoo, hän toivoo kohtaavansa Jumalansa, rakkaan Jumalansa tai Jumalattarensa. Hän ei voisi tarjota Jumalalleen likaista ja siivotonta paikkaa. Hän ei kuvittelisi-kaan toivottavansa tätä tervetulleeksi sotkun keskelle, onhan Jumala hänen rakastettunsa. Hän tietää myös, että Jumala on kaikkivaltias, kaikkialla läsnäoleva ja kaikkitietävä, ja puhtaintakin puhtaampi. Tämä tietoisuus täyttää hänet suurella kunnioituksella.

Mitä annat ihmiselle, jota rakastat ja joka merkitsee sinulle kaikkein eniten? Vain hyviä asioita. Et missään tapauksessa antaisi hänelle mitään huonoa. Vai antaisitko? Et. Niinpä rakkautesi Jumalaa, rakasta jumalhahmoasi tai *guruasi* kohtaan näkyy toimistasi, niiden kauneudesta. Tämä ei tarkoita sitä, että Jumala hyväksyisi vain sen, mikä on hyvää. On totta, että hän hyväksyy kaiken, mikä on tarjottu rakkaudella ja antaumuksella. Mutta me emme ole vielä saavuttaneet tuota korkeimman rakkauden tilaa, jossa unohdamme kaiken, jopa oman yksilöllisyytemmekin. Tuossa korkeimman rakkauden tilassa päästään puhtauden ja epäpuhtauden tuolle puolen.

"Jatkuva odotus, Jumalan tai *gurun* saapumisen kiihkeä kaipaus, on todellisen oppilaan tunnusmerkki. Sellainen etsijä on valmis vastaanottamaan kaipauksensa kohteen milloin tahansa, sen vuoksi hän on niin sisäisesti kuin ulkoisestikin jatkuvasti valmistautunut toivottamaan *gurunsa* tai Jumalansa tervetulleeksi."

Eräs *brahmachari* kysyi: "Amma, voitko selittää, mitä tarkoitat odottamisella?"

"Poikani, Jumalan jatkuvan odottamisen tulisi olla *sadhakan* jatkuva sisäinen asenne. Jokaisena odotuksen hetkenä sinun tulisi olla valmis vastaanottamaan ja toivottamaan hänet tervetulleeksi. Alttarisi ei ole pelkästään paikka kuvien säilytystä varten. Se on paikka, missä Jumalasi asuu. Jos sinulla on tällainen tunne, et voi olla koskaan sotkuinen tai epäsiisti. Vaikka kotisi, tai paikka missä asut, olisi aivan pienikin, sinun tulee pitää se puhtaana. Yritä tehdä siitä rauhaisa kuin temppeli. Ympäristöstä tulee huolehtia samalla tavoin. Huoneesi tulee siistiä ja järjestää uudelleen, ja pitää puhtaana niin, että näyttää siltä kuin odottaisit saavasi toivottaa Herran tervetulleeksi minä hetkenä hyvänsä. Kun muistat, että 'minun Jumalani' tai 'minun Äitini' voi astua sisään minä hetkenä hyvänsä, tämä auttaa varmasti pitämään huoneesi puhtaana ja siistinä, sillä haluathan huoneesi olevan sen arvoinen, että hän voisi tulla sisään ja istuutua. Suhtautumisesi, mielesi puhtaus ja siisteys näkyy myös siinä, kuinka toimit.

Olet ehkä kuullut *Sabarista*, suuresta *Raman* palvojasta. Tällainen oli hänen asenteensa. Hän odotti Jumalaansa elämänsä jokaisena hetkenä. Hän ajatteli: '*Rama* saattaa tulla sisään minä hetkenä hyvänsä. Niinpä minun täytyy olla hyvin valmistautunut voidakseni toivottaa hänet tervetulleeksi.' Ja hän oli. *Sabari* piti aina talonsa ja pihapiirinsä siistinä. Hän siivosi huoneensa joka päivä ja piti sängyn valmiina Herraansa varten, jotta tämä voisi levätä siinä. Joka päivä hän koristeli talon eikä hän unohtanut milloinkaan päällystää vaatimattomaan majaansa tuovaa polkua uusilla tuoksuvilla kukilla. Hän poimi tuoreimmat ja parhaimmat hedelmät Herran syötäväksi. Koko *pujavälineistö* Jumalan jalkojen seremoniallista pesua varten oli aina puhtaana ja käyttövalmiina. Herralle varattu tuoli oli kauniisti koristeltu, ja suloinen tuoksu täytti ilman. Joka aamu *Sabari* teki vasta poimituista kukista seppeleen. Jumalan nimi oli hänen huulillaan jatkuvasti. Katse kiinnitettynä polulle *Sabari*, suuri palvoja, odotti. Hän odotti ja odotti monta, monta vuotta.

Myös *gopit* odottivat samalla tavoin *Krishnaa* tämän lähdettyä *Vrindavanista*. He menivät pois tolaltaan *Krishnan* ollessa lähdössä *Mathuraan* ja halusivat estää hänen lähtönsä. Kun kuningas *Kamsan* lähettiläät *Akrura* ja *Uddhava* tulivat hakemaan *Krishnaa* Mathuraan, *gopit* sättivät heidät pahanpäiväisesti. Niin suuri oli heidän ahdinkonsa, että he pitivät näitä kahta viatonta viestintuojaa syypäänä *Krishnan* lähtöön ja kirosivat heidät siitä hyvästä. 'Älkää murehtiko. Minulla on tehtävä Mathurassa', *Krishna* sanoi. 'Kun se on täytetty, en jää sinne hetkeksikään. Tulen juoksujalkaa takaisin luoksenne, omat rakkaani. Kuinka voisin pysytellä poissa teidän luotanne, teidän, jotka olette rakkauden ruumiistumia?' Mutta *Krishna* ei koskaan palannut *Vrindavaniin*.

Krishnan lähtö merkitsi alkua *gopien* pitkälle ja loputtomalle, luottamusta ja toivoa täynnä olevalle odotukselle. Päivästä päivään he pitivät kodeissaan voita ja *gheetä* valmiina *Krishnan* tuloa varten. He koristelivat talonsa ja piirsivät erilaisia hyväenteisiä kuvioita ja symboleita etupihoilleen toivottamaan heidän rakkaan *Krishnansa* tervetulleeksi. Gopit odottivat joka päivä katse kiinnittyneenä porttiin. *Krishnan* lähdön jälkeen heidän silmänsä olivat aina kyynelissä. Heistä vaikutti siltä, kuin koko luonto - linnut ja muut eläimet, puut, pensaat, viherkasvit, köynnökset, kukat, joet, vuoret ja laaksot - olisivat odottaneet *Krishnaa*. Lopulta heidän odotuksensa tuloksensa heistä tuli *Krishnamayeja*; kokonaan Krishnan täyttämiä.

Lapseni, siksi Amma sanoi, että sinulla ei ole rakkautta tai uskoa. Jos sinulla olisi, olisit valmis toivottamaan rakkaan Jumalasi, tai Amman, milloin tahansa tervetulleeksi. Silloin tämä huone ei olisi näin sotkuinen. Täällä vallitsisi temppelin rauha ja puhtaus. Tämä osoittaa, että sinulla ei ole *sraddhaa* eikä *bhaktia*, jotka ovat *sadhakan* perusominaisuuksia."

Äiti otti valokuvan ja puhdisti sen pölystä sarinsa liepeellä. Pantuaan sen takaisin alttarille hän alkoi kerätä lattialta vaatteita ja kirjoja. Asettaessaan kirjat pienelle nurkkahyllylle hän sanoi: "Katsokaa, hän otti kirjat tästä hyllystä mutta ei vaivautunut laittamaan niitä takaisin." Sitten hän pyysi erästä *brahmacharia* tuomaan vähän narua. Odottaessaan narua hän kääntyi yhtäkkiä huoneessa asuvan *brahmacharin* puoleen ja sanoi: "Ajattelet ehkä: 'Miksi Amma nostaa tuollaisen metelin pikkuasian vuoksi?' Ajattelet, että sydän tarvitsee puhdistusta, ei huone, ja että sydämestä on tultava Jumalan pyhäkkö." Kääntyen muiden *brahmacharien* puoleen hän sanoi: "Hän ajattelee, että ulkoinen puhtaus ei ole niin kovin tärkeää. 'Eikö *Sabari* puraissut jokaista *Ramalle* tarjoamaansa hedelmänpalaa varmistaakseen, että se oli kypsä ja makea? Eikö *Kannappa* uhrannut Jumalalle kukkia, joita oli pitänyt omassa päässään? Hän jopa pesi Jumalan kuvan vedellä, jonka oli tuonut paikalle omassa suussaan.' Näin hän ajattelee."

Brahmachari kalpeni ja painoi päänsä alas. Vaikka Amma oli ilmaissut asian kevyesti, hän oli sanonut juuri sen, mitä tämä oli ajatellut. Muutaman sekunnin kuluttua *brahmachari* nosti päänsä ja puhui aidosti katuvana. "Amma, anna anteeksi. Se, mitä sanoit äsken, on aivan oikein. Olet nähnyt kaikki ajatukseni. Amma, pyydän, auta minua ymmärtämään." Hänen silmänsä olivat kyynelien kostuttamat.

Vaikka *brahmachari* oli hieman järkyttynyt tultuaan paljastetuksi kaikkien edessä, hänen tunnustuksensa herätti runsaasti naurua. Äiti innostui ja alkoi nauraa kuin lapsi. Hän nauroi nauramistaan, ja töni ja kiskoi lähellään olevia. Eräässä vaiheessa hän tarttui *Balun* pitkiin hiuksiin ja veti kovaa. "Auts!", huusi *Balu*, mikä sai aikaan uuden naurunremakan.

Naurun laannuttua Amma istuutui ja jatkoi: "Poikani, ajattelet oikealla tavalla. Mutta onko mielesi yhtä puhdas kuin *Sabarin* ja *Kannappan* olivat? On totta, että *Sabari* ja *Kannappa* eivät käyttäytyneet perinteisten sääntöjen mukaan, mutta heidän sydämensä oli puhdas. He olivat viattomia kuin lapset. Oletko sinä yhtä puhdas ja viaton? Pystyisitkö sellaiseen uhraukseen kuin *Kannappa*? Tai kykenetkö siihen mihin *Sabari*, joka odotti joka päivä Herraansa sydän kiihkeän kaipauksen ja rakkauden täyttämänä? Et pysty kumpaankaan, joten mitäpä merkitystä tuollaisilla hienoilla ajatuksilla silloin on?

Kannappa ja *Sabari* tekivät uhrauksensa Jumalalleen puhtaasta ja viattomasta rakkaudesta. Kun sydämesi on täynnä viatonta rakkautta, sinua ei ole, egosi on poissa. Tuossa tilassa on vain rakkaus. Yksilöllisyys häviää ja tulet yhdeksi Jumalan kanssa. Sinusta tulee viaton kuin lapsi. Kun lapsi antaa jotakin, sitä ei voi torjua, koska lapsen rakkaus on tahratonta ja puhdasta. Kun olet puhtaan, viattoman rakkauden tilassa, et tunne vastakohtia kuten puhdas ja epäpuhdas, hyvä ja paha ja niin edelleen. On vain rakkautta. Puhdasta rakkautta ei voi torjua. *Kannappan* ja *Sabarin* tapauksessa eivät itse uhrilahjat olleet kovin merkittäviä. He uhrasivat Herralle oman sydämensä, joka oli täynnä rakkautta. Heistä itsestään tuli uhrilahjoja. Aivan kuten lapset, täynnä rakkautta, he ylittivät jopa käsitykset puhtaudesta ja epäpuhtaudesta. He unohtivat käskyt ja kiellot.

Poikani, kun ihmiset eivät kykene johonkin tai kun he pitävät jotain asiaa liian vaikeana toteuttaa, he yrittävät löytää oikeutuksen omille toimintatavoilleen. Ihmisen luonne on tällainen. Kun he näkevät epäonnistuvansa, he etsivät keinon selviytyä. Ellei se sattuisi olemaan kovin mielekäs, he keksivät sille järkevältä vaikuttavat perusteet. Tätä *vasanaa* on hyvin vaikea huomata. Se on vain yksi mielen tempuista. Varo tätä mielen ominaisuutta. Etsijän ei tule jäädä tuollaisen mielenheikkouden uhriksi."

Narua hakemaan mennyt *brahmachari* palasi. Äiti nousi seisomaan ja otti narun. Muiden huoneessa olevien avustamana hän teki siitä pyykkinarun sitomalla sen majan vastakkaisilla puolilla oleviin seipäisiin. Sitten hän alkoi laskostaa narulle vaatteita yhden toisensa jälkeen. Sen tehtyään Äiti käveli ympäri huonetta ja keräsi pois siellä täällä olevat tarpeettomat tavarat. Jotkut tavaroista oli ripustettu kookoslehdistä tehdyn majan seiniin, ja jotkut lojuivat huoneen pimeässä nurkassa. Siellä oli paperinpaloja, vanhoja vaatteita, loppuunkäytetty hammasharja, tyhjä hammastahnaputkilo, rikkinäisiä kyniä ja muuta sellaista. Vanhasta sangosta tehtiin pikaisesti roskakori, ja ennen kunkin esineen heittämistä siihen Amma kysyi *brahmacharilta*, halusiko hän pitää kyseisen tavaran tai oliko hänellä sille mitään käyttöä. Jos hän vastasi kieltävästi, Amma heitti sen roskakoriin, ja jos hän vastasi myöntävästi, Amma antoi sen takaisin hänelle. Tätä tavaroiden läpikäyntiä jatkui jonkin aikaa.

Seuraavaksi Äiti tarkasti alttarin eteen levitetyn *asanan*, paksun vaatteen, jolla *brahmachari* istui meditoidessaan. Äiti haistoi sitä ja ilmehti tavalla, joka osoitti sen haisevan pahalta. Ojentaen asanan toiselle *brahmacharille* Amma sanoi: "Pese tämä hänen puolestaan."

Nyt kaikki oli järjestyksessä, ja lopuksi Äiti vielä lakaisi huoneen. Eräs *brahmachareista* sytytti suitsukkeen palamaan ja Äiti istuutui matolle rentoutuakseen hetken. *Gayatri* tuli sisään ja tarjosi Äidille juotavaa. Amma otti yhden siemauksen ja antoi lasin takaisin. *Gayatri* piti lasia kädessään odottaen, että Amma pyytäisi lisää, mutta hän ei tehnyt niin. "Vähän lisää, Amma?", *Gayatri* ehdotti kysyvästi. "Ei, tämä riittää", Amma vastasi. Äiti pyysi *Gaytria* istumaan viereensä, sitten hän asettui makaamaan pää *Gayatrin* sylissä, ja lauloi *Kannunir toratha ravukal* -laulun:

Kannunir toratha

Kuinka monta yötä
olenkaan viettänyt kyynelehtien?
Oi sinä myötätuntoinen,
etkö tulisi tänään?

Oi Sridhara Krishna,
jokainen odotuksen hetki
on kuin korventava tulisade,
joka kestää aikakausia.

Odotan Sinua joka yö
ja uskon salamoiden miekkatanssin
olevan merkki riemusaatostasi.
Jään aloilleni ja kuvittelen,
että jokainen pimeästä kuuluva rasahdus
on sinun askeltesi ääni.

Oi Kanna,
sinä, joka olet surusta ikuisesti vapaa
ja jonka sydän on sulaa rakkautta,
milloin saan nähdä lempeän hymysi?
Milloin tulet pelastamaan tämän itkevän tytön,
joka hukkuu kyyneliinsä?
Oi Madhava Krishna,
siunaa minut syntymään uudesti
pieneksi ruohonkorreksi
tai hiekanjyväksi polullesi.
Tai tee minusta santelipuutahnaa
oppilaittesi palvelijoitten käyttöön.

Laulun jälkeen Äiti vietti vielä muutaman hetken kääntyneenä sisäänpäin. Kun hän avasi silmänsä, samainen *brahmachari* sanoi hänelle: "Amma, kun siivosit tämän huoneen, sinä oikeastaan rankaisit minua." Sitten hän korjasi itse: "Anteeksi, Amma, minun ei pitäisi oikeastaan käyttää sanaa rankaista. Tiedän, että et rankaise ketään. Sinä vain oikaiset virheemme tehdäksesi meistä parempia ihmisiä. Sanojesi ja tekojesi kautta saamamme oppitunnit ovat omaksi parhaaksemme. Sinä 'rankaiset' meitä vain rakkaudesta ja myötätunnosta. Mutta me olemme niin tietämättömiä, että enimmäkseen unohdamme tämän. Kun paljastit ajatukseni ja siivosit huoneeni, ja etenkin kun otit likaisen *asanani* ja annoit sen toiselle *brahmacharille* pestäväksi, tunsin itseni todella häväistyksi ja loukatuksi. Ajattelin, että Amma yrittää tahallaan nöyryyttää minut muiden edessä. Tiedän, että *sadhakan* ei tulisi suhtautua näin. Mutta Amma, tunnen itseni avuttomaksi, nämä kielteiset taipumukset ja tunteet ovat niin vahvoja." Hänen silmänsä olivat kyynelissä ja hänen kurkkuaan kuristi niin, ettei hän voinut jatkaa.

Amma silitti hänen otsaansa ja hyväili hänen päätään suurella hellyydellä ja rakkaudella. "Nämä kyyneleet ovat sinussa olevia epäpuhtauksia", hän sanoi *brahmacharille*. "Nämä kyyneleet tulisi kohottaa 'niiksi' kyyneleiksi. Nämä kyyneleet johtuvat maailman aiheuttamasta kivusta ja kärsimyksestä. Mutta 'ne' kyyneleet ovat autuuden kyyneleitä, joita vuodatetaan puhtaasta rakkaudesta ja antaumuksesta." Äiti hymyili puhuessaan. Näytti siltä, kuin hänen hymyssään ja silmissään olisi ollut tarpeeksi voimaa poistamaan kuinka paljon tuskaa ja surua hyvänsä. Amman käden jumalallinen kosketus rauhoitti *brahmacharia*, jonka huonon oman-tunnon taakka virtasi jatkuvasti ulos kyyneleinä. Itkettyään jonkin aikaa hänen onnistui hallita kyyneleensä, ja pian hän alkoi näyttää rentoutuneelta ja sisäisestä kivusta vapautu-neelta.

Amman *darshan* on parantava tapahtuma, ihmeellinen jumalallinen parantava tapahtuma. Hänen kosketuksensa parantaa menneisyyden kärsimysten aiheuttamat haavat. Hänen läheisyytensä puhdistaa, kohottaa ja vie meitä kohti todellista Itseämme. Amma on puhtaus ruumiillistuneena, ja näin ollen kaikki hänen kanssaan tekemisissä olevat ylevöityvät ja puhdistuvat. Joissain tapauksissa tämä puhdistuminen on selvästi havaittavaa, kun taas toisinaan se on hienosyistä. Kuinka moni onkaan kokenut Äidin näennäisen viattomat halaukset, jotka muuttavat elämän, sekä katseet, jotka sulattavat sydämen. Olit siitä tietoinen tai et, tunsit itsesi sitten sen arvoiseksi tai et, tämä puhdistuminen tapahtuu. Aivan kuten rautakappale magnetisoituu, kun sitä hangataan voimakasta magneettia vasten, niin tavallinen sielu muuttuu henkiseksi olennoksi ollessaan jatkuvasti kosketuksissa Amman kaltaisen *mahatman* kanssa.

Kuinka suhtautua loukkauksiin

Nyt, kun *brahmachari* tunsi olonsa paremmaksi, Amma jatkoi:"Poikani, sinulla ei ole mitään syytä huoleen. Kielteisiä tuntemuksia tulee nousemaan esiin. Menneisyys siinä vain näyttäytyy. Olet ainakin tunnustanut tunteesi, et siis ole tekopyhä. Sellaiset ihmiset ovat hyvin harvassa, jotka voivat pysytellä tyynenä ja loukkaantumatta, kun heidän vikansa ja heikkoutensa tuodaan esille. Nämä loukatut tunteet ovat nyt tulleet pintaan Äidin läsnäollessa. Kielteiset tunteet katoavat siihen rakkauteen, jota tunnet Äitiä kohtaan. Jos asiat olisivat toisin, negatiivisuus jäisi jäljelle ja voisi aiheuttaa uuden syvän haavan. Ole varovainen sen suhteen.

Toisiaan seuranneet kielteiset tapahtumat muodostavat pitkän, katkeamattoman ketjun, joka kiinnittyy sinuun. Sinua on loukattu ja solvattu monta monituista kertaa lukemattomien elämiesi aikana. Kun joku loukkaa sinua, hän tekee niin menneisyytensä pohjalta, ja kun reagoit, sinä reagoit myös menneisyydestäsi käsin. Te molemmat olette olleet loukkausten uhreja ja olette tehneet muista omien loukkaustenne kohteita niin tässä kuin aikaisemmissakin elämissänne. Niinpä kaikki tekonne ja sananne, olivat ne myönteisiä tai kielteisiä, heijastavat menneisyyttänne. Menneisyytesi on taltioitu sisällesi. Muistitaltiosi on täynnä kaikenlaista, jopa liian täynnä. Tyhjentääkseen egonsa, joka on kaikkien näiden kielteisten tuntemusten summa, ihmisen tulisi ensin tuntea egonsa paino. On ihme, ettet tunne lastin raskautta. Jos alat tuntea egosi taakan, on se hyvä merkki. Siitä hetkestä lähtien alat purkaa sitä.

Amma on kuullut tarinan opetuslapsesta, jota mestari neuvoi antamaan kolmen vuoden ajan rahaa jokaiselle, joka loukkasi häntä, eikä hän saisi sanoa sanakaan. Kun koetusjakso oli ohitse, mestari sanoi hänelle: 'Nyt voit astua todellisen tiedon maailmaan ja saavuttaa viisautta.' Kun opetuslapsi oli astumassa todellisen viisauden maailmaan, hän tapasi viisaan miehen, joka istui portilla loukaten jokaista, joka tuli ja meni. Viisas sätti myös opetuslasta, joka purskahti välittömästi nauruun. 'Miksi naurat, vaikka loukkasin sinua?', mies kysyi. Opetuslapsi vastasi: 'Koska jo kolmen vuoden ajan olen maksanut tästä, ja nyt saan sitä sinulta ilmaiseksi.' Viisas mies lausui hänelle: 'Astu sisään tiedon valtakuntaan. Se on kokonaan sinun.'

Naura sydämellisesti niille, jotka loukkaavat sinua, ja ymmärrä heidän sanojensa kumpuavan heidän menneisyydestään. Palkitse ne, jotka loukkaavat sinua. Yritä olla sanomatta heille mitään pahaa, ja pikkuhiljaa pyri siihen, ettet tunne mitään pahaa heitä kohtaan. Toimi, mutta älä reagoi. Näin menetellen tulet astumaan syvemmille alueille omassa tietoisuudessasi.

Äsken, kun Amma mielestäsi loukkasi sinua, kykenit pysymään vaiti etkä reagoinut. Ja vieläpä tunnustit tulleesi loukatuksi. Se on hyvä merkki. Yritä samaa muiden suhteen. Kun toiset loukkaavat sinua tai suuttuvat sinulle, yritä pitää suusi kiinni. Kuvittele olevasi Amman seurassa ja ajattele, että olisi epäkunnioittavaa reagoida. Yritä tuntea kunnioitusta tuota toista kohtaan, koska todellisuudessa hän tekee sinulle jotain hyvää. Hän opettaa sinua olemaan hiljaa ja kärsivällinen. Ryhdy tuntemaan sääliä häntä kohtaan hänen haavoitetun menneisyytensä vuoksi, tunne syvää huolenpitoa ja myötätuntoa häntä kohtaan. 'Ihmispolo, kaikki nuo menneisyyden haavat aiheuttavat hänelle kärsimystä. Hän ei voi hyvin. Minun pitäisi todella auttaa häntä niin paljon kuin vain voin.'

Saattaa olla, että reagoit kuitenkin sisäisesti. Voi olla, että sisälläsi kiehuu. Yritä silti nähdä - ymmärtäen oikealla tavalla, nähden asioiden lävitse ja tiedostaa - että moittijasi kärsii menneisyytensä haavoista. Et halua loukata haavoittunutta ja kärsivää ihmistä. Se olisi julmuutta, etkä halua olla julma. Olet *sadhaka*, etsijä, ja haluat olla ystävällinen ja myötätuntoinen.

Saatat tuollaisessa tilanteessa tuntea ehkä kunnioitusta, mutta et kuitenkaan myötätuntoa etkä huolta tuosta toisesta ihmisestä. Myötätunnon herätessä annat hänelle anteeksi. Unohdat hänen pahat sanansa. Myötätuntoinen ihminen ei voi reagoida, sillä hän voi vain olla myötätuntoinen. Nykyisessä tilassasi sinun on vaikeaa päästä siihen, mutta ei se mitään. Irtipäästäminen ei ole helppoa. Saattaa olla, ettet onnistu tuntemaan rakkautta. Tässäkin tilanteessa vaitonaisuutesi johtui aluksi kunnioituksesta - tai sanotaan vaikka pelosta - Ammaa kohtaan. Silti sinulla oli pienoisia reaktioita sisälläsi. Jonkin ajan kuluttua mietiskelit asiaa ja vieläpä ilmeisen hyvin, sillä päädyit tunnustamaan sisäisen reaktiosi Ammalle. Siispä, jos tunnet kunnioitusta toista ihmistä kohtaan, pidä häntä opettajanasi, joka opettaa sinulle kärsivällisyyttä. Tai jos voit kuvitella Amman puhuvan hänen kauttaan, kykenet myös silloin pysyttelemään vaiti. Tilanne on samanlainen kuin jos luokanopettajasi moittisi sinua huonosta käytöksestä luokassa tai siitä, ettet lukenut läksyjäsi kunnolla. Et huuda hänelle takaisin. Vaikenet kunnioituksesta, eikö niin? Vaikene ja poistu sinua loukkaavan ihmisen luota. Jos jäät sinua solvaavan ihmisen seuraan, saatat lopulta reagoida vaikka olisit aluksi onnistunutkin pitämään suusi kiinni. Sen vuoksi sinun on hyvä poistua sellaisesta ilmapiiristä.

Jos sinun on jäätävä paikalle, yritä palauttaa mieleesi joitakin rakkaita muistoja kuten unohtumattomat hetket henkisen mestarisi seurassa, päivän, jolloin tapasit hänet, ja kuinka hän vuodatti rakkautensa ja myötätuntonsa sinuun. Kohottavien asioiden mieleen palauttaminen ja suloisten muistojen vaaliminen voi auttaa sinua pysymään vaiti.

Vaikka pystyisitkin olemaan hiljaa toisen ladellessa loukkaavia sanojaan tai tiuskiessa, sinulla saattaa olla vihan ja koston ajatuksia häntä kohtaan hänen ilkeän ja hyökkäävän käytöksensä vuoksi. Sinun on oltava tarkkana sen suhteen, että et elättele kostonhaluisia tunteita tuota toista ihmistä kohtaan. Älä kanna mielessäsi vihan ja suuttumuksen vammaa. Muista, että hänen piti opettaa sinulle jotakin, että hänellä oli sinulle viesti. Sinun tulee osata kuunnella sydän avoimena tuo viesti ja sisäistää se. Sinun on vielä työskenneltävä kyetäksesi hyväksymään tämän. Meditoi, rukoile, laula, toista *mantraasi* ja mietiskele syvällisesti poistaaksesi nämä ja muut tunnetason häiriöt."

5. luku

Unohtumaton veneretki

Perjantaina 7. syyskuuta 1984

Äiti lähti illalla vierailulle eräässä läheisessä kylässä asuvan oppilaansa luo. Koska talo sijaitsi usean kilometrin päässä *ashramista*, Amma päätti mennä sinne veneellä. *Unni*, joka asui aivan *ashramin* edustalla, oli odottamassa veneen kanssa heti *bhajaneiden* jälkeen. Matkaseurue koostui seuraavista henkilöistä: Äiti, *Gayatri*, *Damayanti* (Amman äiti), *Harshan* (Amman serkku), *Satheesh* (Amman veli), *Balu*, *Rao* ja *Sreekumar*. Ryhmä lähti matkaan puoli yhdeksältä *Unnin* toimiessa venemiehenä.

Kun he purjehtivat takavesiä pitkin, vedestä heijastuva kuu synnytti valon ja varjon leikin. Luonto kylpi kuunvalossa. Taivaan valtavuus ja laajuus vaikuttivat rauhoittavasti mieleen. Lempeä tuuli lisäsi tyyneyden tunnetta. Amman katse oli kiinnittynyt rauhaisaan taivaaseen. Hän näytti epätavallisen kauniilta istuessaan veneessä.

Äiti osoitti etusormellaan johonkin määrittelemättömään, aivan kuin olisi jutellut kuulle, taivaalle, äärettömyydelle tai jollekin muulle tuntemattomalle kohteelle. Pysytellen tässä asennossa jonkin aikaa hän alkoi laulaa. Kaikki mukanaolijat vastasivat innolla ja riemuisasti. Laulu oli *Adiyil parameswariye*:

Adiyil parameswariye

Oi korkein jumalatar,
maailmankaikkeuden Äiti,
elämäni ainoa päämäärä.

Oi Äiti, jonka silmät ovat kauniit
kuin lootuksen terälehdet,
joka ylläpidät kolmea maailmaa
joka oleilet mayan kukassa.
Oi Sinä kaunis kaikkeuden alkulähde,
vapauta minut kaikesta surusta.

Oi armollinen,
ahneuden tuhoaja,
joka johdat meidä kotiin jälleensyntymien maasta,
suojele minua.
Oi Äiti, antaumuksen ja vapautuksen suoja,
oi maineikas Katyayani,
minä kumarran sinua.

Oi maan jumalatar,
sinä olet tieto ja viisaus.
Sinä olet ainoa ilon ja ravinnon lähde.
Sinä olet itse kaikkeus.
Oi toiveiden täyttäjä,
pyydän, vapauta minut ylpeydestä,
asusta mielessäni ja poista ahdinkoni.

Äiti katseli koko laulun ajan pilvetöntä taivasta. Hän alkoi laulaa toista laulua, ja laulun ollessa vielä kesken hän vaipui *samadhiin*. Molemmat kädet ojennettuina, aivan kuin korkeimpaan olentoon nöyrästi vedoten, Amma pysyi jonkin aikaa liikkumatta. Hänen silmänsä olivat avoinna, mutta ne olivat kiinnittyneet johonkin. Säteilevä hymy korosti yhä entisestään ylimaallista loistoa hänen kasvoillaan. Hän loisti kuin toinen Kuu.

Amman jumalallinen mielentila jatkui usean minuutin ajan. Palattuaan jälleen tavalliseen mielentilaansa hän huomasi kahden *brahmacharin* juttelevan keskenään. Äiti sanoi heille: "Lapset, tarpeeton jutustelu on eräs *sadhakan* pahimmista vihollisista. Tällainen tilaisuus näin läheiseen matkustamiseen Äidin kanssa on harvinainen. Teille ei ehkä tule toista tilaisuutta viettää tällä tavoin aikaa Amman kanssa. Katsokaa, kuinka kaunis taivas on. Katsokaa valtaisaa, laajaa taivasta ja kimmeltävien tähtien keskellä loistavaa kuuta. Tuntekaa rauha ja hiljaisuus. Tuntekaa suloisesti puhaltava lempeä tuuli ja nähkää puut ja pensaat rannoilla. Kuulkaa valtamerestä kumpuava *pranava mantran* (*om*) pauhu. Katsokaa tummansinistä vettä ja nauttikaa luonnon kauneudesta tietoisina siitä, että nämä kaikki ovat jumalallisen ilmaisuja.

Aiemmin Amma ei nukkunut lainkaan öisin. Hän pysytteli yöt hereillä ja kutsui Jumalaa. Hän itki, rukoili, meditoi ja tanssi autuudessa. Kuunvaloisat yöt olivat Ammalle mieluisia hetkiä. Noina hiljaisina ja rauhaisina öinä Amma tuli täysin tietämättömäksi kaikesta ympärillään. Hänen kaipauksensa jumalallista kohtaan saavutti huippun-sa. Hän vietti koko yön itkien, rukoillen ja tanssien autuudessa, nähden kaiken olevan perimmäisen absoluutin ilmentymää.

Sadhakat rakastavat yötä. Silloin he voivat sukeltaa syvälle omaan tietoisuuteensa. Alkuvaiheissa henkiselle kehitykselle on hyväksi meditoida ja rukoilla yöaikaan, etenkin keskiyön jälkeen, jolloin koko maailma menee nukkumaan. Se on *sadhakalle* parasta aikaa olla hereillä ja harjoittaa henkisiä harjoituksia. Edistyttyään hän kykenee meditoi-maan ja rukoilemaan milloin vain haluaa, ajasta ja paikasta riippumatta. Kun hän on saavuttanut tuollaisen keskittymis-kyvyn, ei enää ole väliä sillä, meditoiko hän päivällä vai yöllä. Kun mieli on tullut riittävän kiinnittyneeksi meditaation kohteeseen, *sadhaka* ei enää välitä, missä ja milloin hän meditoi. Hän vain uppoutuu meditaatioon, missä tahansa. Mutta ennenkuin *sadhaka* saavuttaa tämän tilan, jossa hänen meditaationsa tapahtuu spontaanisti, hänen tulisi pyrkiä meditoimaan ihanteellisissa olosuhteissa.

Tämän vuoksi, älkää käyttäkö tällaisia tilaisuuksia joutavuuksien puhumiseen. Hyödyntäkää aika meditaatioon, hiljaiseen rukoukseen ja *mantranne* toistamiseen. Katsokaa taivaalle ja yrittäkää nähdä siellä rakkaan Jumalanne hahmo. Yrittäkää kuvitella hänen kulkevan kanssanne. Yrittäkää nähdä *ishta devatanne* kasvot Kuussa, tai kuvitelkaa sinne Jumalallisen Äidin tai *Raman* tai *Krishnan* kasvot. Kun tuuli puhaltaa, yrittäkää tuntea siinä rakkaan Jumalanne hellä hyväily. Katsokaa veteen ja nähkää siellä *ishta devatanne* hymyilevät kasvot. Voitte kuvitella, että rakas Jumalanne kutsuu teitä luokseen. Hän halaa, suutelee, silittää ja siunaa teitä, ja sitten yllättäen piiloutuu pilviin, vain tullakseen vähän ajan päästä jälleen näkyviin. Tällaisen työskentelyn avulla menette syvemmälle ja syvemmälle omaan tietoisuuteenne. Vaalitte hänen hahmoaan sydämes-sänne. Avaudutte yhä enemmän ja enemmän, ja pääsette yhä lähemmäs ja lähemmäs omaa Itseänne."

Amma lopetti ja pyysi kaikkia meditoimaan, toistamaan *mantraansa* tai kuvittelemaan sulautuvansa äärettömyyteen katsoessaan ylös taivaalle. Hän istui hiljaa katsoen taivasta. Vene lipui hitaasti eteenpäin. Ainoa ääni syntyi veden liplatuksesta veneen liukuessa suloisesti ylävirtaan. Tämä meditaation ja hiljaisen rukouksen jakso kesti puoli tuntia, eikä sen jälkeenkään puhuttu paljon. Äiti lauloi *Mara yadukula hridayeswara* -laulun:

Mara yadukula hridayeswara

Oi sinä lumoava
sadepilven värinen
Jadavojen sydänten herra,
joka kannat Lakshmi-jumalatarta rinnallasi.
Oi sinä lootussilmäinen,
missä ovat lempeät sormesi,
jotka tuudittavat hellästi uneen?

Oi sinä, joka elit Vrindavanissa Nandan poikana.
Sinä, joka tanssit ja leikit herra Chaitanyan sydämessä,
sinun ja oppilaittesi välillä on syvä side.
Sinä olet kaiken alku ja loppu.
Liitämme kätemme yhteen palvoaksemme Sinua.

Äidin autuaallinen laulu syvensi hiljaisuutta. Hänen pyhä mielentilansa vaikutti jokaisen sydämeen. Amman läsnäolo veneessä oli näiden innoittavien hetkien alkulähde, sydän ja sielu. Tuossa rauhaisassa ja tyynessä ilmapiirissä Äiti toisti *suosikkimantraansa*: '*Shiva*.. . *Shiva*... *Shiva*.... *Shiva*...' Luontainen taipumuksemme on antaa mielen ajelehtia, mutta Amman pehmeä ja lempeä *mantran* lausunta auttoi seurueen jäseniä pysymään oman tietoisuutensa keskuksessa.

Tunnin ja viidentoista minuutin kuluttua ryhmä oli perillä. Vaikka vene oli jo pysähtynyt rantapenkereelle talon eteen, kukaan ei halunnut nousta pois tai sanoa mitään. Ilmapiiri oli niin Amman säteilemän autuuden ja rauhan kyllästämä, ettei kukaan halunnut pilata tätä kaunista hetkeä ryhtymällä tarpeettomaan keskusteluun. Nähdessään kaikkien istuvan yhä veneessä Amma sanoi: 'Hei, lapset, mitä tapahtui? Oletteko kaikki *samadhissa*?' Äidin sanat herättivät heidät sisäänpäinkääntyneestä tilastaan, ja he kaikki nousivat nopeasti veneestä.

Isäntäväki iloitsi nähdessään Amman ja *brahmacharit*. Seurue ohjattiin etuovelle, missä Äidin jalat pestiin seremoniallisesti. Perheen nuorin tytär ripusti seppeleen Amman kaulaan, ja isä ja äiti suorittivat yhdessä *aratin* kuljettaen kamferiliekkiä Amman edessä. Sen jälkeen perheenjäsenet siemaisivat *pada pujan* pyhää vettä ja pirskottivat sitä ylleen ja kaikkialle taloon. Kaikki kumarsivat Äidille, joka ilmaisi rakkautensa ja myötätuntonsa jokaiselle omalla luonnollisella, viattomalla tavallaan.

Ilta aloitettiin *Lalita Sahasranaman*, Jumalallisen Äidin tuhannen nimen resitaatiolla. Tämän jälkeen olivat vuorossa *bhajanit*, antaumukselliset laulut. Amma itse suoritti *aratin*, loppuseremonian, kuljettamalla kamferiliekkiä alttarin jumalhahmojen edessä. Tämä loppuseremonia ja rukousten laulanta loivat taloon rauhaisan ilmapiirin, mutta ennen kaikkea Amman jumalallinen läsnäolo teki tapahtumasta täydellisen ja taivaallisen.

Pian tuli keskiyö ja silloin nautittiin myöhäinen illallinen. Äiti söi vain muutaman lusikallisen erästä ruokalajia ja otti hieman vettä.

Perheenjäsenet olisivat halunneet hänen syövän enemmän, mutta hän kieltäytyi rakastavalla tavalla. Perheen emäntä valitti suruissaan: "Ehkä Amma ei syö meillä mitään hartautemme puutteen vuoksi." Äiti sanoi hyvin lempeästi, mutta painokkaasti: "Ei, tyttäreni, ei lainkaan. Te tiedätte Amman luonteen: hän on ennakoimaton. Ammalla ei ole nälkä, ja on hyvin myöhä. Te olette jo ruokkineet Amman rakkaudellanne, Amma on täynnä siitä."

Amma antoi kuitenkin vaimon syöttää hänelle palan *dosaa*, riisijauhoista tehtyä lettua. Syöttäessään Ammaa kuten äiti, joka ruokkii lastaan, nainen näytti olevan hellyyden ja ilon täyttämä. Ehkäpä juuri tämän viattoman rakkauden vuoksi Amma avasi spontaanisti suunsa uudestaan, kunnes vihdoin kolmannella kerralla hän sanoi: "Riittää, tyttäreni." Nainen oli kuin hurmiossa. Hän suuteli Äidin poskia ja jakoi jäljelle jääneen *dosan* muille *prasadina*.

Illallisen jälkeen Amma tuli ulos tuosta pienestä talosta, joka oli oikeastaan vain kookoslehdillä päällystetty maja. Perhe oli huomauttanut talonsa pienuudesta, mihin Amma oli vastannut: "Lapset, sydämenne ovat tarpeeksi suuret." Etupihalle oli levitetty maidonvalkeaa hiekkaa, ja sieltä saattoi astua suoraan takavesissä kelluvaan veneeseen. Amma istui hiekassa lähellä rantaa perheenjäsenten, *brahmacharien*, *Damayantin*, *Unnin* ja *Satheeshin* ympäröimänä.

Perheen nuorin tyttö istuutui äitinsä syliin. Tytön äiti sanoi *brahmachareille*: "Amma pelasti tämän lapsen, mistä olemme ikuisesti kiitollisia. Siksi meistäkin on tullut Ammalle omistauneita ihmisiä. Ajattelimme, että tyttäremme ei eläisi enää kauaa. Tällä pikkuisella oli krooninen astma. Minkäänlaiset lääkkeet eivät auttaneet. Olimme täysin neuvottomia, ja viimeisenä oljenkortenamme menimme Amman luokse. Hän antoi tytölle hieman pyhää vettä. Sitten hän siunasi vähän lisää vettä, jonka hän antoi mukaamme käskien antaa sitä tytölle joka päivä siemauksen tai kaksi. Hän kehotti meitä myös sivelemään pyhää tuhkaa tytön rintaan. Siinä kaikki, mitä teimme, eikä astma ole enää uusiutunut. Nyt tyttö on täysin terve."

Amma ei juurikaan kiinnittänyt huomiota naisen kertomukseen. Hän kysyi lapselta: "Eikö sinua nukuta?" Tyttö pudisti päätään ja sanoi: "Miten minua voisi, kun Amma on täällä?" "Sinä ovela, kujeileva pikkutyttö", Äiti sanoi leveästi hymyillen. Sitten hän pyysi erästä *brahmacha-ria* laulamaan *kirtanin*, *Mauna ghanamritam*:

Mauna ghanamritam

Läpäisemättömän hiljaisuuden asuinsijoilla,
kauneuden ja rauhan asuinsijoilla,
siellä missä Gautama Buddhan mieli hiljeni ja suli pois,
on loistokkuus, joka tuhoaa kaikki siteet.
Noille autuuden rannoille ei ajatus yllä…

Ikuisen harmonian antavassa tietoisuudessa,
asuinsijoilla vailla alkua ja loppua,
autuudessa, joka tullaan tuntemaan
vasta, kun mielen liikkeet lakkaavat,
voiman valtaistuimella,
täydellisen tietoisuuden alueella...

Siellä on määränpää, jonka tuntija saavuttaa
suloisen ja ikuisen ei-kaksinaisuuden tilan,
jota kuvataan sanoilla, 'Sinä olet Se'.
Se on paikka, jonne haluan rantautua,
Mutta se tulee mahdolliseksi
vain Sinun armosi kautta.

Tuon laulun jälkeen Amma pyysi heitä laulamaan vielä jotain. Vaikutti siltä, kuin hän olisi halunnut välttää keskustelua jonkin aikaa. Toisen laulun jälkeen hän sanoi: "Vielä yksi." Kolmannen laulun jälkeen Äiti istui katsellen hiljaa tummansinistä taivasta. Seuraavat kymmenen tai viisitoista minuuttia vierähtivät hiljaisuuden vallitessa. Yhtäkkiä hiljaisuudesta alkoi kuulua moottorin ääni, kun päivittäin kulkeva matkustajalautta ajoi ohitse. Äiti osoitti isoa moottorivenettä ja sanoi: "Amma matkusti ennen tuollaisella veneellä, kun hänet lähetettiin sukulaisten taloihin töihin. Venematkoillaan hän hyräili *Omkaraa* (pyhää Om-tavua) tai lauloi *kirtaneita* moottorin tahdin mukaan. Nämä matkat olivat Ammalle hyvin henkisiä tapahtumia. Amma lauloi, rukoili, toisti *mantraa* ja meditoi pitäen jatkuvasti mielessään rakkaan Jumalansa hahmon. Hän ei tuhlannut pienintäkään hetkeä."

Eräs *brahmachari* kommentoi: "Amma, sinulle jumalalliseen tilaan pääseminen oli vaivatonta ja spontaania, koska olemuksesi on sellainen. Mutta me olemme yhä kiinni sekä fyysisessä että mentaalisessa kehossa. *Vasanat* ja ajatukset pitävät meitä vallassaan. Kuinka me voimme päästä tuohon samaan mielentilaan? Kuinka voimme edes ajatella siihen pääsemistä ilman sinun armoasi?"

Amma vastasi: "Lapset, jos ihminen todella haluaa tehdä jotakin, hän pystyy siihen. Tuntemukset kuten 'minä olen heikko', 'se on liian vaikeaa', 'minun kaltaiseni ihmisen on mahdoton päästä siihen', eivät sovi henkiselle etsijälle. Etsijän tulee uskoa, että voima löytyy hänestä itsestään ja että hän kykenee tavoittamaan sen. Jokaisella teistä on pyhimyksen tai tietäjän kauneus ja voima. Jokainen teistä on ääretön voiman lähde. Kuitenkin nähdessänne pyhimyksen, tietäjän tai voimallisen henkilön säikähdätte ja sanotte: "Ei, se on vain noita erityistapauksia varten. Minä en pysty siihen. Minulla on oma pieni maailmani, josta minun tulee huolehtia ja se riittää minulle. Jumalallisuus tai pyhyys ei ole minun asiani, joten en pistä nokkaani siihen.' Tällainen suhtautuminen ei auta teitä murtautumaan ulos pienen egonne kuoresta. Tällainen heikkous tekee ihmisestä avuttoman ja velton. Siitä syystä *vedanta* kehottaa meitä mietiskelemään seuraavasti: 'Minä olen *Brahman*. Minä olen Jumala. Minä olen kaikkeus. Olen absoluuttinen voima, kaikki olemassaoleva tietoisuus, joka tekee kaiken kauniiksi ja loistavaksi ja täyttää kaiken elämällä ja valolla.'

Itseä väheksyvät ajatukset eivät ole hyväksi *sadhakalle*. Sellaiset ajatukset eivät tee hyvää edes maailmassa elävälle ihmiselle. Jumala on siunannut meitä kaikkia tällä kallisarvoisella ihmiselämällä. Meillä on hienosti kehittynyt keho, mieli ja äly. Voimme oppia tai tehdä mitä haluamme. Kysymys on vain Jumalan meille antamien käyttövälineiden tai kykyjen hyödyntämisestä pyrkiessämme kohti valitsemaamme päämäärää. Sellaisen ihmisen, joka valitsee henkisen tien, ei tule jäädä toimettomana odottamaan armon laskeutumista. Oivallus ei tule itsestään. Sen saavuttaminen vaatii paljon työtä. Oivallusta ei voida hankkia. Sitä ei voi hakea jostakin kuin jäätelötötteröä kaupasta. Jopa jäätelön eteen on tehtävä työtä. Miten jäätelö valmistui? Se ei tiivistynyt ilmasta. Mistä sait rahan sen ostamiseen? Kovalla työllä, eikö niin? Oletetaan, että kaupassa on jäätelöä ja sinulla on rahaa. Unelmoit erilaisista mauista ja laaduista, mutta et mene ostamaan jäätelöä vaan jäät sänkyyn makaamaan. Silloin et voi myöskään syödä sitä. Se ei johdu siitä, etteikö sitä olisi saatavilla, sillä sitähän löytyy eri lajeja. Vaikka sinulla on voimakas halu syödä jäätelöä, et viitsi nousta ylös ja lähteä hankkimaan sitä. Sinä vain ajattelet sitä ja haaveilet siitä, niinpä jäät ilman.

Samalla tavoin on olemassa Jumala, on olemassa *guru*, ja on olemassa armo. Kaikki nämä ovat koko ajan saatavillasi, ja sinulla on kaikki edellytykset tietää ja kokea tämä. Sinulle on annettu kartta ja ohjeet *gurun* sanojen muodossa. Hänen armonsa tuuli puhaltaa aina. Hänen jumalaisen olemuksensa joki virtaa jatkuvasti, ja hänen tietonsa aurinko paistaa lakkaamatta. Hän on tehnyt oman osansa. Hänen osuutensa työstä on tehty jo kauan sitten.

Silti ajattelet, että *guru* ei ole tehnyt mitään, vaan pidättelee armoaan. Ajattelet olevasi vailla *gurun* siunausta ja armoa, ja odotat hänen suovan sen sinulle ilman, että teet mitään itse. Odotat sitä päivää, sitä hetkeä, jolloin hän koskettaa sydäntäsi. On oikein odottaa, mutta odotatko todella uskoen ja vain siihen keskittyen, kuten *gopit Vrindavanissa* tai *Raman* suuri palvoja *Sabari* tekivät? Et. Saatat odottaa, mutta et odota koko olemuksellasi. Et pala rakkaudesta ja antaumuksesta. Odottaessasi harjoitat kaikkea muuta. Mielesi halajaa tuhansia muita asioita. Et odota pelkästään armoa, vaan toivot myös lukuisten muiden 'tärkeiden asioiden' toteutuvan elämässäsi. Armo on vain yksi asia näiden muiden joukossa. Lisäksi odotat sen tapahtuvan vastikkeetta.

Saatat odottaa Jumalaa tai Jumalan armoa. Kuitenkin ajatus Jumalasta käväisee mielessäsi vain joskus harvoin, ehkä sunnuntaisin, tai parhaimmillaan pari kolme kertaa päivässä. Lisäksi nuo harvat kerrat ovat hyvin laimeita. Niistä puuttuu voima, koska mielesi askartelee niin monien 'tärkeiden' asioiden kanssa. On aivan oikein odottaa hartaasti hänen tuloaan, mutta tee se silloin valppaudella. Jos puuhastelet muiden asioiden kanssa, kuinka Jumala voisi silloin tulla? Kuinka hän voisi vuodattaa armonsa? *Guru* on valmiina. Hänen ikuisesti virtaava armonsa on valmiina ja aina läsnä. Mutta sinä haluat hänen tulevan kutsumatta, ilman minkäänlaista vaivannäköä sinun osaltasi. Odotuksen nimissä vetelehdit ja hukkaat aikaasi. Et katso hartaan odotuksen olevan ensiarvoisen tärkeää elämässäsi. Et ota tätä odottamisen jaksoa vakavasti ja vilpittömästi. Sanot: 'Odotan Jumalaa ja hänen armoaan. Hän on pelkkää myötätuntoa, siispä hän tulee. Siihen saakka minä voin harrastaa muita tärkeitä asioita.' Tällainen on typeryyttä. Tällaisella uskolla et saa osaksesi armoa etkä vaikeiden tilanteiden ylittämiseen tarvittavaa voimaa.

On mahdollista tulla koko maailmankaikkeuden mestariksi. Tuo mahdollisuus on sisälläsi, mutta sinun on tehtävä työtä. Todellisuudessa sinä olet jo maailmankaikkeuden herra. Olet koko maailman hallitsija, mutta sinä kuvittelet olevasi kerjäläinen, jonka on kerjättävä ruokansa. Sillä hetkellä, kun havahdut unestasi ja oivallat, että tämä niin sanottu valvetilamme on itseasiassa unta, havaitset olevasi maailmankaikkeuden herra. Heräät Jumala-tietoisuuteen.

Koko maailma, kaikki tässä maailmankaikkeudessa - Aurinko, Kuu, tähdet, galaksit, linnunrata, maa, vuoret, laaksot, joet, valtameri, puut, eläimet, linnut, kasvit, kukat ja ihmisen mieli, kaikki mielet - ovat vallassasi. Olet kaiken mestari. Koko maailmankaikkeus odottaa voidakseen toivottaa sinut tervetulleeksi ja hyväksyä sinut Jumalaksi. Mutta sinä yhä kerjäät kuppi kädessäsi. Avaa silmäsi ja yritä nähdä selvästi. Olet kerjäläiseksi naamioitunut kuningas. Heitä pois kerjäläisen vaatteet. Maailmankaikkeus odottaa sinun pukevan yllesi hallitsijan viitan. Tule pois tästä unesta, tästä heikkouden illuusiosta.

Amma on kuullut kertomuksen opiskelijasta, joka oli suorittamassa ainekirjoituskoetta. Osallistujien oli kirjoitettava ihmeteosta, jossa *Kristus* muutti veden viiniksi, sekä tämän tapahtuman uskonnollisesta ja henkisestä merkityksestä. Parin tunnin ajan opiskelijat kirjasivat papereihinsa ajatuksia siitä, mikä oli tämän ihmeteon tarkoitus. Kokeen lähetessä loppuaan salin valvoja huomasi kuitenkin, että yksi oppilaista ei ollut kirjoittanut mitään, ei yhtä ainoata sanaa. Valvoja vaati, että hänen oli kirjoitettava jotakin ennen kokeen palauttamista. Opiskelija otti kynän käteensä ja kirjoitti: 'Vesi kohtasi mestarinsa ja punastui.'

Lapset, teissä on kaikki sisällänne. Olette kaikkien viiden elementin herra. Pelkkä katseenne tai kosketuksenne saa ne muuttumaan miksi vain haluatte. Älkää siis ajatelko: 'Oi Amma, niin tapahtui sinulle ja vain sinulle. Niin ei voi tapahtua minulle, jolla on kaikki nämä *vasanat* ja heikkoudet. Ei minulle voi tapahtua mitään sellaista. Niinpä odotan armoasi, jotta tuo kaikki tulisi myös minun osakseni.

Älkää luulko Jumalan tulevan kutsumatta. Hän on jo valmiiksi kutsumaton vieras kaikkialla, avaruuden joka kolkassa. Edes atomien välistä ei löydy paikkaa, missä hän ei olisi. Hän on kutsumaton vieras kaikkialla tässä maailmassa. Mutta teidän on tunnistettava hänet."

Jumala, kutsumaton vieras

Kyseinen *brahmachari* sanoi: "En ymmärrä. Sanoit, että Jumala ei tule kutsumatta, mutta sanot myös, että hän on kutsumaton vieras kaikkialla maailmankaikkeudessa. Tämä vaikuttaa ristiriitaiselta."

Äiti vastasi: "Lapset, Jumala on myötätunto. Hän odottaa jokaisen sydämen ovella. Hän on kutsumaton vieras kaikkialla, koska hän on paikalla, oli häntä pyydetty sinne tai ei. Uskoit tai et, hän on sisälläsi pyytämättä. Jumala piilee jokaisessa muodossa, kaiken takana. Hän tekee kaiken kauniiksi. Hän yksin tekee asioista sitä mitä ne ovat. Hän on elämän kätketty kaava. Mutta hän ei paljasta itseään. Et voi tuntea häntä, ellet kutsu häntä. Rukous on hänelle esitetty kutsu. Sinun on vedottava häneen rukouksella ja meditaa-tiolla. Resitaatio, laulaminen ja *mantran* toistaminen ovat kutsuja, joilla pyydetään Jumalaa tulemaan esiin.

Sinulla tulisi olla kyky ja voima tunnistaa Jumala jokaisessa olennossa, kaikessa olevaisessa. Tämä ei ole kuitenkaan mahdollista, ellet pysty näkemään Jumalaa itsessäsi. Kun opit tuntemaan jumaluuden, oman todellisen luontosi, tunnet jumaluuden myös muissa. Silloin näet, kuinka Jumala on kaikkialla, kutsumatta.

Lapset, Jumala ei voi murtautua sisäänne. Hän ei ole hyökkäävä, koska hän on rakkaus. Jumala ei ole persoona; hän on tietoisuus. Hän ei voi tulla teihin väkisin, koska tietoisuus ei voi olla hyökkäävä. Kutsu häntä ja hän on astuva sisääsi. Mutta jopa ilman kutsua hän odottaa kärsivällisesti ovella tullakseen pyydetyksi sisään. Kutsumattomana Jumala jää piiloon sydämesi ulkopuolelle. Hän on ikuisesti läsnä, odottaen rakkaudella ja myötätunnolla. Hänen kunniansa ja loistonsa ovat aina läsnä, mutta ne pysyvät piilossa, ellet vetoa hänen voimaansa rukouksella ja meditaatiolla. Kutsusi kautta, rukoustesi ja meditaatiosi avulla Jumala astuu sisään ja paljastaa läsnäolonsa. Silloin tulet tietämään, että hän odotti koko ajan kutsuasi."

Kaikki kuuntelivat tarkasti Amman innoittavia sanoja. Kello oli nyt kaksi aamuyöllä. Kukaan ei ollut hiukkaakaan väsynyt, ei edes perheen nuorimmainen, joka yhä istui äitinsä sylissä katsellen Amman kasvoja. Tytön äiti sanoi: "Katsokaa tätä lasta. Yleensä hän ei pysy valveilla enää yhdeksän jälkeen, mutta nyt hän on täysin hereillä vielä aamukahdelta." Amma katsoi tyttöä ja kysyi: "Tyttäreni, etkö halua mennä nukkumaan? Eikö sinua väsytä?" Tyttö pudisti päätään.

Seurue istui hiljaa yhä edelleen seuraten Ammaa, kun hän katseli jonnekin yötaivaan tuolle puolen. Sitten hän nosti kätensä taivasta kohti ja alkoi laulaa. Laulu oli...

En manasin oru maunam

Olen allapäin, koska Krishna ei ole saapunut.
En ole nähnyt häntä vielä,

ja sydämeni kaipaus
kirvoittaa kyyneltulvan.

Saattaisiko hän olla vielä niityllä
karjaansa syöttämässä?
Vai voisiko hän olla nukkumassa?
Onko tummaihoinen rakkaani unohtanut,
kuinka sydämeni itkee hänen kaipuusta?

Ehkä hän ei ole saanut vielä voita ja maitoaan?
Ehkä hänen pehmeät jalkansa ovat livenneet,
ja hän onkin kaatunut johonkin?
Vai onko ihailijaparvi hänen ympärillään
juomassa mehiläisparven lailla hunajaa hänen
lootusjaloistaan?

Oi Kannan,
oi sinä sadepilvien värinen,
oletko unohtanut minut?
Pyydän, ilmesty näiden kyynelten
täyttämien silmien eteen!

Äiti istui laulun jälkeen meditatiivisessa tilassa. Hän nousi ylös vasta kymmenen tai viidentoista minuutin kuluttua. Muidenkin noustessa ylös hän kysyi: "Missä *Harshan* on? Hän ei ole täällä." Kaikki katselivat ympärilleen, mutta *Harshania* ei näkynyt. Itseasiassa kukaan ei muistanut nähneensä häntä heidän saapumisensa jälkeen. Tavallisesti hän ei olisi antanut tällaisen tilanteen mennä sivu suun, vaan olisi ollut paikalla alusta loppuun elehtien ja vitsaillen. Tänään hän oli kuitenkin ollut hyvin hiljainen koko matkan ajan. Ryhmän hajaantuessa etsimään häntä Äiti meni omille teilleen.

Yön hiljaisuus katkesi äkillisesti huutoon, ja yskimisen ja syljeskelyn ääniin. Kaikki juoksivat ääntä kohti talon lounaiskulmalle, missä he näkivät Amman *Harshanin* kanssa. Aiemmin illalla, heti veneestä poistumisen jälkeen, *Harshan* oli käynyt makaamaan paljaalle hiekalle ja nukahtanut siihen. Siksi häntä ei kuulunut *pujaan*, *bhajaneihin* eikä aterialle. Amma oli ilmeisesti aavistanut hänen menneen johonkin nukkumaan. Niinpä rannalta noustuaan hän oli löytänyt *Harshanin* kulman takaa nukkumasta suu ammollaan, ja laittanut tällöin pilailumielessä hänen suunsa täyteen hiekkaa. Nyt Harshanin yskiessä ja sylkiessä Äiti nauroi ja riemuitsi tilanteesta kuin lapsi.

Äiti oli leikkisällä päällä. Hän nauroi ja nauroi, ja ilonpitonsa lomasta hän kiusoitteli *Harshania*: "Sinä nukuit mukavasti, kun kaikki muut rukoilivat ja meditoivat. Onnea seuraa aina suru. Sinä nautit äsken ja nyt on maksun aika!" *Harshan* ei valittanut lainkaan, sillä Äidin erilaiset mielentilat olivat hänelle ennestään melko tuttuja. Hän nautti aina Äidin kepposista, jopa niistä, jotka tehtiin hänen kustannuksellaan. Kun nauru oli lakannut ja *Harshan* oli saanut suunsa tyhjäksi, alkoi paluumatka. Kello oli puoli neljä aamulla.

Tunnin päästä seurue oli edennyt vasta puoliväliin matkallaan kohti *ashramia*. *Unni* souti edelleen. *Damayanti* ja *Harshan* nukkuivat sikeästi veneen pohjalle levitetyllä matolla. Kuu loisti täyteläisesti, kuin ylitsevuotaen Äidin jumalaisen läsnäolon autuudesta. Taivaalla purjehtivat pilvet näyttivät tanssivan hurmioituneesti. Molemmilla rannoilla kasvavat puut ja pensaat keinuttivat lehtiään ja oksiaan vielä uuteen tanssiin kuin juhlien suurta tapahtumaa. Veneessä vallitsi hiljaisuus ja meditatiivinen ilmapiiri. Amma näytti iloitsevan omassa maailmassaan. Hän istui liikkumatta, katse vakaasti kiinnittyneenä taivaaseen. *Gayatri* ja *brahmacharit* istuivat katsellen hänen kasvojaan, nauttien ikuisesta kauneudesta, jota hän säteili.

Hiljainen, meditatiivinen ilmapiiri kesti jonkin aikaa. Amma näki *Harshanin* ja *Damayantin* nukkuvan ja sanoi: "On viileää. (Kääntyen *Gayatrin* puoleen) Onko mitään millä heidät voisi peittää?" *Gayatri* kaivoi laukustaan huovan. Äiti peitti *Damayantin* huovalla ja laittoi erään *brahmacharin* puvun yläosan *Harshanin* peitoksi. Sitten hän istuutui jälleen.

Aamu alkoi hiljalleen sarastaa takavesien yllä. Vaikutti siltä, kuin puiden oksille laskeutuvat ja riemuisasti ympäriinsä lentelevät linnut olisivat laulaneet *aamumantrojaan*. Kauniit äänet loivat ilontäyteisen ilmapiirin. Äiti katsoi kohti itää nauttien neitseellisestä aamunkoiton kauneudesta. Aina silloin tällöin hän puhkesi hurmioituneeseen nauruun. Ajoittain kuului vain ääni '*hoo! hoo! hoo!*', aivan kuin hän olisi ollut tavattoman innostunut. Äiti istui kädet ylös ojennettuina tuossa ylevässä henkisen ykseyden tilassaan. Hänen kasvonsa hehkuivat hurmiosta ja autuudesta. Hänen naurunpurkauksensa loivat taivaallisen rytmin hiljaiseen, auringon kultaisten säteiden valaisemaan aamunkoittoon. Äidin mielentilan kauneuden lumoamana *Unni* lopetti soutamisen ja antoi veneen ajelehtia jonkin aikaa. Iso moottorivene ajoi ohitse aiheuttaen aallokon, ja pieni soutuvene matkalaisineen keikkui ylös alas. *Unni* terästäytyi välittömästi ja otti veneen taidokkaasti hallintaansa.

Amma alkoi yhtäkkiä laulaa. Laulu oli:

Brahmarame

Oi mieleni laululintu,
vaellat uupuneena ympäriinsä
etsien puhdasta nektaria.
On olemassa kukkivia puita täynnä oleva lehto,
missä ei ole surua lainkaan.
Se kasvaa autuaasti
antaumuksen virran rannalla.
Oi mieli, älä menetä toivoasi,
sillä koittaa päivä, jolloin Äiti tulee
hänen luokseen, jonka sydän on puhdas.

Oi kosminen voima,
viisaille Sinä olet
älykkyyden lähde,
ja tietämyksen taiteen avulla
Sinä poistat kaiken surun.
Uhraan kaiken kärsimykseni Sinulle,
jonka sisällä kaikkeus lepää.

Oi Äiti, milloin saavut?
Oi Äiti, älä viivyttele enää,
sillä pian voimani ehtyvät!
Etkö vuodattaisi armoasi?
Kuka muu kuin Sinä voi sen antaa?
Olet ainoa tukeni ja turvani.

Laulu synnytti henkisen autuuden ja korkeimman rakkauden aaltoja aamun koitteeseen. Kuin kauniisti veistetty marmoripatsas, Amma pysyi loppumatkan hiljaa ja liikkumatta. Vene saapui takaisin *ashramiin* vähän puoli kuuden jälkeen aamulla.

6. luku

Tyytyväisyys

Lauantaina 8. syyskuuta 1984

Kello oli noin puoli kymmenen aamulla, ja vallitsi kirkas sää. *Ashramin* asukkaat ja eräät vierailevat oppilaat kerääntyivät temppelin eteen Äidin ympärille. Aamun *puja* oli suoritettu ja ihmiset istuivat vain nauttien Äidin seurasta. Eräs oppilas käytti tilaisuutta hyväkseen ja kysyi: "Miksi Amma painottaa antaumuksen polkua niin paljon?"

"Lapset", Amma aloitti, "on montakin syytä, miksi antaumuksen polkua on pidettävä parhaana vaihtoehtona suurimmalle osalle ihmisistä. Ensinnäkin se antaa harjoittajalleen suuren tyytyväisyyden tunteen. Tyytyväinen ihminen on innokas ja tarmokas. Hän on hyvin optimistinen ja omaa seikkailunhaluisen mielen. Hän asennoituu elämään ja kaikkiin sen tapahtumiin kuin ne olisivat lahja, ja tämä antaa hänelle valtavasti kärsivällisyyttä ja kestävyyttä. Päinvastoin kuin muiden polkujen seuraajat, hän ei usko onnellisuuden olevan hänen itsestäänselvä oikeutensa. Hänen mielestään oikeuksia ei ole olemassakaan, on vain lahjoja. Tämä asenne auttaa häntä hyväksymään kaiken lahjana - niin hyvän kuin pahankin - ja se luo häneen rohkeutta ja uskoa. Tällaisella ihmisellä on rakastava ja myötätuntoinen sydän. Hän on miellyttävä luonteeltaan ja hänellä on lapsenkaltaista viattomuutta. Koska hän ei halua satuttaa ketään tai loukata kenenkään tunteita, hän ei voi vahingoittaa ketään. Hän kykenee myös luopumaan omasta mukavuudestaan ja nautinnoistaan muiden ihmisten onnellisuuden ja rauhan hyväksi. Hän kohtaa elämässään samat ongelmat kuin kaikki muutkin, mutta hän on tasapainoinen ja kykenee pysymään tyynenä ja hiljaa vastoinkäymisten ilmetessä. Hän harjoittaa kaiken kohdalleen tulevan hyväksymistä, sillä hänen mielestään elämä sen kaikkine tapahtumineen on lahja, ei oikeus.

Järkkymätön usko ja rakkaus Korkeimpaan Voimaan auttavat tällaista ihmistä olemaan tyytyväinen ja rauhallinen. Hänellä on tälle Korkeimmalle Voimalle myös nimi ja muoto. Hän saattaa kutsua sitä *Krishnaksi*, tai hän saattaa kutsua sitä *Kristukseksi* tai *Buddhaksi*. Hänen toistamansa nimen voima ja vaalimansa jumaluuden mielikuva sekä hänen uskonsa siihen, että hänen Jumalansa on aina hänen kanssaan ja suojaa häntä kaikilta vaaroilta, auttavat häntä pysymään tyytyväisenä, vapautuneena, optimistisena ja iloisena joka hetki ja kaikissa olosuhteissa.

Ajatellaanpa esimerkiksi *Vrindavanin gopeja*. He olivat aina autuaita ja onnellisia, hyväntuulisia ja täynnä intoa. Kaikelle heidän tekemälleen työlle oli tunnusomaista tietty viehätys ja kauneus. He olivat aina juhlamielellä ja heidät saattoi nähdä vain onnellisina ja tyytyväisinä, sillä heidän elämänsä pulppusi iloa. He pitivät elämää juhlana. Laiskuus oli heille tuntematonta, kun he lauloivat ja tanssivat riemuisasti työtä tehdessään. Jopa heidän säännölliset arkiaskareensa kuten lehmien vieminen niityille, lypsäminen ja maidon ja voin myynti muodostuivat autuaallisiksi hetkiksi. He olivat hämmästyttävän kestäviä ja rohkeita, ja he kohtasivat ongelmansa urheasti. Seikkailunhaluisina ja rakastavina luonteina he elivät elämää sen kaikessa täyteydessä.

Mikä oli heidän tyytyväisyytensä ja ilonsa lähde? Se oli heidän uskonsa rakkaaseen *Krishnaansa*. Heidän uskonsa hänen kaikkivoipaisuuteensa ja heidän rajaton rakkautensa häntä kohtaan auttoivat heitä pitämään koko elämää juhlana. Hänen seuransa teki heistä pelottomia ja rohkeita. Niinpä lapseni, rakkaus ja antaumus Jumalaa kohtaan ovat tie tyytyväisyyteen. Vain tämä rakkaus johdattaa meidät rauhaan, onnellisuuteen, rohkeuteen ja pelottomuuteen. Muita polkuja seuraavien ihmisten ei ole yhtä helppo saavuttaa näitä ominaisuuksia, jotka tekevät elämästä täysipainoisen.

Katsokaapa *Hanumania*, *Raman* suurta oppilasta. Hänessä näemme loistavan esimerkin väsymättömästä työnteosta, loppumattomasta energiasta ja suurista saavutuksista. Kertaakaan *Hanuman* ei kieltäytynyt tekemästä mitään häneltä pyydettyä asiaa. Esteet eivät merkinneet hänelle mitään. *Raman* joutuessa traagisiin tilanteisiin oli *Hanuman* aina hänen vierellään toteuttamassa hänen käskyjään. *Hanumanin* jatkuvan yrittämisen, päättäväisyyden ja järkkymättömän uskon ansiosta jopa näennäisesti mahdot-tomasta tuli mahdollista. Hän oli kestävyyden, rohkeuden, innokkuuden, pelottomuuden, päättäväisyyden, optimis-min, erottelukyvyn ja tyytyväisyyden ruumiillistuma. Kuitenkin hän oli aina *Raman* yksinkertainen ja nöyrä oppilas, täydellisesti antautunut Herransa jalkojen juureen.

Tyytyväisyys seuraa egottomuudesta, ja egottomuus on lähtöisin antaumuksesta, rakkaudesta ja äärimmäisestä nöyrtymisestä Korkeimman Jumalan edessä. Egoistiset ihmiset eivät voi olla tyytyväisiä eivätkä onnellisia. He ovat kireitä, koska he pelkäävät. Tämä pelko tekee heidät miltei hulluiksi. He janoavat valtaa suurimman osan ajasta, ja tämä halu sokaisee heidät. He haluavat vallata ja omistaa kaiken välittämättä siitä, käyttävätkö he ilkeitä ja pahoja keinoja tai tuhoavatko he samalla muita ihmisiä. Heitä vainoaa jatkuva pelko vallan ja omaisuuden menetyksestä, ja tämä lisää heidän tyytymättömyyttään. Katsokaa maailman diktaatto-reita. He ovat kaikkein egoistisimpia ihmisiä. Tavoitellen valtaa ja omaisuutta he lietsovat sotia välittämättä yhteiskunnan rauhasta ja onnellisuudesta. He eivät välitä edes omasta vaimostaan ja lapsistaan. He ovat huolissaan vain omasta itsestään ja siitä, mitä heille tapahtuu huomenna ja myöhemmin tulevaisuudessa. He eivät kaihda mitään keinoja saadakseen lisää valtaa. Heidän tyytymättömyytensä tekee heidät kireiksi, jolloin he kantavat kielteisyyttä mukanaan ja levittävät sitä myös muihin. Näin jokaisesta, jokaikisestä sielusta heidän ympärillään tulee onnettomia ja tyytymättömiä.

Hiranyakasipu, *Prahladan* isä, oli tyypillinen esimerkki valtaa väärin käyttävästä ihmisestä. Lapset, hänen elämäänsä tutustumalla saatte erittäin hyvän käsityksen siitä, kuinka äärimmäisen egoistisella ihmisellä ei ole lainkaan myötätun-toa. Sellainen henkilö on täynnä tyytymättömyyttä, vihaa, pelkoa ja julmuutta. Vain suojellakseen valtaansa ja omaisuuttaan *Hiranyakasipu* yritti tappaa jopa oman poikansa *Prahladan*. Mutta entäpä Prahlada? Kaikissa vastoinkäymisissäänkin hän pysyi tyynenä ja vakaana kuin vuori. Hän oli peloton, urhea ja aina tyytyväinen. Miksi? Koska hän oli todellinen Jumalan seuraaja. Hänen ilonsa ei laantunut edes silloin, kun hänet heitettiin mereen ja tuomittiin kuolemaan raivostuneen norsun tallattavaksi tai poltettavaksi elävältä. Kaiken tämän keskellä hän pysyi tyynenä ja rauhallisena. Hän oli tyytyväinen kaikkeen mitä tapahtui, hyvään ja pahaan, sillä hän piti elämää ja kaikkia sen tapahtumia Jumalan lahjana. Kaikki todelliset seuraajat asennoituvat näin.

Sinusta tulee tyytyväinen vasta, kun olet antautunut Jumalalle. Silloin hyväksyt kaiken kohdallesi tulevan täydellisesti ja otat vastaan kaikki kokemuksesi tasavertaisesti. Täysin tyytyväisenä voit hymyillä myös kuolemalle ja jopa toivottaa sen tervetulleeksi. Vaikkei antautuminen kävisikään kädenkäänteessä, on oppilaan oltava ainakin halukas antautumaan korkeimmalle tahdolle. Vain silloin hän voi olla kykenevä astumaan tuohon ikuiseen tyytyväisyyden tilaan. Tällaisen hyväksymisen asenteen kehittäneelle tulee vastaan lopulta hetki, jolloin hänestä tulee ikuisesti tyytyväinen. Älkää hukatko aikaanne odottamalla tyytyväisyyttä, sillä silloin mitään ei tapahdu. Ihmisessä, joka vain odottaa tekemättä mitään, vallitsee tyytymättömyys. Valmistakaa mieltänne ja yrittäkää kehittää halukkuutta hyväksymiseen ja antautumiseen. Yrittäkää toivottaa tervetulleeksi ja ottaa vastaan niin hyvä kuin pahakin. Yrittäkää kehittää itsessänne suhtautumista, joka sallii teidän hymyillä kuolemankin hetkellä. Tämä on tie tyytyväisyyteen."

Nöyryys ja luopuminen

Eräs kuuntelija kommentoi: "Amma, selityksesi on hyvin valaiseva. Kuitenkin *Shivan* palvoja *Ravana* oli tyytymätön ja kireä lähes koko elämänsä ajan, ja tämä on ristiriidassa sen kanssa, mitä sanoit äsken. On myös uskovaisia, jotka ovat tyytymättömiä elämäänsä."

Tähän Amma vastasi: "Lapset, on totta, että *Ravana* oli *Shivan* palvoja, mutta hänen palvontansa toimi vain aineellisen vallan kasvattamisen välineenä. Häneltä puuttui henkinen puoli. Toisin sanoen hänellä ei ollut luopumisen kykyä. Hän halusi intohimoisesti kasata omaisuutta ja nautiskella niin paljon kuin vain pystyi. Vaikka hän oli voimakas ja rohkea, hänellä ei ollut rakkautta eikä myötätuntoa. Kaikkien diktaattoreiden lailla myös hän oli sodanlietsoja ja välitti vain itsestään ja omasta turvallisuudestaan. Valta, jonka hän oli saanut Jumalalta, teki hänet niin egoistiseksi ja sokeaksi, että hän yritti jopa nostaa *Kailash*-vuoren, *Shivan* asuinsijan. *Ravanalla* ei ollut nöyryyttä eikä hän kyennyt luopumaan.

Ihminen ei voi olla onnellinen ilman luopumista ja nöyryyttä. Todellisella oppilaalla on nämä molemmat ominaisuudet. Ihminen, jolta puuttuu nöyryys ja kyky luopua, ei voi olla koskaan täysin tyytyväinen, koska hän yhä janoaa aineellista yltäkylläisyyttä. Hänen mielihalunsa ovat loppumattomat ja tyydyttämättömät, eikä hän ole koskaan tyytyväinen siihen, mitä hänellä on. Sen sijaan hän aikoo hankkia lisää omaisuutta, enemmän rahaa, isomman talon, paremman auton, lisää ja lisää mukavuutta elämään.

Äärimmäisen egoistisen ihmisen tunnuslause on 'lisää... lisää... lisää...' Hän on aina valmis vaihtamaan huonomman esineen parempaan oman mukavuutensa ja tyydytyksensä vuoksi. Mutta hän ei koskaan vaihda huonoja ajatuksiaan ylevämpiin. Hänen omien sanojensa ja tekojensa laatu ei kiinnosta häntä. Hän kiinnittää aina katseensa tulevaisuuteen yrittäen hahmottaa, kuinka tehdä sitä ja tätä, ja kuluttaa näin koko elämänsä suunnitteluun, laskelmoimiseen ja haavekuvissa elämiseen. Kykenemättä elämään nykyhetkessä ja iloitsemaan siitä, mitä hänellä jo on, hän ei pysty nauttimaan edes ruoastaan, koska syödessään lounasta hän suunnittelee jo illallista. Kuinka sellainen ihminen voisi olla onnellinen tai tyytyväinen? Ei hän voi. Tuolla tavoin eläminen tekee hänet lähes kuolleeksi. Hän on kuin liikkuva ruumis vailla elämän kauneutta ja viehätystä.

Menneisyys ja tulevaisuus ovat epätodellisia. Ne ovat illuusioita. Menneisyys on ollut ja mennyt. Se ei saavu enää takaisin, eikä tulevaisuus ole vielä tullut. Emme tiedä, olemmeko seuraavana hetkenä edes elossa. Milloin tahansa voi sattua mitä hyvänsä, joten teidän ei pidä viettää harhaista elämää. Älkää maalailko pilvilinnoja, joissa elätte. Tulevaisuudessa ei yksinkertaisesti voi elää. Voitte elää vain tässä hetkessä. Vain nykyhetki on todellinen. Lähes kaikki diktaattorit, skeptikot ja muut hullun lailla maailman ja sen nautintojen perässä juoksevat ihmiset elävät tulevaisuudessa. He eivät koskaan elä nykyhetkessä ja siksi he eivät voi olla tyytyväisiä.

Ravana kyllä palvoi Jumalaa, mutta hän käytti Jumalaa asiamiehenään. Hänen antaumuksensa toimi vain hänen luonnottomien mielihalujensa toteuttamisen välineenä. Hän olisi tuhonnut jopa Jumalan, jos olisi voinut. Kun *Raman* antaumuksen tuloksena oli yhteiskunnan pelastuminen, *Ravanan* antaumuksen seuraus oli tuho.

Lapset, sanotte, että on olemassa myös uskovia ihmisiä, jotka eivät ole tyytyväisiä elämäänsä. Mutta sellainen, joka todella uskoo, ei voi olla tyytymätön. Kovin epävakaan uskon omaava ihminen sen sijaan ei ole tyytyväinen. Hänen uskonsa ei ole ehjä, hänellä on epäilyksiä. Kiihkeästi aineellista vaurautta haluavat ihmiset eivät voi tuntea tyytyväisyyttä. Sellaisten ihmisten antaumus on nimellistä. Heidän hartautensa on pinnallista. Heidän antaumuksensa on vailla rakkautta. Heille Jumala on heidän toiveistaan ja mieliteoistaan huolehtiva asiamies. Tällaisten ihmisten Jumala istuu kultaisella valtaistuimella ylhäällä taivaissa. Hän on tuomitseva ja ankara Jumala, Jumala, joka rakastaa vain niitä, jotka rakastavat häntä. He uskovat, että Jumala ei pidä niistä, jotka palvovat ja rukoilevat muita jumaluuksia, jumaluuden muita olemuspuolia. *Ganesha* suuttuu heille, jos he palvovat *Krishnaa*. *Shiva* rankaisee heitä, jos he palvovat *Vishnua*. Näin he ajattelevat. Heillä on niin paljon kummallisia uskomuksia. Jumala, johon he uskovat, on luoksepääse-mätön, epäinhimillinen ja tavoittamaton. Hän ei pidä ihmisistä, jotka eivät miellytä häntä. Hän saattaa rangaista heitä tai jopa kirota heidät. Voiko tällaista kutsua hartaudeksi? Tällaista jumalasuhdetta ei voi kutsua antaumukseksi. Tällainen suhtautuminen Jumalaan on eroa Jumalasta, eroa omasta Itsestä. Kuinka tuolla tavoin ajattelevat ihmiset voisivat koskaan löytää rauhaa? He eivät näe kokonaisuutta. He näkevät vain osia. Heidän rukouksensa ovat aina täynnä pikkumaista valitusta. Heiltä puuttuu kaikkinainen antaumuksen ja rakkauden tunne. Heidän rukouksensa ovat heidän itsekkyytensä, ahneutensa ja vihansa ilmauksia.

Kerronpa teille tarinan. Eräs leskimies kutsui kerran *sanjaasin* rukoilemaan edesmenneen vaimonsa sielunrauhan puolesta. *Sanjaasi* alkoi rukoilla: 'Olkoon kaikki onnellisia, älköön kukaan olko surullinen, käyköön koko maailman-kaikkeudelle hyvin, saavuttakoon jokainen täydellisyyden.' Rukousta kuunteleva leski järkyttyi. Hän sanoi *sanjaasille*: '*Swami*, odotin sinun rukoilevan vaimoni sielun puolesta, mutta en ole kuullut sinun sanovan hänen nimeään vielä kertaakaan.' *Swami* vastasi: 'Olen pahoillani, mutta en voi rukoilla sillä tavoin. Uskoni ja *guruni* ovat opettaneet minua rukoilemaan kaikkien elollisten puolesta, koko maailmankaikkeuden puolesta. Itseasiassa yksilö hyötyy vain, jos rukoillaan koko maailman puolesta. Vaimosikin saa siunauksensa ja hänen sielunsa rauhan, jos rukoilen kaikkien puolesta. En voi rukoilla toisin.' *Swami* oli niin ehdoton, että mies ei voinut muuta kuin taipua tähän. Hän sanoi: 'Hyvä, olkoon sitten niin. Voit rukoilla niin kuin tahdot, mutta etkö voisi jättää edes naapurini pois rukouksistasi?'

Lapset, puun oksille kaadettu vesi menee hukkaan. Oksat ja lehdet hyötyvät kastelusta vain, kun se kohdistuu puun juuriin. Samoin myös me saamme täyden hyödyn vain, jos rukoilemme hyvää koko yhteiskunnalle. Ikävä kyllä sydämemme ovat suljettuja. Olemme menettäneet kykymme ja halumme jakaa asioita. Tälläinen on tilanne nykyisin. Meitä kiinnostaa vain oma etumme ja se, mitä voimme hankkia ja omistaa."

Seurasi uusi kysymys: "Kuulostaa siltä, kuin Amma olisi omaisuuden keräämistä vastaan. Mutta kuinka ihmisten voidaan odottaa luopuvan kaikesta, minkä eteen he ovat työskennelleet niin paljon koko elämänsä ajan? Kuinka he voivat elää ilman ennakko-odotuksia? Kuinka ihmiset voivat noin vain luopua egostaan? Kuulostaa mahdottomalta maailmassa elävälle tavalliselle ihmiselle."

"Mahdotonta, mahdotonta!", Amma huudahti. "Lapset, ette osaa sanoa muuta kuin 'mahdotonta'. Teette kaikesta mahdotonta, mutta sellaista asiaa kuin 'mahdoton' ei ole olemassakaan. Muistakaa, että elätte avaruusaikaa. Ihminen on käynyt Kuussa. Muutama päivä sitten eräs länsimaalainen oppilas mainitsi Ammalle, että lännessä ihmiset vain harvoin tekevät käsin mitään työtä. Heillä on käytössään koneet lähes kaikkea varten. Tämä länsimaalainen oli hämmästynyt siitä, kuinka me kannamme tuntikausia sementtisäkkejä päämme päällä. Meiltä menee koko yö siihen, minkä kone tekisi hänen mukaansa alle tunnissa.

Tulevaisuudessa ihmisillä saattaa olla käytössään jopa sähkökäyttöisiä lusikoita panemassa ruokaa heidän suuhunsa, eikä käsiä tarvitse käyttää lainkaan. Silti te toistelette: 'mahdotonta'. Siitä on tullut teille tapa. On helppo vastata 'mahdotonta' kaikkeen mitä teiltä pyydetään. Sen sanominen on vaivatonta, tarvitaan vain muutama kielenliike. Onko mikään teidän mielestänne mahdollista? Sana 'mahdoton' on kirous ihmiskunnalle. Yrittäkää tehdä tyhjäksi tuo kirous. Työskennelkää kovasti ja näette, että mikään ei ole mahdotonta.

On totta, että ihminen ei voi elää ilman ennakko-odotuksia eikä ilman egoaan. Amma tietää, että ihmisen ei ole helppoa luopua kaikesta siitä, mitä hän on ansainnut vuosien kovalla työllä ja päättäväisyydellä. Amma yrittää sanoa vain että ihmisen ei pitäisi elää pilvilinnoissa, vaan hänen tulisi keskittyä enemmän nykyisyyteen kuin menneisyyteen tai tulevaisuuteen. Voit pitää egosi, jos haluat. Se ei ole ongelma. Mutta älä anna sen viedä sinua kokonaan. Ihminen voi hyödyntää egoaan voidakseen työskennellä lujemmin, hankkiakseen omaisuutta ja harrastakseen mielihyvää tuottavia asioita. Siinä ei ole mitään pahaa. Mutta hänen ei pidä joutua egonsa sokaisemaksi. Hänen ei pidä kääntyä omaatuntoaan, omaa inhimillistä luontoaan vastaan. Hänen tulisi yrittää elää kuten ihminen eikä kuten eläin.

Jos silmät ovat sokeutuneet, ei elämän tarvitse olla sietämätöntä. Vailla ulkoista näkökykyäkin voidaan pärjätä aivan hyvin. Sokeudesta huolimatta voit elää ihmisen elämää. Sydämesi saattaa olla kuitenkin rakastava ja myötätuntoinen. Mutta egosi sokaisemana olet täysin sokea. Jos sydämesi on täynnä valoa ja rakkautta, näkyy se teoissasi ja koko olemuksessasi, vaikka menettäisit näön silmistäsi. Sen sijaan egon aikaansaama sokeus sysää sinut täydelliseen pimeyteen. Et näe etkä kuule mitään oikein. Kaikki näkemäsi ja kuulemasi vääristyy ja reagoit sen mukaisesti. Kärsit ja pakotat myös muut kärsimään.

Olette varmaan kuulleet Jumalan suuresta palvojasta *Surdasista*, joka oli sokea. Hänen sokeutensa ei ollut ongelma, sillä hän oli täynnä rakkautta ja myötätuntoa. Laulaen ylistystä rakkaalle *Krishnalleen Surdas* vietti onnellista ja autuaallista elämää. Kerran *Krishna* ilmestyi puolisonsa *Radhan* kanssa *Surdasille* ja he palauttivat hänen näkönsä. Mutta katsottuaan Jumalansa lumoavaa kauneutta *Surdas* sanoi *Krishnalle*: 'Herrani, tee minusta sokea jälleen, sillä en halua katsoa maailmaa samoilla silmillä, jotka ovat nähneet sinun jumalaisen hahmosi.'"

Amman mielentila muuttui äkisti. Nostaen molemmat kätensä kohden taivasta hän alkoi kutsua: "*Krishna... Krishna... Krishna...* " Hänen nöyrä anelunsa oli niin voimallista, että se synnytti korkeimman rakkauden aaltoja aamun tyyneessä ilmapiirissä. Kaikki olivat täynnä kaipausta seuratessaan häntä tiiviisti katseellaan. Amman kutsu päättyi hiljaisuuteen. Istuessaan täysin liikkumatta ja säteilevä hymy kasvoillaan hän vaikutti olevan *Krishna-bhavassa*. Jumalallinen läsnäolo tanssi ja säkenöi aamun valossa. Hiljaisen tuulenvireen vallitessa Amma alkoi laulaa laulua *Anjana sridhara...*

Anjana sridhara

Oi kaunis safiirinsininen Sridhara,
tervehdin sinua yhteenliitetyin käsin.
Ylistys Krishnalle, olkoon tervehditty Hän!

Oi sinä kauniin jalokiven kaltainen,
oi Vasudevan poika,
poista kaikki suruni.

Oi Krishna,
joka synnyit jumalalliseksi lapseksi,
suojele minua kaikin tavoin.

Oi lehmipoika,
tule juosten luokseni,
soita minulle huiluasi.

Kului jonkin aikaa, ja sitten eräs *brahmachari* muistutti Ammaa *Surdasin* tarinasta. Amma jatkoi: "Teidän saattaa olla vaikeaa omaksua *Surdasin* tarinan keskeistä sanomaa, mutta tosiasia on, että hänen kaltaisiaan ihmisiä oli olemassa, ihmisiä, jotka saattoivat olla täysin tyytyväisiä ilman ulkoista näkökykyä. Sisäisen näön avautuminen vaatii ankaraa henkistä harjoitusta. Sen avauduttua ulkoinen näkökyky jää toisarvoiseksi. Saatatte sanoa tähänkin: 'mahdotonta', mutta palataanpa nyt kuitenkin alkuperäiseen kysymykseen.

Teidän ei tarvitse luopua kaikesta loputtomalla työllä saavuttamastanne. Pitäkää omaisuutenne, pitäkää hauskaa. Mutta toimiessanne yhteiskunnassa, ollessanne ihmisten keskuudessa, nauttiessanne perheenne ja ystävienne seurasta tai ollessanne tekemisissä liikekumppaneidenne kanssa älkää antako valtanne ja asemanne sokaista teitä. Sallikaa itsenne tarpeen tullen ilmaista edes hieman rakkautta ja huolenpitoa.

Älkää antako valtanne ja asemanne, nimenne ja maineenne, rikkautenne ja omaisuutenne saada teitä katsomaan muita alaspäin. Jos joku kipeästi avun tarpeessa oleva lähestyy teitä, teidän tulisi kyetä hymyilemään hänelle lämpimästi, sanomaan hänelle pari myötätuntoista sanaa ja kuuntelemaan häntä.Vaikkette antaisikaan mitään, hymyilkää hänelle ja lohduttakaa häntä muutamalla rakastavalla sanalla. Teidän tulisi pystyä kertomaan hänelle: 'Veljeni, ymmärrän ongelmasi. Olet selvästikin joutunut läpikäymään kovia aikoja. Toivoisin, että voisin auttaa sinua ottamalla osan surustasi itselleni, mutta ikävä kyllä en pysty siihen. Anna minulle anteeksi.' Nämä sanat rauhoittavat häntä. Ne ovat kuin balsamia hänen särkevälle sydämelleen. Hän saa lohtua ja ajattelee: 'Oi, ainakin hän vähän lohdutti minua ystävällisillä sanoillaan. Mikä helpotus tietää, että hänen kaltaisiaan hyväsydämisiä ihmisiä on yhä olemassa.' Hän saa uutta toivoa ja uutta intoa. Hänestä ei tule epätoivoista ja masentunutta. Hän ei enää aio tehdä itsemurhaa.

Oletetaan, että käyttäydyt töykeästi jotakuta avun tarpeessa olevaa kohtaan, puhut hänelle epäkohteliaasti etkä osoita lainkaan huolenpitoa tai myötätuntoa. Uhkailet tuota kärsivää ihmistä ja ajat hänet pois. Monet muutkin ovat saattaneet kohdella häntä samalla töykeällä ja rakkaudettomalla tavalla, ja nyt, sinun karkean ja ajattelemattoman käytöksesi takia hänen sydämensä saattaa särkyä täysin. Tultuaan kerta toisensa jälkeen torjutuksi hän saattaa pettyä ja turhautua, hän saattaa tuntea itsensä epätoivoiseksi ja menettää kaiken uskonsa elämään. Tuossa toivottomuudessaan hän saattaa jopa päättää elämänsä. Kuka on silloin vastuussa hänen kuolemastaan? Kuka sysäsi hänet kuolemaan? Sinä edesautoit, sinä ja muut häntä huonosti kohdelleet. Egosi, valtasi ja asemasi saivat sinut sokeaksi. Ne tekivät sinusta sydämettömän ihmisen. Sanasi ja tekosi heijastivat egosi aikaansaamaa sisäistä sokeutta.

Älä luovu omaisuudestasi. Älä luovu ennakko-odotuksistasi elämän suhteen. Pidä ne, mutta yritä olla inhimillinen. Yritä tuntea muiden kärsimys. Et ole kone, eläin etkä demoni. Olet ihminen ja edustat ihmiskuntaa. Yritä siis olla rakastava ja myötätuntoinen, sillä nuo ominaisuudet ovat kehittyneen elämänmuodon tunnusmerkkejä. Muista, että vain ihminen voi kehittää itsessään myötätuntoa ja vain ihminen voi eläytyä toisen osaan. Saatat ajatella: 'Jos hän kärsii, on se hänen *karmansa*.' Ei ole lainkaan sinun asiasi ajatella hänen *karmaansa*. Jos hänen *karmansa* on kärsiä, pidä silloin omana *karmanasi* auttaa häntä. Vain toisten auttaminen auttaa sinua kehittymään. Mikään muu laji ei saa Jumalalta tätä kallisarvoista lahjaa: kykyä ymmärtää ja olla myötätuntoinen. Käyttäkää sitä hyödyksenne. Älkää väärinkäyttäkö sitä.

Rakkaudessa ja myötätunnossa kasvamisen kyky on lähes kokonaan unohdettu. Torjutte Jumalan, käytte Jumalaa vastaan ja kiellätte hänen harvinaisen lahjansa jättämällä sen käyttämättä. Se on pahinta, mitä teille voi sattua. Jos työssänne menee jotakin pieleen, asia voidaan korjata. Aineellinen menetys ei ole peruuttamatonta. Jos esimerkiksi menetätte valtavan rahasumman, se voidaan saada takaisin. Mutta Jumalan lahjan torjuminen on korvaamatonta. Hän haluaa teidän käyttävän lahjaanne oikein. Kieltämällä sen estätte hänen armoaan virtaamasta. Rakennatte padon itsenne ja Jumalan väliin. Egonne on tuo pato.

Lapset, Amma tietää, että ihmiset - muutamaa sormin laskettavaa poikkeusta lukuunottamatta - ovat kunnianhimoisia ja täynnä mielihaluja. Vain harva ihminen koko maailmassa pystyy elämään ilman toimintaa ja tuon toiminnan hedelmien odottamista. Ihminen voi silti elää maailmassa onnellista ja tyytyväistä elämää. Ihmisellä on voima olla tyytyväinen, jos hänen energiansa ja kykynsä kanavoituvat oikein."

"Miten on mahdollista sulkea pois menneisyys ja tulevaisuus ja antaa kaiken energian virrata nykyhetkessä?", yksi *brahmachareista* kysyi.

"Kuunnelkaa tarkasti", Amma sanoi. "Oletetaan, että avioparin ainoa lapsi sairastaa tappavaa tautia. Lääkäri sanoo, että ellei ihmettä tapahdu, toivoa on hyvin vähän. Lääke, jota hän antaa lapselle, saattaa tehota tai olla tehoamatta. Lääkäri sanoo heille: 'Rukoilkaa Kaikkivaltiasta. Vain hän voi saada tämän lääkkeen tehoamaan. Hän on ainoa, joka voi pelastaa tämän lapsen.' Isä ja äiti eivät ole juurikaan uskoneet Jumalaan, mutta nyt he epätoivoissaan tekevät kuten lääkäri kehoittaa. He alkavat rukoilla hellittämättä. Miksi?

Vakavan uhan ja pakottavan tarpeen takia. Nyt he elävät tässä hetkessä. He katsovat poikaansa. He katsovat hänen kasvojaan ja tuntevat hänen hengityk-sensä. He hyväilevät hänen pieniä käsiään ja jalkojaan ja odottavat epätoivoisesti hänen avaavan silmänsä. Nähdes-sään, ettei paranemisesta ole merkkejä, he huutavat Jumalaa apuun ja rukoilevat. Miellyttääkseen Jumalaa he lukevat jotain pyhistä kirjoituksista. He osoittavat suurta rakkautta ja myötätuntoa jokaiselle, joka tulee katsomaan lasta. Vaikka heidän pahin vihamiehensä tulisi silloin käymään, he tarjoaisivat hänelle tuolin ja puhuisivat hänelle ystävällisesti. He tekisivät niin, koska nyt he eivät tunne vihaa ketään kohtaan. He eivät puhu pahaa kenestäkään. Heistä on tullut yhtäkkiä hyvin nöyriä ja rakastavia. Aivan kuin nykyhetkessä eläminen olisi todella tehnyt heistä pyhimyksiä tai valaistuneita joksikin aikaa, siihen saakka, kunnes lapsi pelastuu tai kuolee. Kummassakin tapauksessa vanhat taipumukset tulevat kuitenkin pian takaisin.

Mutta miksi he nyt käyttäytyvät näin? Kuinka tällä tietyllä hetkellä on mahdollista unohtaa menneisyys ja tulevaisuus? He eivät ole vähääkään kiinnostuneita eilisestä riidastaan. He ovat unohtaneet sen täysin. Heidän lapsensa on vaarassa kuolla, ja niin heillä on yhteinen tavoite, lapsen paraneminen. Siksi he nyt toimivat yhdessä suurella rakkaudella. Ehkäpä ensimmäistä kertaa elämässään he voivat todella rakastaa toisiaan. He eivät tunne vihamielisyyttä ketään kohtaan. Ollessaan kasvotusten kriisinsä kanssa he eivät ajattele tulevaisuutta. Heille ei ole olemassa huomista eikä edes seuraavaa hetkeä. Heidän on mahdotonta ajatella tulevaisuutta katsoessaan poikansa kasvoja sydän täynnä toivoa.

Kaikki heidän ajatuksensa ovat siinä, mitä tapahtuu nyt. Avaako hän nyt silmänsä? Lapsen jokainen liikahdus täyttää heidät toivolla. He elävät tässä hetkessä, he ovat läsnä käsillä oleville asioille, he eivät halua ajatella poikansa kuoleman mahdollisuutta. Yhteisen huolenaiheensa vuoksi he ovat sovussa keskenään, kiitollisina toistensa seurasta ja ihmisten vierailuista.

Mistä he saavat tämän voimansa olla nöyriä, ystävällisiä ja rakastavia jopa niitä kohtaan, joista he eivät tavallisesti pidä? Miten he saavat voimaa nykyhetkessä elämiseen, tulevaisuuden ja menneisyyden unohtamiseen? Mistä he saavat tämän suuren keskittymisen voiman? He saavat sen nykyhetkessä elämisestä, hetkestä hetkeen elämisestä heidän poikansa ollessa kuolemaisillaan. Heidän poikansa elämään kohdistuva uhka auttaa heitä rukoilemaan, olemaan myötätuntoisia ja ystävällisiä kaikkia tulijoita kohtaan. He tuntevat, että lapsi ei tarvitse ainoastaan Jumalan armoa vaan myös jokaisen ihmisen siunauksen ja rukouksia, ja siksi he pyytävät ihmisiä käymään katsomassa häntä. 'Rukoilkaa hänen puolestaan. Rukoilettehan poikamme puolesta?'

Tämä on vain esimerkki, jonka tarkoitus on osoittaa, että teillä on kyky ja voima ohjata kaikki energianne nykyhetkeen unohtaen kaikki menneisyyden ikävät asiat ja tulevaisuuden jännittämisen.

Muistakaa, että kuoleman suuri uhka on joka hetki läsnä. Tuon asian oivaltaminen on isku egollemme. Kuoleman väistämättömyyden tunteminen auttaa meitä elämään nykyhetkessä. Se auttaa meitä huolehtimaan toisista. Energianne voivat ohjautua oikein vain, jos oivallatte tarpeen siihen. Teidän tulisi tulla tietoiseksi siitä, että tuhlaatte runsasta energiaanne, jota tulisi käyttää elämän suurempien tarkoitusperien saavuttamiseen. Tultuasi tietoiseksi jatkuvasti tapahtuvasta valtavasta haaskauksesta ymmärrät, että sinun on säästettävä energiasi ja valjastettava ne oikeaan käyttöön. Näin voit saada aikaan ihmeellisiä tuloksia. Voit pysyä entisessä ammatissasi ja sinusta voi silti tulla valtavan innostava voiman lähde, jos energiasi ohjautuvat oikein."

Ole tyytyväinen siihen, mitä sinulla on

Kookospalmuissa puhaltavan tuulen suhinaa ja etäisten aaltojen lempeää pauhua lukuunottamatta oli aivan hiljaista. Kääntäen katseensa ympärilleen kerääntyneistä ihmisistä Amma alkoi laulaa.

Katse taivaalle suuntautuneena hän vuodatti sydämensä *Hridaya nivasini Amma* -lauluun...

Hridaya nivasini Amma

Oi Äiti, Sinä, joka asut sydämessäni,
rakkauden ruumiillistuma,
voin toistaa vain Sinun pyhiä nimiäsi.
Oi maailman Äiti,
anna minulle armosi,
jotta voisin kertoa Sinusta.
En piittaa maallisista nautinnoista,
haluan vain palvoa Sinua
puhtaalla antaumuksella.

Olen kantanut monia taakkoja,
elänyt elämän toisensa jälkeen tuntematta Sinua,
mutta saavuttuani nyt luoksesi
olen jättänyt kaikki taakkani.
Oi Äiti, ilman Sinua
ei ole mitään pysyvää.
Anna minun unohtaa itseni
ja sulautua Tietoisuutesi virtaan.

Äiti on kertonut minulle,
ettemme ole kaksi,
vaan että olemme Yksi,
mutta en vielä koe niin.
Tahdon vain olla Hänen luonaan
ja olla Hänen lapsensa.
Äiti huolehtii lapsistaan rakkaudella,
ja pelkällä kätensä kosketuksella
Hän pesee syntini pois.

Oi Äiti, enkö olekaan lapsesi?
Miksi odotukseni kestää niin kauan?

Tunnen, että olen lapsesi,
ja lasken jokaista hetkeä...
Oi Äiti, miten pääsisin lähemmäs Sinua?
Pyydän, osoita minulle tie.
Oi Äiti, en ole mitään.
Sinä olet kaikki olevainen.
Sinä olet kaikki.

Lopetettuaan laulamisen Amma alkoi jälleen puhua. Katsoessaan etäisiä takavesiä ja kookospalmuja, jotka kurkottivat taivaita kohden, hän sanoi: "Katsokaa luonnon kauneutta. Luonnon kanssa harmoniassa eläminen tuo itsessään onnea ja tyytyväisyyttä."

Brahmachari Rao sanoi: "On ikävää, että ihmiset, joiden pitäisi olla kehittyneimpiä olentoja maapallolla, eivät ymmärrä tätä totuutta. Aivan kuin valittamisesta ja tyytymättömyydestä olisi tullut osa heidän luonnettaan."

Amma sanoi: "Kauan sitten suuret, suuret ihmismassat olivat hyvin onnettomia. He vaikeroivat ja surkuttelivat tuskaansa Jumalalle anoen helpotusta. Jokainen, joka oli tyytymätön osaansa valitti ja sanoi olevansa mielihyvin valmis vaihtamaan paikkaa jonkun muun kanssa. Jumala vastasi heidän kutsuunsa ja ilmestyi heille. Kaikki suruissaan olevat ihmiset kerääntyivät suureen laaksoon hänen eteensä. Jumala sanoi: 'Rauha kanssanne. Kuultuani suruntäyteisen vaikerointinne olen tullut vastauksena rukouksiinne. Laskekaa kaikki surunne ja murheenne eteeni. Olipa teillä mitä hyvänsä vaivaa ja kärsimystä aiheuttavia sairauksia, vammoja tai murheita, luopukaa niistä nyt.'

Ihmiset heittivät innoissaan kaikki taakkansa, surunsa ja pelkonsa laakson pohjalle. Murheita oli niin paljon, että koko laakso täyttyi ja niistä muodostui vuori. Jumala ilmoitti: 'Nyt voitte ottaa luovuttamanne taakan tilalle minkä tahansa murheen tästä vuoresta.'

Syntyi hurja mylläkkä, kun ihmiset ryntäsivät ottamaan itselleen muille kuuluneita taakkoja toivoen niiden olevan paljon parempia kuin omat olivat olleet. Kerjäläisen murheet vaihtuivat rikkaan miehen painolastiin, ja lapseton nainen otti itselleen suurperheen äidin huolet. Jonkin ajan kuluttua murheiden vuori oli hävinnyt. Kaikki olivat onnellisia ja helpottuneita. Jumala lähti pois ja ihmiset palasivat koteihinsa.

Mutta mitä luulette, että tapahtui seuraavana päivänä? Valitus alkoi uudestaan, mutta tällä kertaa sata kertaa kovaäänisempänä ja pahempana kuin aiemmin. Niinpä Jumala laskeutui uudestaan maan päälle ihmisten keskuuteen. Nyt kaikki vaikeroivat ja anelivat takaisin vanhoja ongelmiaan, koska eivät kestäneet valitsemaansa uutta kipua ja surua. Jumala myöntyi heidän rukouksiinsa, ja kaikki palasivat entisenlaiseen elämäänsä ja olivat tyytyväisiä jonkin aikaa, mutta pian he tulivat jälleen tyytymättömiksi." Kaikki nauroivat tälle kertomukselle tunnistaen tarinasta oman itsensä.

Amma jatkoi: "Lapset, opetelkaa olemaan tyytyväisiä siihen, mitä teillä on. Älkää himoitko itsellenne sitä, mitä teillä ei ole älkääkä kadehtiko sitä mitä muilla on. Älkää luulko, että toisten tuskat eivät ole mitään omiinne verrattuna tai että teidän olisi paljon parempi olla jonkun toisen asemassa. Se ei nimittäin pidä paikkaansa. Jokaiselle on kertynyt omat ongelmansa ja huolensa. Et pystyisi vaihtamaan omia vaivojasi muiden vastaaviin, koska et kestäisi kenenkään muun kipua. Sama pätee onnellisuuteen. Pidät naapuriasi itseäsi onnellisempana ja rukoilet Jumalaa, että voisit olla kuten hän. Kuitenkin kokiessasi hänen onnensa oivallat, että rukoilit oikeastaan väärää asiaa. Naapurisi onni ja suru kuuluvat hänelle. Samoin sinun ilosi ja surusi ovat yksinomaan sinun. Oivalla tämä ja ole tyytyväinen siihen mitä sinulla on. Sinulla ei voi olla enempää eikä vähempää kuin mitä kohdallesi on tarkoitettu. Se mitä sinulla on, on tarkoitettu sinulle."

Eräs toinen *brahmachari* sanoi: "Siksi myös kirjoituksissa sanotaan: 'Seuraava hetki ei kuulu meille, se ei ole vallassamme. Siksi, mitä hyvää haluatkin tehdä, tee se nyt. Älä lykkää sitä.' Eikö niin, Amma?"

"Suurin uhka egollemme on kuolema. Se on aina läsnä, silti emme näe sitä", Amma vastasi. "Emme kuule kuoleman pehmeitä askeleita ja siksi pitäydymme taipumuksissamme haluamatta muuttaa tapojamme. Emme piittaa kuoleman asettamasta suuresta haasteesta, joten emme harjoita rakkautta emmekä myötätuntoa emmekä halua jakaa muiden ihmisten suruja ja kärsimyksiä. Välinpitämättömyytemme vuoksi emme ole myöskään nöyriä. Kaikista kokemuksista suurimman nöyryyden aikaansaa kuolema, joka on aivan olkamme takana, älkäämme siis sanoko 'huomenna'. Nyt on aika tehdä se, mitä on tehtävä. Meidän olisi vannottava muuttavamme suhtautumisemme elämään nyt.

Lapset, kerron nyt teille tarinan. Kerran eräs *brahmiini* tuli suuren kuninkaan *Yudhisthiran* luo saadakseen tältä rahoituksen tyttärensä avioliittoon. *Yudhisthira* sanoi: 'Kunnioitettu *brahmiini*, tule huomenaamulla, niin annan sinulle tarvittavat varat silloin.' *Brahmiini*-raukka lähti palatsista pettyneenä. Hänellä oli paljon asioita järjestettävänä ja hän oli toivonut saavansa rahat heti.

Jonkin ajan kuluttua symbaalit alkoivat helistä, trumpetit soida ja sotarummut kaikua koko linnoituksessa. Tämä oli melkoisen epätavallista. Yleensä tämänkaltaista juhlintaa kuuli vain kuninkaan palatessa voitokkaasta taistelusta. *Yudhisthira* ärsyyntyi hälystä, sillä sotaa ei ollut käynnissä. Hän lähetti tiedustelijan kysymään syytä meteliin, ja tämä palasi takaisin kertoen soittokunnan soittavan *Bhiman* käskystä. *Bhima* kutsuttiin heti paikalle antamaan selitystä, ja hän vastasi hyvin kohteliaasti: 'Teidän majesteettinne, juhlin vain teidän voittoanne.' *Yudhisthira* huudahti: 'Voittoani? Mutta ei ole ollut mitään voittoa!' *Bhima* vastasi: 'Oi, kyllä on, herrani, kyllä on. Lähetitte tuon *brahmiinin* pois käskien hänen palata huomenna. Tämä voi merkitä vain sitä, että olette voittaneet kuoleman, sillä kukapa muu voi tietää seuraavasta hetkestä mitään - huomisesta puhumattakaan - kuin sellainen, joka on saanut voiton kuolemasta.' Viisas *Yudhisthira* ymmärsi *Bhiman* viestin. Hän oivalsi virheensä, tunnusti sen ja oli *Bhimalle* kiitollinen siitä, että tämä oli avannut hänen silmänsä näkemään totuuden. Sitten *Yudhisthira* kutsui kyseisen *brahmiinin* paikalle ja antoi hänelle runsain mitoin varoja tämän tyttären avioliittoseremoniaa varten.

Lapset, ymmärrys siitä, että voimme kuolla milloin vain, auttaa meitä pääsemään todelliseen uskoon ja lähestymään Jumalaa. Kuolema vie meiltä kaiken, mitä meillä on. Tämä keho, jota rakastamme ja josta välitämme niin paljon, ei tule mukaamme. Emme voi ottaa mukaamme edes nuppineulaa, kun kuolemme. Turvautukaa Jumalaan ja ymmärtäkää tämä suuri totuus. Olkaa tyytyväisiä ja onnellisia kaikesta siitä, mikä tulee osaksenne.

Amman viimeiset sanat jäivät soimaan jokaisen sydämeen: "... Turvautukaa Jumalaan ja olkaa tyytyväisiä ja onnellisia kaikesta siitä, mitä teille annetaan..." Amma alkoi laulaa laulua *Parinamam iyalatta...*

Parinamam iyalatta

Oi korkein jumalatar,
Sinä ikuisesti muuttumaton.
Siunaa minua ja poista kärsimykseni.
Eikö itse Shiva, joka poltti maan
tasalle Tripuran kaupungin,
olekin Sinun puolisosi?
Oi pyydän, poista pimeys!
Vieraileeko täysikuu tänä yönä luonani?
Oletko tietoinen pimeydestä sydämessäni?
Päivät kuluvat toinen toisensa jälkeen
putoilevien kukan terälehtien lailla
etkä Sinä siltikään saavu luokseni.

Oi Äiti,
olet sitä, mitä jokainen lapsi kaipaa.
Eivätkö suuret puut tuekin pieniä köynnöksiä?
Oi Äiti, en tiedä mitä tehdä,
auta tätä surullista yksinäistä raukkaa,
anna minun sulautua Sinuun.

Oi Äiti,
olen uupunut tässä autiomaassa
enkä kykene edes raahautumaan luoksesi.
Oi kaikkeuden jumalatar,
sääli kohtaloani ja käänny puoleeni.
Ota minut turvaan jalkojesi juureen.

Laulu loppui ja kaikki istuivat hiljaa. Yksi *brahmachareista* piti tätä tilaisuutena erään häntä askarruttaneen asian selvittämiseen. "Amma, sanonnan mukaan onnen perässä juokseva menettää sen. Miksi?"

"Koska onnen etsiminen aiheuttaa tyytymättömyyttä", Amma vastasi. "Etsintä synnyttää vääjäämättömästi mieleen levottomuutta. Levoton mieli on onneton mieli. Onnellisuuden etsintänne kohdistuu aina tulevaisuuteen. Se ei koskaan kohdistu nykyhetkeen. Nykyhetki on sisällänne, tulevaisuus on ulkopuolellanne. Pyrkiessänne levottomuudessanne löytämään onnen tulette luoneeksi helvetin mieleenne. Mitä mieli loppujen lopuksi oikein on? Se on kaiken onnettomuutenne, kielteisyytenne ja tyytymättömyytenne kasaantuma. Mieli on ego eikä ego voi olla onnellinen. Kuinka sellaisella mielellä voi löytää onnen? Lisäetsintä aiheuttaa vain lisäonnettomuutta. Onnellisuus seuraa vasta mielen ja kaikkien sen itsekeskeisten ajatusten kadotessa. Ollaksesi onnellinen sinun on unohdettava onnellisuus. Ollaksesi tyytyväinen sinun on unohdettava tyytyväisyys. Lopeta menneisyydessä ja tulevaisuudessa eläminen. Lopeta onnellisuuden etsintä ja huomaat, ettet ole enää onneton. Lopeta tyytyväisyyden etsintä, ja sinusta tulee samassa tyytyväinen.

Rukoile itsellesi mieltä, joka on tyytyväinen kaikissa olosuhteissa. Rukouksesi ovat vilpittömiä vain, jos rukoilet mieltä, joka on tyyni ja tyytyväinen riippumatta siitä, mitä kohdallesi tulee.

Vishnu sanoi kerran palvojalleen: 'Olen kyllästynyt jatkuviin pyyntöihisi. Toteutan kolme toivomustasi. Sen jälkeen et saa minulta enää mitään.' Mies oli innoissaan kuullessaan tämän eikä epäröinyt ensimmäistä toivomusta tehdessään. Hän toivoi vaimonsa kuolevan voidakseen mennä naimisiin paremman naisen kanssa. Toive toteutui välittömästi.

Mutta ystävien ja sukulaisten tullessa hautajaisiin ja alkaessa muistelemaan hänen vaimonsa hyviä ominaisuuksia mies tajusi olleensa turhan hätäinen. Hän oivalsi olleensa sokea kaikille vaimonsa hyveille. Hän alkoi epäillä, voisiko ikinä löytää toista yhtä hyvää naista vaimokseen. Niinpä hän toisena toivomuksenaan pyysi vaimonsa herättämistä jälleen henkiin. Jäljellä oli enää yksi toivomus. Hän oli päättänyt olla tekemättä virhettä tällä kertaa, koska sitä ei saisi enää korjattua. Hän pyysi neuvoa monelta taholta, ja eri ihmiset ehdottivat erilaisia asioita kuten terveyttä ja vaurautta. Jotkut hänen ystävistään kehottivat häntä pyytämään kuolemattomuutta. Mutta olisiko kuolemattomuus hyvä asia ilman terveyttä? Ja mitä käyttöä oli terveydelle, jos ei olisi rahaa? Ja miten rahasta voisi nauttia, jos ei olisi ystäviä?

Vuodet kuluivat, eikä mies vieläkään pystynyt päättämään, mitä toivoisi; terveyttä vai rikkautta, valtaa vai rakkautta. Lopulta hän sanoi Jumalalle: 'Kerro sinä minulle, mitä minun pitäisi toivoa.' Jumala hymyili mielessään miehen kiperälle pulmalle ja sanoi: 'Toivo olevasi tyytyväinen riippumatta siitä, mitä sinulle annetaan.'

Luopukaa ja iloitkaa. Todelliset hedelmät ja todellinen onni ovat sisällämme. Opettele olemaan tyytyväinen tuohon onnen sisäiseen kokemiseen. Syöt banaanista pelkän hedelmän, et kuoria, koska ne tekisivät vatsasi kipeäksi. Älä myöskään anna maallisen omaisuutesi, asemasi ja maineesi muodostua olemassaolosi keskukseksi. Nämä saattavat näyttää tarjoavan onnea, mutta niiden antama onnellisuus on ohimenevää ja kivun täyttämää. Muista sen sijaan, että todellinen olemassaolo on sisälläsi."

Eräs toinen *brahmachari* kysyi: "Amma, puhuessasi äsken tyytyväisyydestä sanoit, että todellinen tyytyväisyys kumpuaa vasta ihmisen ymmärtäessä antaumuksellisuuden henkisen olemuspuolen ja vasta kun hän luopuu. Mitä tarkoitat?"

Amma vastasi: "Sana 'luopuminen' pelottaa joitakin ihmisiä. Heidän mielestään on parempi olla olematta tyytyväinen, jos tyytyväisyys voidaan saavuttaa vain luopumisen kautta. He eivät ymmärrä, kuinka he voisivat viettää tyytyväistä elämää ilman vaurautta, ilman kaunista kotia, mukavaa autoa, puolisoa ja kaikkia elämän mukavuuksia. He ajattelevat elämän olevan mahdotonta, suorastaan helvetillistä ilman kaikkea tätä.

Mutta tunnetteko ketään, jonka omaisuus olisi tehnyt todella onnelliseksi ja tyytyväiseksi? Ihmiset, jotka etsivät onnea elämän mukavuuksista, ovat kaikkein onnettomimpia. Mitä enemmän omaisuutta ja elintasomukavuuk-sia ihmisellä on, sitä enemmän hänellä on huolia. Mitä enemmän hän haluaa jotakin, sitä tyytymättömämmäksi hän tuntee itsensä, sillä halut ovat loppumattomia. Ahneuden ja itsekkyyden loputtomaan ketjuun tulee vain lisää lenkkejä. Ihminen, joka suunnittelee jatkuvasti hankkivansa lisää ja lisää, ei voi olla tyytyväinen. Tämä ei tarkoita sitä, ettei ihminen koskaan saisi haluta toteuttaa ainuttakaan mielihalua. Näin tätä ei pidä tulkita. Tämä tarkoittaa vain, että ihmisen olisi opittava olemaan tyytyväinen siihen, mitä hänellä on. Pelkkä omaisuuden haaliminen ja kunnioituksen ja aseman metsästäminen eivät saisi muodostua elämän päämääräksi. Kynnä pelto, kylvä siemenet, huolehdi hyvin versoista, kitke rikkatuohot, kastele ja lannoita, ja jää sitten odottamaan kärsivällisesti. Jos tämä kaikki on tehty hyvin ja siihen on paneuduttu rakkaudella, sadosta tulee ylenpalttisen runsas. Kaikki teot kantavat hedelmää. Tulevaisuus on tuo hedelmä. Mutta älä kanna huolta tulevaisuudesta. Odota kärsivällisesti nykyhetkessä pysytellen, suorittaen tekosi keskittyneesti ja rakkaudella. Toiminta on nykyhetki. Rakasta jokaista tekoasi, löydä autuus kaikesta, mitä teet. Tämä on kaikkein tärkeintä. Kun pystyt olemaan mukana joka hetki kaikessa, mitä teet, hyvät tulokset seuraavat väistämättä.

Vain tässä hetkessä elämällä ihminen voi todella nauttia siitä, mitä hänellä on. Tämä tarkoittaa, että sinun on lakattava huolehtimasta tekojesi hedelmistä ja lopetettava menneiden asioiden murehtiminen. Menneisyydestä ja tulevaisuudesta luopuminen on todellista luopumista. Menneisyys on kuin roskatynnyri, jossa ovat kaikki menneet tekosi. Se on niin hyvän kuin pahankin varastoaitta. Menneisyys on haava. Älä kosketa tai raavi sitä. Älä tee sitä isommaksi. Jos raavit sitä eli kaivelet muistojasi, haava tulehtuu. Älä tee niin. Yritä sen sijaan antaa sen parantua. Paraneminen on mahdollista ainoastaan uskon ja Jumalan rakkauden avulla. Tämä voi toteutua vain nykyhetkessä. Muista Jumalaa, laula hänen nimeään, mietiskele hänen olemustaan ja toista *mantraasi*. Tämä on paras lääke menneisyyden haavan parantamiseksi. Ottakaa tuota lääkettä unohtaaksenne menneisyytenne älkääkä vaivatko itseänne tulevaisuudella.

Todellinen antaumus edellyttää luopumista. Tämä puuttuu suurimmalta osalta niin sanottuja oppilaita. Oppilas, joka ei kykene luopumaan, murehtii jatkuvasti menneisyyttään tai uneksii tulevaisuudesta rakentaen pilvilinnoja. Jopa Jumalan nimeä laulaessaan hän on eksynyt menneisyy-den muistoihin tai on luomassa jotakin haavekuvaa tulevaisuudesta. Niin hän menettää Jumalan nimen laulamiseen sisältyvän kauneuden. Hän ei arvosta rakkaan Jumalansa kauneutta tai *gurunsa* myötätuntoista ja rakkaudellista olemusta, ja niin hän menettää myöskin armon. Hänen rukouksensa ovat tyhjiä. Hän ei koskaan katso omaan sydämeensä. Hän ei koskaan nauti rakkauden ja antaumuk-sen hurmiosta. Koska hänen meditaationsa ovat vailla syvyyttä, ne ovat kuivia. Hän ei voi luopua menneisyydestä eikä tulevaisuudesta, joten hän menettää nykyhetken kauneuden. Hänen toimintansa ei ole kaunista. Hänen sanansa eivät voi innostaa.

Antaumuksen henkinen olemus on nyhetkessä elämistä. Niinkutsuttua oppilasta kiinnostaa enemmän hänen uskonsa aineellinen puoli. Hänelle usko Jumalaan on osa-aikaista puuhastelua. Hänen rukouksensa ja meditaationsa eivät ole aitoja. Hän ei kykene päästämään irti. Hän on niin takertunut, että joskus jopa huutaa: 'Oi, en voi unohtaa muistojani! Ne takertuvat minuun, ne sitovat minut.' Mikä sääli! Muistot eivät voi sitoa häntä. Ne ovat liikkumattomia ja elottomia. Niissä ei ole omaa voimaa. Hän itse antaa niille energiaa, hän itse tarttuu niihin. Jos hän vain päästäisi otteensa irti, hän olisi vapaa. Hän filosofoi paljon luopumisesta ja epäitsekkyydestä, mutta hän ei ole aito.

Amma on kuullut seuraavan tarinan:

Mies rehenteli toiselle: 'Rakastan luopumisen ja pyyteettömän palvelun polkua.'

Toinen mies kysyi: 'Mitä! Tiedätkö edes mitä luopuminen ja pyyteetön palvelu tarkoittavat?' Ensimmäinen vastasi: 'Tiedän.'

'Jos sinulla on kaksi televisiota, sinun pitäisi silloin antaa toinen sellaiselle, jolla ei ole yhtään.'

'Hyvä on, sen voin kyllä tehdä.'

'Ja jos sinulla on kaksi autoa, sinun tulisi antaa toinen autottomalle.'

'Se on helppoa. Se on yhtä kuin tehty.'

Ällistyneenä miehen avarasydämisyydestä toinen jatkoi: 'Siis, jos sinulla on kaksi lehmää, annat toisen pois. Eikö niin?'

'Ei! Se on mahdotonta! Sitä en voi tehdä!', huudahti ensimmäinen.

'Toinen ihmetteli: 'Miksi et? Sehän noudattaa samaa logiikkaa. Jos olet valmis antamaan pois toisen televisiosi ja autosi, miksi et voisi luopua höpsöstä lehmästä?'

Ensimmäinen vastasi: 'Logiikka ei ole lainkaan sama. Minulla ei ole kahta televisiota eikä kahta autoa, mutta minulla on kaksi lehmää!'"

Kaikki nauroivat tälle Amman ihastuttavalle havaintoesitykselle. Sitten hän jatkoi: "Lapset, tällaista on meidän antaumuksemme. Kehitämme kaikenlaisia tekosyitä. 'Jos minulla vain olisi sitä, auttaisin sinua. Jos minulla vain olisi tätä, antaisin sinulle kaiken tarvitsemasi.' Mutta kun meillä on mahdollisuus auttaa, unohdamme kaikki lupauksemme. Teemme lupauksia siitä, mitä meillä ei ole, emmekä halua jakaa siitä, mitä meillä on."

7. luku

Sahasra-siirsha-purushaha
Sahasraakshah-sahasra-paath
Sa bhuumim visvatho vrittvaa
Atya-tishdah-dhasaangulam

Hän, Kosminen Jumala, Purusha, jolla on tuhat päätä, tuhat silmää ja tuhat jalkaa, täyttää koko universumin ja tuonpuoleisen.

—Purusha suktam

Mikään ei pääse tapahtumaan salaa Ammalta, oli kyseessä sitten suuri tai pieni, merkittävä tai merkityksetön asia. Hän näkee kaiken. Pyhissä kirjoituksissa sanotaan, että Kosmisella Herralla, *Purushalla*, on tuhat päätä, tuhat silmää ja tuhat jalkaa. Hänen sanotaan täyttävän olemuksellaan koko universumin sekä tuonpuoleisen.

Tässä yhteydessä 'tuhat' merkitsee ääretöntä. Hän, joka on oivaltanut Jumalan tai äärettömän, näkee äärettömän monella silmällä, kuulee äärettömän monella korvalla ja maistaa äärettömän monella suulla. Ken on yhtä *Brahmanin* kanssa, tuntee ja kokee koko luomakunnan välityksellä. Sellainen henkilö kokee todellisuuden kaikissa maailmoissa asuvien olentojen mielen kautta, koska kaikki ovat osia tuosta äärettömyydestä.

Tällaiselta henkilöltä ei mikään tapahtuma maailmassa voi mennä ohitse huomaamatta. Hänen katseensa läpäisee kaiken. Amman silmä on kosminen silmä. Hänen mielensä on kosminen mieli, sillä Amma on yhtä kaikkeuden kanssa. Hän on äärettömyys. *Krishna* viittaa *Bhagavad-Gitassa Purushaan*: "Kaikki päät ovat hänen, kaikki silmät ovat hänen, kaikki jalat ovat hänen." Sama pätee Ammaan. Mikään ei jää häneltä huomiotta.

Eräällä *brahmacharilla* oli pian *ashramiin* tulonsa jälkeen kokemus, joka vakuutti hänet siitä, että Äiti tiesi kaiken mitä hän teki. Tämä tapahtui alkuvuodesta 1982. Eräs vieraileva oppilas antoi kyseiselle *brahmacharille* ison paketin keksejä jaettavaksi kaikille *ashramin* asukkaille. Niihin aikoihin *ashramissa* oli vain kaksitoista vakituista asukasta, ja aluksi *brahmacharilla* oli vilpitön aikomus jakaa keksit henkisten veljiensä kanssa. Mutta istuessaan myöhemmin majassaan hän ajatteli: "Kukaan ei tiedä vierailijan antaneen minulle keksejä, ja nyt hän on lähtenyt. Minun ei tarvitse pelätä hänen kertovan asiasta muille. Pidänkin nämä itselläni ja herkuttelen niillä muutaman päivän ajan." Ja niin *brahmachari* laittoi keksipaketin piiloon alttarillaan olevan Amman kuvan taakse peittäen sen alttariliinalla. Hän piti sitä hyvänä piilona. Alttari oli majan pimeässä nurkassa, ja miksi kukaan muutenkaan tutkisi hänen alttariaan? *Brahmachari* lähti majasta päivän askareihinsa. Mutta kukapa pystyy ennakoimaan mitä tapahtuu Amman läheisyydessä?

Kun *bhajanit* loppuivat, Amma käveli kookoslehtoon. Hän vaelteli siellä muutaman minuutin ajan ja sitten ilman mitään näkyvää syytä hän asteli suoraan "keksivarkaan" majaan. Kyseinen *brahmachari* istui sillä hetkellä ulkona, mutta nähdessään Amman menevän hänen majaansa hän säntäsi perässä. Amma seisoi muutaman sekunnin ajan keskellä huonetta, sitten hän pani yhtäkkiä kätensä kuvan taakse ja kaivoi keksipaketin esiin. *Brahmachari* kalpeni ja seisoi pää häpeästä painuksissa.

Sitten hän lankesi Amman jalkoihin ja alkoi itkeä. Amma seisoi keksipaketti kädessään ilkikurisesti hymyillen. Hetken kuluttua Amma pyysi *brahmacharia* nousemaan ylös. Tämä nousi seisomaan, mutta piti päänsä painuksissa. Siinä asennossa seisten hän pyysi kyyneltensä läpi Äidiltä anteeksiantoa.

Amma hymyili yhä ihastuttavan kujeilevaa hymyään pidellen samalla tyynesti keksipakettia ojennetussa kädessään. Hänen kasvoillaan ei ollut pettymyksen häivääkään, kun hän sanoi: "Poikani, ota nämä. Ne ovat sinulle. Voit syödä ne aivan yksin. Älä tunne oloasi kurjaksi." Kuullessaan Amman pehmeät ja samalla purevat sanat *brahmachari* huusi ääneen: "Amma, pyydän, älä kiduta minua enää enempää!" Amma ei voinut piilotella myötätuntoaan ja rakkauttaan enää pidempään. Hän laittoi *brahmacharin* pään olkaansa vasten ja lohdutti häntä sanoen: "Poikani, se oli vain pilaa. Amma tietää, että teit sen lapsekkaassa viattomuudessasi. Älä välitä. Sinun Ammahan se vain on joka sai sinut kiinni. Älä häpeä tai loukkaannu. Mutta poikani, yritä olla olematta itsekäs. Jos et kykene jakamaan edes pikkuasioita henkisten veljiesi kanssa, kuinka voisit koskaan antaa sydämesi koko maailmalle? Millä tavoin aiot luopua itsekkyydestäsi ja alkaa rakastaa ja palvella maailmaa? Täältä sinun on aloitettava, joten yritä olla avoimempi ja anteliaampi."

Tämä tapaus on vain yksi esimerkki lukemattomien samankaltaisten joukossa Amman 'tuhannen silmän' voimasta. Tässä on hyvin nähtävissä se kaunis ja viehättävä tapa, jolla Amma osoittaa ja korjaa lastensa virheet. Hänen tapansa oikaista lapsiaan ei voi loukata tai haavoittaa. Ja jos pieni haava syntyykin, Amma tietää, kuinka se myös parannetaan. Vaikka hän antaakin *sadhakoiden* kokea tietyn määrän tuskaa ja jännitystä auttaakseen heitä oivaltamaan virheensä, hänen ilmaisemansa ehdoton rakkaus ja myötätunto on niin suurta, että se rauhoittaa heidät ja parantaa heidän kipunsa.

Kunnioitus kaikkea elämää kohtaan

Perjantaina 14. syyskuuta 1984

Päivää tai kahta aiemmin eräs *ashramin* asukas oli siirtänyt keskenkasvuisen mangopuun toiseen paikkaan maakaistaleella, jonka *ashram* oli hiljattain ostanut. Hänestä mangopuu ei ollut näyttänyt hyvältä entisessä paikassaan, niinpä hän oli muutaman muun *ashramin* asukkaan avustuksella siirtänyt taimen maakaistaleen toiseen nurkkaan. Kukaan heistä ei ollut kuitenkaan tullut ajatelleeksi pyytää Amman lupaa siirtämiseen.

Amma teki nyt alueella yllätystarkastuksen. Kun *brahmacharit* näkivät Amman kävelevän uutta maa-aluetta kohden, he katsoivat toisiaan ja alkoivat supista keskenään. He olivat kaikki peloissaan, koska taimi oli kuihtunut pian siirron jälkeen. Amma sanoi heti uudelle palstalle päästyään: "Jokin puuttuu, mutta mikä?" Kaikki kalpenivat, eikä kukaan puhunut mitään. "*Shiva*! Missä mangopuu on?", Amma huudahti. Kaikki pysyivät vaiti. Kukaan ei uskaltanut sanoa sanaakaan. Amma tiedusteli jälleen: "Mitä mangopuulle on tapahtunut? Onko joku kaatanut sen?" Lopulta *brahmachari Pai* astui esiin ja sanoi hyvin heikolla äänellä: "Amma, *Nedumudi* siirsi puun täältä tuonne toiselle puolelle, ja me kaikki autoimme häntä siinä."

"Minne? Minne te siirsitte sen?", Amma kysyi erittäin huolestuneella äänellä.

Pai johti joukon paikkaan, jonne puu oli siirretty. Nähdessään sen kuivuneet oksat Amma huusi sydäntäsärkevällä äänellä: "*Shivane*! Mitä olette tehneet tälle puulle? Kuinka saatoitte? Minkä suuren synnin olettekaan tehneet! Miksi ette kysyneet minulta, ennen kuin menitte siirtämään sen? En olisi antanut lupaa moiseen. En kestä katsoa tätä kuihtunutta puu-raukkaa."

Amman sanoissa ilmeni tuska ja huoli. Kärsimys kuvastui jopa hänen kasvoiltaan. Hän näytti välittävän puusta kuin äiti, jonka lapsi on loukkaantunut. Hän kyykistyi alas pää painuksissa ja kädet otsallaan. Häntä lähellä seisoneet näkivät hänen pyyhkivän pois kyyneleitä. Joidenkin ihmetellessä, miksi Amma itki tuollaisen pikkuseikan vuoksi, toiset olivat mykistyneitä siitä, kuinka Amma kykeni osoittamaan jumalallista rakkautta ja myötätuntoa kaikkea luontoa, jopa kasveja kohtaan. Amman reaktiosta liikuttuneina jotkut eivät kyenneet pidättelemään omia kyyneleitään. Aika kului. Amma puhui pitkän tauon jälkeen. "Rakkaat lapset, älkää tuhotko elämää tällä lailla enää koskaan. Tällaiset teot eivät sovi henkisen polun kulkijalle. Päämääränämme on tuntea elämä kaikkialla. Meidän tulisi välttää tuhoamista. Meillä ei ole oikeutta siihen. Emme kykene luomaan, ja siksi meidän ei tule tuhota. Vain Jumala kykenee luomaan, ylläpitämään ja tuhoamaan. Luominen, ylläpito ja tuhoaminen ovat meidän kykyjemme saavuttamattomissa. Sellaiset suuret toimet ovat vain hänen määräysvallassaan, joten älkää toistako tuollaista tekoa. Jos et pysty arvioimaan asioita ja olosuhteita itse, kysy neuvoa joltakin tietävältä tai viisaalta. Ja jos he eivät voi neuvoa sinua, pysy aloillasi. On viisaampaa olla tekemättä mitään kuin toimia typerästi.

Meidän on muistettava, että kaikessa olevaisessa on läsnä kyky tuntea, että kaikki on täynnä tietoisuutta ja elämää. Kaikki on olemassa Jumalassa. Sellaista asiaa kuin 'pelkkä materia' ei ole olemassakaan, on vain tietoisuutta. Suhtautuessamme kaikkeen tällä tavoin on tuhoaminen meille mahdotonta. Koko ajatus tuhoamisesta katoaa jäljettömiin. Vasta silloin voit auttaa ja palvella muita ja parantaa maailmaa.

Kun Amma puhuu 'maailmasta', hän ei tarkoita vain ihmisiä. 'Maailma' sisältää kaiken - ihmiset, eläimet, kasvit - koko luonnon kokonaisuuden. On totta, että ihmisissä kehitys näkyy selvimmin, mutta se ei tarkoita, että muut elämänmuodot olisivat vailla tunteita. *Vedat* ja *upanishadit* sanovat kaiken olevan tietoisuuden läpäisemää.

Jumala on kaikessa ja kaikkialla. Missään ei sanota, että Jumala olisi vain ihmisissä, mutta ei eläimissä eikä muissa elämänmuodoissa. Hän on vuorissa, joissa, laaksoissa, puissa. Hän on linnuissa, pilvissä, tähdissä, auringossa, kuussa, kaikkialla. Jumala on *sarva chara-acharassa,* niin liikkuvassa kuin liikkumattomassakin. Kuinka ihminen, joka on ymmärtänyt tämän, voisi tappaa ja tuhota?

Saatat ajatella, että ihmiset osaavat puhua, kävellä, toimia, ajatella ja tuntea, kun taas kasvit eivät pysty siihen. Sinusta saattaa tuntua, että niissä ei ole elämää ja että sinulla on siksi oikeus kaataa ne maahan, tuhota ne ja käyttää niitä omiin itsekkäisiin tarkoitusperiisi. Kuitenkin kaikella luonnossa on oma tehtävänsä. Luomakunnassa ei ole virheitä. Kaikki on tarkasti laskettu ja oikein annosteltu. Suhteet ovat täydelliset.

Jokaisella olennolla, kaikella mitä Jumala on luonut, on aivan erityinen tarkoituksensa. Ajattele luonnon ihmeitä. Kamelia on siunattu erityisellä repulla, johon varastoida vettä. Kengurulla on kehto, jossa se voi kantaa pikkuistaan mukanaan minne tahansa se meneekään. Jopa kaikkein merkityksettömimmillä ja näennäisen haitallisillakin lajeilla on oma tarkoituksensa. Niillä on oma osansa tässä näytelmässä. Amma on kuullut, että hämähäkit huolehtivat hyönteiskannan tasapainosta, ja että käärmeet pitävät jyrsijäkannan kurissa. Jopa aivan pienimmät yksisoluiset planktonit toimivat valaiden ruokana. Emme voi tietää kaiken takana olevaa tarkoitusta. Luonto on meille mysteeri. Ja sen vuoksi toimimme typerästi ja tuhoamme kasveja ja eläimiä. Monet *ayurvediset* yrtit ja muut kasvit näyttävät meistä rikkaruohoilta. Tietämättömyydessämme tuhoam-me niitä. Mutta asiantunteva *ayurvedinen* lääkäri tietää niiden hyödyn ja merkityksen.

Ihminen on täysin riippuvainen luonnosta. Luonto on välttämätön osa maapallon elämää. Ilman luontoa ei ainoakaan olento voi elää, ei ihminen eikä mikään muukaan. Siksi yksi meidän suurimmista velvollisuuksistamme on huolehtia rakkaudella kaikista elävistä olennoista. Sinusta saattaa tuntua siltä, että puun tai muun kasvin tuhoaminen ei ole niin väärin kuin ihmisen tappaminen. Tämä on väärä tapa ajatella. Myös kasveilla on tunteita ja ne pystyvät tuntemaan pelkoa. Kun joku lähestyy kasvia kirves tai veitsi kädessään, kasvi on peloissaan. Se tärisee kauhusta. Sinulla on oltava hienoviritteinen korva kuullaksesi sen huudot, hienoviritteinen silmä nähdäksesi sen avuttomuuden ja hienoviritteinen mieli tunteaksesi sen pelon. Et näe sen kärsimystä, mutta voit tuntea sen, jos sinulla on myötätuntoinen sydän. Voidaksesi nähdä kasvin kärsimyksen on sisäisen silmäsi oltava auki. Ikävä kyllä et näe hienosyisiä asioita ulkoisilla silmilläsi. Tämän vuoksi tuhoat avuttomia puita ja muita kasveja.

On todistettu tieteellisesti, että tunteita ei ole vain ihmisillä ja eläimillä, vaan myös kasveilla. Ne voivat jossain määrin jopa ilmaista itseään, ja oikealla asenteella voimme oppia ymmärtämään niitä. Menneinä aikakausina Intian pyhimykset ja tietäjät, paneuduttuaan syvälle oman tietoisuutensa laboratorioihin, ilmoittivat, että myös kasveilla on tunteet ja että ne kykenevät ilmaisemaan tunteitaan, jos niihin suhtaudutaan rakkaudella ja myötätunnolla.

Shakuntalan tarina on hyvä osoitus tästä. *Shakuntala* oli tietäjä *Kanwan* ottotytär. *Shakuntala* rakasti jo pienestä pitäen spontaanilla tavalla luontoa, eläimiä ja kasveja. Hän rakasti niitä kuin omaa elämäänsä ja huolehti niistä sen mukaisesti. Joka päivä hän kasteli erakkomajan ympärillä olevat viherkasvit ja pensaat ja vietti paljon aikaa puutarhassa ilmaisten niille rakkauttaan. Hän jopa silitteli ja suuteli kasveja. Hän osoitti samaa rakkautta myös linnuille ja muille eläimille. Hän oli erityisen ihastunut erääseen jasmiiniin ja sitä hän rakasti kaikkein eniten. Hän vietti joka päivä tuntikausia kylvettäen sen lehtiä ja nuuhkien sen ihania kukkia.

Kuningas tuli kerran metsästysretkelle metsään. Hän näki *Shakuntalan* ja rakastui tähän. He menivät naimisiin. Kerrotaan, että sinä päivinä, kun *Shakuntala* lähti erakkomajasta, kaikki kasvit laskivat päänsä suruissaan. *Shakuntala* kävi jokaisen kasvin, puun ja eläimen luona ja jätti niille hyvästit kyynelsilmin. Peura ja riikinkukot vuodattivat suuressa surussaan kyyneleitä *Shakuntalan* lähtiessä niiden luota. Ja jasmiini, jota hän rakasti eniten, kiersi jopa köynnöksensä *Shakuntalan* jalan ympärille kuin estääkseen häntä lähtemästä."

Keskeyttäen syvällisten sanojensa virran Amma katsoi mangopuuta. Hän pysytteli jonkin aikaa hiljaa katse puuhun kiinnittyneenä. Sitten hän kääntyi sisään päin. Amman istuessa silmät suljettuina kyyneleet valuivat pitkin hänen poskiaan. Ehkä hän tunsi myötätuntoa mangopuuta kohtaan. Ehkä hänen kyyneleensä olivat jotakin muuta, mikä jää meille ikuiseksi arvoitukseksi.

Älä ole itsekeskeinen

"Amma, olemme pahoillamme varomattomuudestamme", mumisi eräs *brahmachari* aidon katuvalla äänellä. "Tarkoituksemme ei ollut tuhota puuta".

Avaten silmänsä Amma sanoi: "Mikä vahinko, että tuhoamisesta on tullut nykyihmisen tunnusmerkki. Kukaan ei vilpittömästi halua toiselle hyvää. Ihmisistä on tullut hyvin itsekeskeisiä ja itsekkäitä. He haluavat tuhota toisensa. He haluavat tuhota kaiken. Tuhoamisen ajatus syntyy, kun ahneus ja itsekkyys valtaavat ihmisen. Rakkaus ja myötätunto ovat yhdistävä voima. Vain ne voivat luoda tunteen ykseydestä ja yhteistyöstä. Kun ihminen ajattelee vain itseään ja omia halujaan, hänestä tulee kapeakatseinen. Hänestä tulee lähes sokea eikä hän näe muuta kuin itsensä ja hyvin itsekkään pienen egonsa.

Amma on kuullut tarinan nuorista miehistä, jotka halusivat erään henkisen mestarin opetuslapsiksi. Mestari käski oppilasehdokkaiden katsoa kaivoon ja kertoa, mitä he näkivät. Yhtä lukuunottamatta kaikki sanoivat näkevänsä vain oman kuvansa vedessä. 'Ettekö näe mitään muuta?' kysyi mestari nuorilta miehiltä vielä kerran. Kaikki muut vastasivat kieltävästi, paitsi yksi, joka sanoi: 'Kyllä, minäkin näen kuvani vedessä, mutta lisäksi näen kaivon ympärillä kasvavien kasvien ja puiden heijastuksen.' Mestari hyväksyi tämän nuoren miehen opetuslapsekseen ja muille hän sanoi: 'Näitte vain oman kuvanne. Se osoittaa teidän olevan itsekeskeisiä. Mutta tämä nuori mies näki muutakin. Hän näki myös kasveja ja puita. Tämä osoittaa, että hän ei ole itsekeskeinen. Hän näkee selvemmin kuin te. Hänet minä hyväksyn opetuslapsekseni'.

Lapset, itsekeskeinen ihminen ei tunne myötätuntoa eikä rakkautta. Sellaisesta henkilöstä voi tulla vahingollinen yhteiskunnalle. Hän saattaa tuhota kovin helposti ja tarpeettomasti. Tarkoituksellinen tuhoaminen on pahuutta. Jotkut valtiot ovat tarpeettomasti hyökänneet muihin maihin vain edistääkseen omia etujaan. Itsekkyys, ahneus ja itsekeskeisyys ovat kaikki pahuutta. Pahuus saa helposti ihmismielet valtaansa. Lapset, älkää antako pahuuden voittaa mieltänne. Tieten tahtoen tehty tuhoaminen on syntiä. Älkää antako synnin nujertaa teitä. Tuhoavan mielen omaava henkilö on julmuuden riivaama, koska hän on täysin tunteeton. Itsekeskeisenä hän ei kykene huomaamaan kaiken ykseyttä, sillä hän ei pysty näkemään tai tuntemaan kaikessa olevaisessa olevaa elämää. Kaikki mitä hän näkee on 'irrallaan' hänestä. Rakkauden ja myötätunnon puutteessaan hän ei kykene havaitsemaan kaikessa olevaa elämää, hän näkee vain elotonta materiaa. Tämä asenne tekee hänestä tuhoavan.

Tuhoava ihminen on täynnä vihaa ja suuttumusta. Nuo ominaisuudet tekevät ihmiset sokeiksi saaden heidät tuhoamaan toisiaan. Joka puolella maailmaa ihmiset tappavat toisiaan. Näin käy, kun suuttumuksen ja vihan tuhoava voima saa ihmismielet valtaansa. Mutta ihmisen todellinen luonto on tietoisuus. Ihminen on Jumala, mutta hän on unohtanut sen. Mikä vahinko! Millainen lankeaminen! Millainen taantumus!

Jumala oli kerran huolissaan kolmesta maasta, jotka olivat alituisesti sodassa keskenään. Jokainen niistä halusi hävittää kaksi muuta kansoineen. Eivät ainoastaan niiden johtajat, vaan myös tavalliset ihmiset vihasivat kahta muuta maata. Lopulta Jumala kutsui koolle maiden edustajat. Jumala kysyi heiltä: 'Lapsikultani, miksi tappelette ja riitelette tuolla lailla? Missään ei ole rauhaa, ja ihmiset elävät jatkuvassa pelossa. Kertokaa minulle, mitä te haluatte. Miksi taistelette, vaikka minä olen olemassa täyttääkseni kaikki toiveenne? Tulkaa. Jos teillä on ongelmia, kertokaa minulle. Minä ratkaisen ne, mutta tuhoamisen on loputtava.'

Kääntyen ensimmäisen maan edustajan puoleen Jumala kysyi: 'Kerro minulle, mitä te haluatte.' Tämä katsoi ylimielisesti Jumalaa ja sanoi: 'Ensinnäkin, emme usko sinun olemassaoloosi. Meillä on omat johtajamme, joihin uskomme. Jos haluat meidän uskovan sinuun, sinun on annettava meille todiste voimastasi.'

'Minkälaisen todisteen haluatte?' Jumala kysyi. Osoittaen sormellaan toisen maan suurlähettilästä ensimmäisen maan edustaja sanoi: 'Tuhoa hänet ja hänen maansa. Hävitä heidät täysin. Jos kykenet siihen, uskomme sinuun. Rakennamme temppeleitä, kirkkoja ja moskeijoita sinulle, ja rohkaisemme kansaamme palvomaan sinua.'

Jumala oli niin järkyttynyt kuullessaan ensimmäisen maan toivomuksen, että meni sanattomaksi. Jumalan hiljaisuus sai edustajan puhumaan jälleen. 'Selvä. Hiljaisuutesi tarkoittaa, että et pysty siihen. Hyvä niin, ei se haittaa. Koska et voi tehdä sitä, me teemme sen joka tapauksessa. Se voi viedä meiltä vähän kauemmin, mutta ei se mitään.'

Nyt Jumala kääntyi toisen maan edustajan puoleen. Toisen maan ihmiset olivat uskovaisia, joten Jumala ajatteli heidän edustajansa vastaavan sopivammalla ja hyväksyttä-vämmällä tavalla. Kuitenkin suurlähettiläs vastasi Jumalan kysymykseen siitä, mitä he halusivat, seuraavasti: 'Jumalani, toiveemme on hyvin pieni. Emme halua nähdä ystäväämme, ensimmäistä maata kartalla lainkaan. Poista heidän maansa ja nimensä ja jätä tilalle tyhjä tila. Kuitenkin, Jumalani, jos et tee sitä armollasi ja siunauksellasi, me teemme sen ilman muuta armeijoillamme sinun nimissäsi.'

Nyt Jumala oli todella järkyttynyt. Jos nekin, jotka uskoivat häneen, puhuivat tällä lailla, miten mahtoivatkaan suhtautua ne, jotka eivät uskoneet? Hän seisoi jonkin aikaa mykkänä. Lopulta hän kääntyi suurin toivein kolmannen maan edustajan puoleen, joka vaikutti hyvin kohteliaalta ja herrasmiesmäiseltä. Tämä hymyili Jumalalle ja tervehti häntä yhteenliitetyin käsin. Ele täytti Jumalan sydämen toiveikkuudella. Hän huokaisi ja ajatteli: 'Onneksi edes hän ymmärtää minua. Voin tuntea oloni onnelliseksi ja tyytyväiseksi ajatellessani, että voin pelastaa ainakin yhden maan tuhon tieltä.' Vastaten edustajan hymyyn Jumala kysyi: 'Niin, poikani, mikä on toivomuksenne?'

Lähettiläs kumarsi vielä kerran ja sanoi sitten tyynesti: 'Jumalallinen Herra, meillä ei ole omia toiveita. Ole myötätuntoinen ja täytä näiden molempien maiden toivomukset, silloin myös meidän toiveemme käy toteen!'

Tällainen on kaikkien kansojen, kaikkien ihmisten asenne. Hävitä, hävitä, hävitä. Lapset, lopettakaa tuhoaminen. Se tie ei ole teitä varten. Teidän tienne on rakkaus ja myötätunto. Teidän tienne on eläytyminen, toisten tuskan ja onnen tunteminen ominanne.""

Gayatri toi Ammalle juoman, mutta tämä kieltäytyi siitä sanoen: "Amma ei halua syödä eikä juoda nähtyään mitä hänen lapsensa ovat tehneet. Heidän ajattelematon ja ymmärtämätön tekonsa on aiheuttanut suurta tuskaa hänen sydämessään." Kääntyen *brahmacharien* puoleen hän jatkoi: ”Väärästä näkemyksestänne johtuen olette tuhonneet elämää. Teidän tulisi katua. Ette saa toistaa tällaista virhettä. Mutta koska ette tunne vähäisintäkään huolta tarpeettomasti tuhoamastanne elämästä, Amma ei halua syödä eikä juoda tänään.”

Ajatus siitä, että Amma ei söisi eikä joisi heidän takiaan, sai *brahmacharit* hyvin katuviksi ja surullisiksi. He eivät olleet tulleet ajatelleeksikaan, että asiat saisivat näin yllättävän käänteen. Amman alettua kertoa tarinoita kaikki olivat luulleet mangopuun tapauksen tulleen loppuunkäsitellyksi ja hälyn olevan jo ohi. Mutta Amman ilmoitus järkytti heitä jälleen.

Amma meni uudestaan puun luo. Tällä kertaa hän syleili sitä ja suuteli sen runkoa. Ikäänkuin olisi puhutellut puun sisintä olemusta tai sitä hallitsevaa jumaluutta hän sanoi: “Lapseni ovat toimineet harkitsemattomasti. He ovat tietämättömiä. Pidän sitä omana syynäni. Kuinka muuten voisi ollakaan? En ole opettanut heitä riittävän hyvin ymmärtämään ja tuntemaan, että kaikessa luodussa on elämää. Pyydän anteeksiantoasi lasteni puolesta. Anna heille anteeksi heidän tietämätön tekonsa.” Amma syleili puuta vielä kerran ja suuteli sitä ennen kuin ryhtyi kävelemään suoraan kohti *ashramia*.

Äidin outo mutta samalla suurenmoinen käytös tarjosi jokaiselle loistavan esimerkin nöyryydestä ja rakkaudesta. Kaikki *brahmacharit* ja asukkaat häpesivät. He eivät olisi voineet kuvitellakaan, että joku pyytäisi anteeksiantoa puulta. Kukapa muu niin voisi tehdäkään kuin sellainen, joka näkee elämän kaikkialla? Kuka muu voisi antaa tuollaisen esimerkin nöyryydestä ja myötätunnosta kuin henkilö, joka on rakkauden ja myötätunnon täyttämä ja asettunut pysyvästi tuohon perimmäiseen tilaan? Kuinka kukaan, joka vilpittömästi haluaa seurata henkistä tietä, voisi milloinkaan unohtaa tämän tapauksen? *Sadhaka* ei voi koskaan unohtaa tiettyjä opetuksia ja kokemuksia Amman kanssa eikä hänen tekemiään epätavallisia asioita. Hän vaalii sellaisten tapahtumien muistoa ikuisesti sydämessään, olemuksensa sisimmässä sopukassa.

Katuvina *brahmacharit* seurasivat Ammaa anellen epätoivoisesti: "Amma, älä paastoa! Emme tee tätä virhettä enää. Amma, pyydämme, älä paastoa. Emme tee tällaista enää. Amma..."

Äiti vaikutti sulkeneen korvansa heidän aneluiltaan. Hän oli juuri nousemaisillaan portaita ylös huoneeseensa, kun yhtäkkiä *Nedumudi*, se *brahmachari*, jonka ajatus puun siirtäminen oli ollut, puhkesi kyyneliin. Hän itki ja vaikeroi: "Anna minulle anteeksi! En koskaan enää tee tällaista virhettä. Tästä lähtien en tee mitään kysymättä sinulta ensin neuvoa. Syy oli täysin minun, Amma. Olet antanut minulle hyvän opetuksen. Älä paastoa, Amma! Minä paastoan itse niin monta päivää kuin käsket. Mutta pyydän, Amma, et saa kiduttaa kehoasi. Minun tässä tulee kärsiä! Vuodatit kyyneleitä ja pyysit puulta anteeksi, eikä se liikuttanut minua lainkaan. Millainen ego minulla onkaan! Kuinka syntinen olenkaan!" Hän alkoi takoa käsillä päätään.

Amman sydän suli *brahmacharin* hädän edessä. Hän kääntyi tämän puoleen ja tarttui tämän molempiin käsiin. "Poikani... poikani... Amman rakas poika. Älä huolehdi. Amma ei paastoa. Älä hakkaa itseäsi. Olet katunut tarpeeksi. Rauhoitu nyt. Amma syö kyllä."

Edellä kuvattu tapaus on hyvä esimerkki siitä, kuinka Amma rankaisee lapsiaan näiden virheistä. Oikeastaan rangaistus on väärä ilmaus, sillä se on liian kielteinen sana käytettäväksi tässä yhteydessä. Amma ei rankaise lapsiaan. Hän yksinkertaisesti tekee heidät tällä tavoin tietoiseksi virheistään. Kun väärintehnyt oivaltaa, että "olen tehnyt tämän virheen, minun ei olisi pitänyt tehdä sitä, minun tulee katua", on hän jälleen oikeilla jäljillä. Voidakseen paikata tai hyvittää virheen on siitä tultava ensin tietoiseksi. Jos oppilas ei ymmärrä tehneensä virhettä eikä sitä, että tietty heikkous muodostaa haittaavan esteen polulla, kuinka hän voisi voittaa tai poistaa sen?

Amma osoittaa meille meidän heikkoutemme ja virheemme. Hän ei aina jää odottamaan sitä, että itse aikanamme oivaltaisimme työtä vaativat alueemme, vaan edesauttaa tuon oivalluksen syntymistä luomalla siihen vaadittavat olosuhteet. Ja sen hän tekee näyttämällä esimerkkiä. Sellainen, joka näkee ja ymmärtää tuollaisen esimerkin, ei kovin helposti tee samaa virhettä uudestaan. Amman antamat esimerkit ja syvälliset neuvot auttavat etsijää pysymään valppaampana ja huolellisempana. Ne innoittavat häntä käyttämään ymmärrystään ennen jokaisen tehtävän suorittamista ja ennen jokaista päätöksentekoa. Täten Amman niinkutsutut rangaistukset ovat tienviittoina toimivia arvokkaita kokemuksia, jotka opastavat hänen lapsiaan pysymään oikealla tiellä. Amman antamia oppitunteja ei voi kutsua varsinaisesti rangaistuksiksi. Ne ovat itse asiassa siunauksia, moitteiden ja rangaistusten muodossa tulevia siunauksia.

Amma istuutui portaikon alimmalle rappuselle. *Nedumudi* jatkoi itkemistään kasvot käsien peittäminä. Amman silmät täyttyivät myötätunnosta hänen silittäessään hellästi *Nedumudin* päätä. *Gayatri* piteli yhä Ammalle tuomaansa juomaa. Nyt Amma otti juoman *Gayatrilta* ja siemaisi sitä. Nostaen itkevän *brahmacharin* pään ylös Amma kaatoi vähän vettä tämän suuhun. Sitten hän teki saman muillekin ja pian kaikki hymyilivät. He olivat onnellisia saadessaan Amman siunauksen ja tietäessään, että hän ei aikonut paastota. Amma hymyili kaikille vielä kerran ja sanoi: "Lapset, jokaisen mieli on levoton, tyynnytäänpä nyt." Sitten hän alkoi laulaa *Paurnami ravil* –laulua:

Paurnami ravil

Oi Äiti,
Sinä olet kuunvalon loiste
täydenkuun yönä taivaalla.
Olet kevätilta,
joka saapuu kukkien peittämässä
kauniissa, tuoksuvassa kantotuolissa.

Oi Äiti,
olet loistelias ääni,
joka syntyy tamburan lempeissä kielissä.

Olet lyyrinen runo
runoilijan rikkaassa mielikuvituksessa.

Olet se, johon seitsemän alkuväriä
ja nuottia ovat sulautuneet.
Olet kukkien tuoksu,
sateenkaaren kauneus
ja tuulenhenkäyksen viileys.

Ilmapiiri tyyntyi ja rauhoittui ja kaikki olivat jälleen yhtä mietiskelyn arvoista kokemusta rikkaampia.

Mahatma ei voi tuhota

Lauantaina 15. syyskuuta 1984

Aamumeditaatio oli meneillään. Amma istui kookospalmujen keskellä *ashramin* asukkaitten ympäröimänä. Hän tarkkaili jokaista nähdäkseen, meditoivatko he asiaankuuluvalla *sraddhalla,* tarkkaavaisuudella. Meditaatio kesti puoli kymmeneen, mutta kukaan ei puhunut eikä liikahtanut vielä vähään aikaan sen jälkeenkään. Lopulta yksi *brahmachareista* esitti kysymyksen: "Amma, sanoit, että rakkaudellinen ja myötätuntoinen ihminen ei voi tuhota elämää. Mutta *Krishna* ja *Rama* tappoivat useita ihmisiä. Jeesus rankaisi temppelissä kauppaa tekeviä rahanvaihtajia. Nämä mestarit tunnetaan rakkauden ja myötätunnon ruumiillistumina, ja kuitenkin he vahingoittivat elämää. Eivätkö nämä asiat ole ristiriidassa keskenään?"

"Ensinnäkin", Amma aloitti, "teidän tulisi muistaa, että *Rama* ja *Krishna*, sen lisäksi, että he olivat täydellisiä olentoja, olivat myös kuninkaita. *Rama* oli kuningas ja *Krishna* kuninkaitten tekijä. Hallitsijoina heidän ensimmäinen ja tärkein velvollisuutensa oli suojella maataan ja kansaansa vaaroilta. Aina kun jossain nousi uhka oikeamielisyyttä kohtaan, heidän oli taisteltava tuhotakseen epäoikeudenmukaiset ja pahat voimat. He taistelivat ainoastaan julmia kuninkaita ja pahoja voimia vastaan.

Rama ja *Krishna* olivat kaikkiallisen voiman ruumiistumia. He olivat Jumalan voima ihmishahmossa ja siten heillä oli valta luoda, ylläpitää ja tuhota. Sanoit, että he tuhosivat elämää. Mutta etkö tiedä, että he myös loivat ja ylläpitivät elämää? Suurissa eepoksissa kuvataan monta sellaista tapausta. Meillä ei ole valtaa luoda eikä ylläpitää, ja silti jatkamme tuhoamista etsien aina tekosyyn toimin-nal-lemme. Kun näemme muiden tekevän samoja asioita kuin me itse, luulemme sen antavan oikeutuksen kurjinpiinkin tekoihimme. Tunnemme tekojemme olevan oikeutettuja voidessamme vedota siihen, että meitä korkeammassa asemassa oleva henkilö tekee samoin. Tiedämme tekeväm-me väärin, mutta meidän on etsittävä syyllinen muualta. On naurettavaa syyttää Jumalaa virheistämme. Jumala on Luoja, koko maailmankaikkeuden Luoja, kun taas ihminen on hänen luotunsa. Jumala on kaikkivaltias, kaikkialla läsnäoleva ja kaikkitietävä, kun ihminen sen sijaan on kehonsa, mielensä ja älynsä sitomana rajallinen. Kun Jumala tai *guru* toimii täydellisestä ja puhtaasta tietoisuudesta käsin, ihminen toimii tietämättömyydestä.

"*Rama*, *Krishna* ja *Jeesus* olivat kaikkivaltiaita, kaikkialla läsnäolevia ja kaikkitietäviä. Sanoessasi *Krishnan* tappaneen unohdat samalla sen, että hän myös antoi elämää. Muistatko, kuinka hän herätti *Arjunan* lapsenlapsen henkiin? Lapsi syntyi kuolleena, mutta *Krishna* antoi tälle elämän. Sama *Krishna* antoi ihmiselämän korkeimman täyttymyksen, vapautuksen metsästäjälle, jonka ampuma nuoli surmasi hänen kehonsa. On sanottu, että kaikki hänen surmaamansa ihmiset vapautuivat ikuisesti syntymän ja kuoleman kehästä.

Kun tapat tai tuhoat jonkun tai jotakin, pidennät vain omaa *karmista* ketjuasi. Tuhoava mielesi – suuttumuksesi, vihasi, itsekkyytesi tai ahneutesi – saa sinut tekemään sellaista. Sinussa oleva viha tai ahneus tai itsekkyys houkuttaa sinut tekemään pahaa, ja tuo teko puolestaan jälleen lisää vihaasi, ahneuttasi, itsekkyyttäsi. Se puhaltaa lisää ilmaa egosi ilmapalloon, ja paisut entistä enemmän.

Joka kerran, kun toimit itsekkäästi, vihaisesti tai ahneesti, lykkäät myöhemmäksi täydellisyyden tilaan, ikuiseen vapauteen pääsyäsi.

Jos et välitä siitä, kuinka monta elämää aiot elää tai kuinka paljon sinun täytyy kärsiä, se on oma valintasi. Mutta vahingoitat samalla muita ihmisiä. Saat heissä aikaan kielteisiä tunteita olemalla vihainen ja toimimalla ahneesti tai itsekkäästi, et pelkästään haavoittamalla tai tappamalla. Kielteiset tunteesi vetoavat myös heidän kielteisyyteensä. Myös he tulevat kärsimään lisäten *karmista* taakkaansa ja joutuessaan syntymään uudestaan heillä on entistä enemmän *vasanoita.* Näin olet omalla vihallasi ja itsekkyydelläsi lisännyt jonkun muun ihmisen *karmisen* ketjun pituutta. Olet vastuussa siitä, koska se tapahtui sinun vihasi ja ahneutesi vuoksi. Tällaista tuhoa saat aikaan.

Tämä pätee myös kasvien ja muiden elämänmuotojen kohdalla. Tuhotessasi niitä et toimi rakkaudesta ja myötätunnosta, vaan enimmäkseen suuttumuksen, vihan, itsekkyyden ja ahneuden vuoksi. Joka kerran, kun tuhoat kasvin tai eläimen, vapautat kielteisten tunteittesi värähtelyjä. Nuo kielteiset värähtelyt aiheuttavat kärsimystä kyseiselle elämänmuodolle. Mitä annat niille, palaa sinuun. Rakastaes-sasi ja tuntiessasi myötätuntoa niitä kohtaan samat myönteiset tunteet palautuvat sinulle. Mutta jos rakkaus ja myötätunto puuttuvat, voiko enää esiintyä muunlaisia tunteita kuin kielteisiä? Jotkin eläimet, kuten käärmeet, voivat iskeä takaisin ihmisen käyttäytyessä julmasti. Myös joillakin kasveilla on hieman puolustuskykyä, mutta yleensä ottaen ne eivät kykene puolustautumaan tai iskemään takaisin. Ne eivät kykene ilmaisemaan vihastumistaan, pelkoaan tai rakkauttaan, eivät ainakaan sillä tavoin, että suurin osa ihmisistä kykenisi sen ymmärtämään tai havaitsemaan. Pyhimykset sanovat, että kasvit pystyvät ilmaisemaan tunteensa, mutta tavalliset ihmiset eivät kykene huomaamaan niitä. Tämän päivän moderni tiede on rakentanut välineitä, joilla voidaan havaita ja rekisteröidä kasvien tunteita, ja joissakin tapauksissa jopa mitata noiden tunteiden voimakkuuksia. Näin tiedemiehet ovat havainneet, että rakkaudeton toiminta ja myötätunnon puute saa myös kasvit kärsimään. Vahingoittamalla niitä pidennät niiden *karmaa*. Sinun itsekkyytesi estää niiden kehitystä kohti korkeampia elämänmuotoja ja ikuisen vapauden saavuttamista. Lapset, mitä ajattelette? Ettekö aiheutakin vahinkoa niille? "

Amma keskeytti puheensa, kun *Sarasamma*-niminen nainen tuli ja kumartui hänen eteensä. *Sarasamma* alkoi valittaa pojastaan, joka oli hänen mielestään hyvin tottelematon. Nainen itki puhuessaan ja painoi päänsä Amman olkapäätä vasten. "Älä huolehdi, tyttäreni", Amma sanoi. "Hänellä tulee olemaan kaikki hyvin. Hän käyttäytyy tuolla tavoin vain ikänsä vuoksi. Hän on tulossa teini-ikään. Eikö niin? Siksi hänen pitääkin olla nyt sellainen. Tämä on vaihe, jossa hänen epäkypsä egonsa on huipussaan. Tässä vaiheessa elämää nuoret ihmiset alkavat tuntea pystyvänsä seisomaan omilla jaloillaan. Heistä tuntuu, että he eivät tarvitse kenenkään neuvoja tai opastusta. Heistä alkaa tuntua, että heidän vanhempansa ja muu yhteiskunta on hallinnut heitä kaikki nämä vuodet ja nyt he haluavat olla vapaita. Poika haluaa vain olla riippumaton. Hän ei halua kuunnella eikä totella ketään. Mikään neuvo ei mene perille. Hänestä tulee niin ylimielinen, että hän sulkee sydämensä eikä ole avoin millekään. Hän luulee tietävänsä jo kaiken. Hänestä tuntuu, että hänen tähänastinen elämänsä on ollut pimeyden täyttämää, että hänen vanhempansa ovat pitäneet häntä vankilassa ja nyt hän on vapaa. Nyt hän on kuin juuri kukkaan puhjennut kasvi, pää pystyssä. Kukka ei tiedä, että pian se kuihtuu ja sen pää taipuu alas. Nuori teini-ikäinen kävelee tällä tavoin ylpeyden kehä ympärillään välittämättä kenenkään käskyistä ja kielloista, torjuen kaiken. Mutta kun hän siirtyy todelliseen elämään, hänen egonsa murskautuu. Hänet pakotetaan painamaan päänsä alemmas. Elämä antaa hänelle oppitunteja. Jonkin ajan kuluttua hänen egonsa kypsyy, ja hänellä tulee olemaan parempi ymmärrys elämästä. Silloin hän nöyrtyy. Hän oppii tottelemaan.

Kun juuri palvelukseen astunut poliisi raportoi ensimmäisestä tehtävästään kadulla, hän on täynnä itseään. Hänen ylimielisyytensä saattaa johtaa hänet tekemään kömmähdyksiä kuten pidättämään väärän henkilön tai pahoinpitelemään jonkun ilman järkevää syytä. Hän esittelee valtaansa, se nousee hänen päähänsä tehden hänet sokeaksi. Tämä on melko luonnollista. Mutta pian hän oppii kokemuksistaan. Jos näet saman poliisin muutaman vuoden päästä uudestaan, hän on erilainen. Et ehkä edes tunnista häntä. Hänen egonsa on kypsynyt ja näin hänen koko persoonallisuutensa ja olemuksensa on muuttunut. Elämä ojentaa meitä, kunnes opimme läksymme.

Tyttäreni, sama pätee myös poikaasi. Älä ole liian kiihdyksissäsi tai peloissasi hänen puolestaan. Hän on kuin juuri palvelukseen astunut poliisivirkailija." Kaikki nauroivat, myös *Sarasamma*.

"Pian hänellä on kaikki hyvin", Amma jatkoi. "Odota vain. Ole hieman kärsivällisempi. Ja muista lähettää hänet tänne. Sano hänelle, että Amma haluaisi tavata hänet."

"Hän tulee varmasti, kun kuulee Amman kutsuneen hänet." *Sarasamma* näytti onnelliselta, hän tunsi selvästikin saaneensa lohtua.

Kun *Sarasamma* lopetti puhumisen, Amma poistui yhtäkkiä tavalliselta tietoisuuden tasolta toiseen maailmaan. Kädet ojennettuina hän alkoi laulaa *Chintakalkkantyam*–laulua:

Chintakalkkantyam

Oi ikuisen autuuden loistava valo,
joka sarastat, kun kaikki ajatukset lakkaavat;
olen jättänyt riemuiten kaiken
ja mietiskelen nyt kultaisia lootusjalkojasi.

Kun Sinä olet kanssani, aivan omanani,
en tarvitse muita sukulaisia,
Poistan kiireesti itsekkyyden
aiheuttaman tietämättömyyden.
Mieleni ei tunne enää surua
Sillä mielihalun kukkanen on lakastunut.
Sulautukoon mieli häikäisevään loistoon
ja nauttikoon ikuisesta rauhasta.

Tule ja asusta minussa.
Auta minua olemaan kuten ilma,
kosketuksissa kaikkeen,
muttei sidoksissa mihinkään.
Mieti, oi ihminen!
Eikö elämäsi ole eläimellistä?
Mikä on elämäsi todellinen tarkoitus?

Kun laulu loppui ja Amma palasi takaisin tavalliseen tietoisuudentilaansa yksi *brahmachareista* sanoi: "Amma, vastauksesi kysymykseen *Ramasta*, *Krishnasta* ja elämän tuhoamisesta taisi jäädä kesken."

"Aivan oikein", Amma jatkoi. "Sanot, että *mahatmat* tuhoavat elämää kuten muutkin. Mutta eivät he voi tuhota elämää. *Mahatmat* ovat ihmiskunnan ja koko luomakunnan suuria pelastajia. Silloinkin, kun he tuhoavat ja tappavat, he todellisuudessa puhdistavat ja pelastavat. Kaikki heidän aiheuttamansa tuho on sitä vain pinnalta katsottuna. He eivät voi tappaa tai tuhota, sillä heillä ei ole egoa. He ovat tietoisuus. Tietoisuus ei voi tappaa eikä tuhota. Vain egon omaava henkilö voi tehdä niin.

Kun *Rama* tai *Krishna* tappoivat jonkun, he eivät tunteneet lainkaan suuttumusta tai vihaa. Kuten aina, he olivat täysin epäitsekkäitä ja takertumattomia. Jopa silloin he olivat täynnä rakkautta ja myötätuntoa. Vaikka katsoja on saattanut nähdä heidät ulkoisesti hurjana, tuon pinnan alla on ollut ääretön rakkaus ja myötätunto. *Mahatma* ei ole kiintynyt kehoonsa. Keho saattaa suuttua, mutta Itse ei. Itse on vain sivustaseuraaja. Ulkoisesti ilmenevä suuttumus ja viha ovat vain naamioita. *Mahatmat* ovat jumalallisen energian ja värähtelyn täyttämiä, joten he ilmentävä vain sitä. Heidän ei tarvitse edes ilmentää jumalallista energiaa, sillä he yksinkertaisesti ovat sitä. Jumalan uhri tuntee tämän jumalaisen energian jopa viimeisellä henkäyksellään. Hänestä tulee rauhallinen ja tyyni. Hän sulautuu Jumalaan tai saavuttaa korkeamman jälleensyntymän, ylevän uuden syntymän, täynnä yleviä ominaisuuksia.

Vaikka uhri olisi tuntenut suuttumusta tai vihaa Jumalaa kohtaan, ei siitä olisi syntynyt heille uutta *karmaa*, sillä Jumala on tietoisuus. Uhrin kielteiset tunteet ovat purkautuneet saamatta aikaan vastavaikutusta, ja siksi mitään negatiivisuuden kehää ei synny. Nuo tunteet vain sulautuvat avaruuteen, tietoisuuteen. Täten uhrien egot sulavat pois ja katoavat ja heidän sielunsa puhdistuvat ja muuttuvat. Tällöin heidän *vasanansa* tuhoutuvat ja he joko ylittävät *karman* kehän tai saavuttavat korkeamman jälleensyntymän. Vasanoiden hävittyä sielu on vapaa kaikista maallisista kahleista.

Niinpä *mahatman* ja tavallisen kuolevaisen suorittamaa tappoa tai tuhoamista ei voida verrata toisiinsa. *Mahatmat* siunaavat uhrinsa korkeammalla jälleensyntymällä tai joskus jopa vapautuksella. Ja näin ollen heidän suorittamaansa niinkutsuttua tappoa tai tuhoa voidaan pitää ainoastaan siunauksena. *Mahatma* on todellinen pelastaja ja ihmiset ovat todellisia tuhoajia. Vaikka *mahatma* kaataisi puun, vaikka hän vahingoittaisi tai loukkaisi jotakuta, on se kohottavaa. Uhri tulee todellisuudessa autetuksi, hänet viedään korkeammalle tietoisuudentasolle. Koska me katsomme asiaa ulkopuolelta, näemme ainoastaan aiheutuneen tuhon. Vasta kun olemme kehittäneet henkisten harjoitusten avulla hienoviritteisen silmän ja mielen, voimme nähdä sen suuren palveluksen, jonka *mahatma* tekee niinkutsutulla tapollaan. He tappavat ainoastaan egon vapauttaen yksilöllisen itsen kielteisyyden otteesta. Koska heidän vaikutuksessaan tapahtuva muuntuminen tai puhdistuminen on niin hienosyistä, *mahatman* toimien näkeminen ja ymmärtäminen vaatii hienosyistä silmää ja mieltä. Ollessamme egojemme sokaisemina emme voi todella nähdä, mitä he tekevät. Ulkoinen silmä on egon silmä. Todellinen silmä on sisäinen silmä, kaikkien mielten mielen perimmäinen silmä. Vain tuo silmä läpäisee kaiken."

Amma nousi pystyyn ja kiipesi portaat huoneeseensa. *Gayatri* seurasi perässä *brahmacharien* jäädessä seisomaan silmät naulittuina Äitiin tämän noustessa portaita. Vielä senkin jälkeen, kun hän oli kadonnut näkyvistä, he paistattelivat hänen olemuksensa säteilevän loistokkuuden jälkiväreilyssä.

8. luku

Amma muistaa jokaisen

Torstaina 20. syyskuuta 1984

Aivan kuin osoittaakseen todeksi Amman sanat siitä, että *mahatmat* ovat elämän pelastajia sen kaikissa moninaisissa muodoissa, siirretty mangopuu versoi uusia lehtiä. Kaikki olivat pitäneet puuta kuolleena. Se oli pudottanut kaikki lehtensä ja sen nuori varsi oli kuihtunut. Mutta pian sen jälkeen, kun se oli saanut Amman huomion osakseen, se alkoi osoittaa elonmerkkejä. Ja nyt, kaikkien suureksi helpotukseksi, se näytti jälleen terveeltä ja hyvinvoivalta. Vasta nyt *ashramin* asukkaat oivalsivat mikä merkitys oli ollut sillä, että Amma oli syleillyt ja suudellut puuta. Niin tehdessään hänen oli täytynyt siirtää siihen uutta elämää. Kuka voisikaan ymmärtää *mahatman* tekojen merkitystä, elleivät he itse paljasta sitä meille?

Tänä päivänä *ashramiin* saapui oppilas, joka ei päässyt käymään kovinkaan usein ja hän sanoi Ammalle: "Olen fyysisesti kaukana sinusta suurimman osan ajasta. Vain harvoin näen sinua useammin kuin kerran kuussa. Muistatko minua koskaan poissa ollessani, Amma?"

"Amma muistaa jokaisen!", hän vastasi nauraen. "Kuinka Amma voisi unohtaa ketään, kun koko maailmankaikkeus on hänen sisällään? Te kaikki olette osia Ammasta. Kuinka kokonaisuus voisi unohtaa osan? Osa on olemassa kokonaisuudessa. Osa saattaa luulla olevansa erillään kokonaisuudesta, mutta kokonaisuus, kaikkiallinen sielu, tietää, että osa ei ole siitä erillinen. Tuo kaiken pohjana oleva sielu on puhdasta ja ylimaallista rakkautta. Se ei voi nähdä osaa erillisenä itsestään, siispä unohtaminen ei ole mahdollista. Amma muistaa teidät aina, mutta on yhtä tärkeää, että te muistatte Amman. Muistaessasi olevasi Amman lapsi, Amman poika tai tytär, Amman opetuslapsi tai oppilas, muistaessasi olevasi aina hänen kanssaan, Amman näkevän kaikki tekosi ja olevan ainoa suojelijasi ja oppaasi, silloin muistat kokonaisuuden - muistat oman todellisen olemuksesi ja kotisi.

Myös henkiset harjoitukset kuten meditaatio ja rukous ovat kokonaisuuden muistamista, myös ne ovat Jumalan muistamista, Jumalan, jossa sinä olet olemassa. Henkiset harjoitukset muistuttavat sinua: 'En ole pelkkä osa, vaan kokonaisuuden osa - itseasiassa olen yhtä kokonaisuuden kanssa.' Kaikki rukoukset ja Jumalan tai *gurun* muistaminen muistuttavat sinua siitä suuresta totuudesta, että et ole erillinen olento etkä pelkkä rajallinen yksilö, vaan että olet hänen, itseasiassa olet Hän. Kun tämä rakastava muistaminen sisälläsi käynnistyy, et voi olla enää koskaan poissa Amman luota eikä Amma ole poissa sinun luotasi.

Egon sokaisema ihminen unohtaa muut, koska hän on itsekäs. Hän elää omassa pienessä maailmassaan ilman minkäänlaista muihin kohdistuvaa huolenpitoa ja myötätuntoa ja hän näkee kaiken erillisenä itsestään. Hänen mielestään hän ja kaikki muut ovat erillisiä olentoja. Hän näkee monta eikä täten voi nähdä elämää kokonaisuutena. Mutta *mahatman* näkemys on täysin erilainen. Tyhjennettyään mielensä täydellisesti ja täytettyään sen rakkaudella ja myötätunnolla hän on tullut egottomaksi. Hän on täysin hereillä ja hänen kaikentäyttävä tietoisuutensa näkee ja kuulee kaiken. Kaikki tapahtuu hänen sisällään. Koko universumi on hänessä. Hän on maailmankaikkeus. Tämä on *Krishnan vishvarupa darshanin* merkitys. Mikään ei ole erillään hänestä. Oivaltaessaan ykseytensä koko luomakunnan kanssa kaikki on hänelle hänen omaansa, häntä Itseään.

Mahatmat elävät rakkaudessa ja myötätunnossa. Yksilöllisen olemassaolonsa unohtaen ja kaikki fyysiset mukavuutensa uhraten he eivät pelkästään muista ja rakasta kaikkia jatkuvasti, vaan he myös palvelevat maailmaa epäitsekkäästi. Koska he ovat kuolleet egolle, he eivät voi ajatella omaa onneaan tai mukavuuttaan. Siksi, poikani, esittämäsi kysymys on vailla pohjaa. Vaimosi, lapsesi, vanhempasi ja ystäväsi voivat unohtaa sinut. Menet pois joksikin aikaa, ja he unohtavat sinut. Aviomiehen kuoltua vaimo saattaa itkeä muistaessaan ihania aikoja, jotka he viettivät yhdessä. Mutta hän oppii pian unohtamaan tämän ja saattaa jopa mennä jonkun toisen kanssa naimisiin. Ja vaimon kuollessa mies menettelee samalla tavoin.

Koska ihmiset ovat rajallisia, egoistisia ja itsekkäitä, näin tapahtuu väistämättä kaikissa maallisissa suhteissa. Tavalliset ihmiset, jotka ovat omien *vasanoittensa* suuren paineen alla, unohtavat väistämättä. Vaimon tai miehen kuoltua kaikki muistaminen tapahtuu todennäköisesti kuolleiden muistopäivänä. Ja ehkä takanreunuksella oleva suurikokoinen kehystetty valokuva herättää muistoja aina silloin tällöin. Saatat huokaista: 'Voi, hän oli hyvä ihminen, mutta mitä minä voin tehdä? Olen avuton. Minun on kuitenkin elettävä, ja siksi olen löytänyt uuden kumppanin. Painostusta tuli kaikkialta.' Sillä selvä. Muistaminen on ohi! Jokaisen muistamisen hetken välissä on pitkä unohduksen jakso.

Mutta *mahatma* on kaikkien tuollaisten heikkouksien tuolla puolen. Hänen sydämensä on yhtä laaja kuin maailmankaikkeus. Hän on ääretön avaruus, johon mahtuu kaikki ja jokainen. Hän ei nuku. Hän on täysin hereillä ja siksi hän ei voi unohtaa.

Poikani, Amma muistaa sinut, eikä vain sinut vaan jokaisen. Kuinka Amma voisi unohtaa ketään, kun hän asuu kaikkien sisimmässä? Lakkaa epäilemästä ja yritä päästä rajallisen näkemyksesi yli. Älä kysy: 'Muistatko koskaan minua?' Älä ajattele olevasi fyysisesti etäällä Ammasta tai näkeväsi Ammaa vain kerran kuussa. Nämä ovat vain mielesi esittämiä kysymyksiä ja epäilyksiä. Lakkaa kuuntelemasta mieltäsi ja alat tuntea Amman sydämessäsi. Silloin tiedät, että Amma ei ole koskaan unohtanut sinua, että olet aina ollut hänessä ja tulet aina olemaan hänessä.

Kuuntele tätä tarinaa. Rakastaja koputti rakastettunsa ovelle. 'Kuka siellä?' rakastettu kysyi sisäpuolelta. 'Minä', vastasi rakastaja. 'Mene pois. Tähän taloon ei mahdu sinua ja minua', kuului vastaus. Torjuttu rakastaja lähti pois valtavan pettyneenä. Hän eli kuukausikaupalla yksin pohtien ja mietiskellen rakastettunsa sanoja. Lopulta eräänä päivänä hän palasi jälleen ja koputti rakastettunsa oveen. 'Kuka koputtaa?' kuului ääni sisältä. 'Sinä', vastasi rakastaja, ja ovi avautui välittömästi.

Rakkaus ei mahduta kahta, rakkaudessa on vain yksi. Rakkaus on *purnam*, täyteys. Kun rakastettua muistetaan jatkuvasti ja antaumuksella, 'sinä' ja 'minä' haihtuvat ja katoavat. Vain rakkaus jää jäljelle. Koko maailmankaikkeus sisältyy tuohon puhtaaseen, jakamattomaan rakkauteen. Rakkaus on loputon, mitään ei voida sulkea sen ulkopuolelle. Rakkaus täyttää kaiken."

Seuraava Amman lausahdus osoittaa hänen todellisen luontonsa, joka on laaja kuin universumi. "Näen koko maa-ilmankaikkeuden pienenä kuplana sisälläni." Ääretön on Amman olemus. *Ananda Viidhi*-laulussa Äiti kuvaa oivalluksen tilaansa seuraavin sanoin: "... Tuosta hetkestä lähtien en kyennyt näkemään mitään erillisenä omasta Itsestäni. Sulauduin *parashaktin* kanssa ja koin ikuisen yhtymisen autuuden. Siten luovuin maailmasta ja kaikesta, mitä se pitää sisällään." Äärimmäisen luopumisen tila on sama kuin korkeimman takertumattomuuden tila. Tuossa tilassa yksilö menee kaikkien muotojen tuolle puolen, menettää yksilöllisen tietoisuutensa ja tulee yhdeksi äärettömyyden kanssa.

"Jos muistat Amman ja rakastat häntä, se riittää. Riittää, jos kykenet muistamaan hänet vilpittömästi ja voimakkaasti kerran päivässä", Amma jatkoi. "Poikani, missä on rakkautta, ei ole välimatkaa tai erossaoloa. Rakkautesi Ammaan pitää sinut hänen lähellään. Rakastat häntä tai et, kykenet tuntemaan hänet tai et, Amma rakastaa sinua ja on sinun kanssasi. Mutta sinä pystyt tuntemaan hänen läheisyytensä ja läsnäolonsa vain, kun rakastat häntä. *Krishnalla* oli tapana tanssia ekstaattisesti *Yamuna*-joen varrella *Vrindavanin gopien* kanssa. Eräänä päivänä *Krishna* yhtäkkiä katosi eikä tullut takaisin pitkään aikaan. *Gopit* joutuivat suuren surun valtaan. Jotkut itkivät ääneen, toiset pyörtyivät, ja muut kutsuivat häntä, '*Krishna, Krishna, Krishna*!' aivan kuin he olisivat tulleet hulluiksi. Herra palasi lopulta myöhään yöllä. Itsensä unohtaen *gopit* juoksivat hänen luokseen ja valittivat: 'Oi *Krishna*, sinä, joka olet niin rakastava seuraajiasi kohtaan, miksi rankaiset meitä tällä tavoin? Miksi katosit ja jätit meidät aivan yksin? Eikö rakkautemme sinua kohtaan olekaan riittävän puhdasta? Oi *Krishna*, sinä olet Herramme ja Jumalamme. Pyydämme, älä hylkää meitä *gopeja*, joilla ei ole muuta turvaa kuin sinun lootusjalkasi.'

"*Krishna* hymyili ja vastasi: 'Minun rakkaani, kuinka voisin olla poissa teidän luotanne, teidän, jotka olette niin täynnä rakkautta minua kohtaan? Jopa hengittämänne ilma on täynnä minun nimeäni ja muotoani. Jopa sydämenne lyönnit laulavat minun ylistystäni. Rakkaat *gopit*, missä on puhdasta ja viatonta rakkautta, siellä ei ole etäisyyttä. Lammikon lootukset kukkivat, vaikka aurinko onkin kaukana taivaalla. Samalla tavoin ovat sydämienne lootukset puhjenneet täyteen kukkaan minuun kohdistuvan rakkau-tenne auringonloisteessa. Me olemme ikuisesti yhtä.' Samoin, lapset, kuinka voisi olla minkäänlaista erillisyyden tai etäisyyden tunnetta muistaessanne jatkuvasti Ammaa rakkaudella ja antaumuksella? Amma on teissä ja te olette Ammassa."

Kuullessaan Amman rauhoittavat sanat oppilas tunsi itsensä onnelliseksi ja katsoi Ammaa ilon hymy kasvoillaan. Sitten hän ilmaisi toiveensa saada laulaa Ammalle. Laulu, jonka hän lauloi, oli *Orunalil varumo:*

Orunalil varumo

Oi taivaallisen autuuden Äiti,
tuletko jonakin päivänä sydämeni pyhäkköön
ikuisesti palavan lyhtysi kanssa?
Vain sen toivon varassa
tämä kerjäläinen vaeltaa.

Oi Devi, etkö siunaisi minua?
Anna sydämesi heltyä.
Olen etsinyt Jumalallista Äitiä kaikkialta.

Oi Äiti, suo minulle armosi.
Helli minua pehmeillä käsilläsi
Oi Äiti, tarjoa minulle turvapaikka,
ennenkuin kaadun maahan väsymyksestä.
Tiedän Sinun asustavan minun sisimmässäni,
mutta milloin koittaa päivä, jolloin oivallan sen?

Epäitsekkyys ja äly

Lauantaina 22. syyskuuta 1984

Myöhään iltapäivällä Amma istui kookoslehdossa *Gayatrin*, *Kunjumolin*, muutaman *brahmacharin* ja muun oppilaan kanssa. Yksi *brahmachareista* kysyi: "Amma, tarvitseeko pyyteetöntä työtä tekevän ihmisen harjoittaa lainkaan *sadhanaa*?"

"Lapset", Amma aloitti, "täydellinen epäitsekkyys tulee mahdolliseksi vasta Itseoivalluksen saavuttamisen myötä. Kaikki ennen tuon tilan saavuttamista suoritetut, pyyteettö-miksi kutsumamme teot ovat pelkkiä yrityksiä saavuttaa epäitsekkyys. Pyyteetön työ on mahdollista vasta, kun ego on kitketty pois juuriaan myöten. Siihen saakka kaikki toiminta on itsekkyyden tahraamaa. Saatat ajatella toimivasi pyyteettömästi, mutta katsoessasi asiaa hieman tarkemmin huomaat, että taustalla on aina jokin omaa etuasi ajava tekijä.

Lapset, epäitsekkyys on tavoite, johon pyrimme. Meditaatio, *japa*, *mantrojen* toistaminen ja muut henkiset harjoitukset yhdessä toiminnan kanssa ovat keinoja tuohon epäitsekkyyden tilaan pääsemiseksi. Meditaation ja toiminnan välillä tulisi aina vallita tasapaino. Pelkkä työ ei voi viedä sinua perille. Toiminta, joka on suoritettu itsestä luopumisen ja rakkauden asenteella, on oikea tie. Toiminnan juurten tulisi löytyä syvältä henkisten periaatteiden maaperästä, muutoin se ei vie sinua päämäärään. Vain oikealla asenteella suoritettu työ voi tehdä sinusta epäitsekkään.

Näemme ihmisten tekevän työtä. Pelkkä työnteko ei voi tehdä ihmisestä epäitsekästä. Ihmiset työskentelevät elantonsa eteen. He työskentelevät saadakseen tunnustusta ja edetäkseen urallaan, ja näin heidän työnsä ainoastaan vahvistaa heidän egoaan. Sellaisesta työnteosta tulee ravintoa egolle. Koska heidän sisällään on yhä runsaasti *vasanoita*, heillä on mielihaluja täytettävänään. Heidän suhtautumisensa työhön on aivan toisenlainen kuin *sadhakan*. Sillä ei ole mitään tekemistä henkisyyden ja keskeisten henkisten periaatteiden kanssa. Tällainen mielihaluista nouseva toiminta ei voi johtaa sinua epäitsekkyyteen. Se ei voi auttaa sinua uppoutumaan syvälle meditaatioon, koska itsekäs toiminta lisää mielen aaltoja, *vasanoita* ja mielihaluja. Vain epäitsekkäällä asenteella suoritettu työ voi auttaa sinua pääsemään syvemmälle meditaatiossa. Ja meditaatiosta alkaa tulla todellista vasta, kun sinusta on tullut aidosti epäitsekäs, sillä nimenomaan epäitsekkyys poistaa ajatuksia ja vie sinut syvälle hiljaisuuteen.

Pyyteettömyyden hengessä suoritettu toiminta on paljon korkeammpaa kuin itsekkäillä motiiveilla suoritettu toiminta. Epäitsekkyyden ihanteen innoittama henkilö on vähemmän takertunut itse toimintaan ja omistautuneempi epäitsekkyyden ihanteelle. Tähän asenteeseen sisältyy oma kauneutensa. Tuntiessasi yhä enemmän ja enemmän pyyteettömän työn autuutta ja iloa astut yhä syvemmälle ja syvemmälle epäitsekkyyden ja meditaation tilaan. Anna aluksi tuon ihanteen innostaa sinua ja rakasta tuota ihannetta. Alkuun tämä vaatii tietoista ja tarkoituksellista yrittämistä. Kun epäitsekkyyden ihanne innoittaa sinua yhä enenevässä määrin, alat työskennellä sydämestäsi käsin. Ilo tulvii työskennellessäsi syvältä sisältäsi, ja lopulta niin tapahtuu yrittämättä.

Pyyteettömän työn lisäksi olisi löydettävä riittävästi aikaa mietiskelyyn, meditaatioon ja rukoiluun. Pyrkiessäsi epäitsekkääseen toimintaan tulet törmäämään erimielisyyksiin ja kiistoihin. Niiden esiintulo on väistämätöntä, erityisesti työskennellessäsi ryhmässä. Erimielisyydet ja kiistat saavat joskus mielesi kuohumaan. Tämä saattaa puolestaan vähentää intoasi ja tarmoasi, ja saatat tuntea itsesi vähemmän innostuneeksi epäitsekkyyden ihanteesta. Suuttumus, viha ja koston ajatukset nousevat esiin. Poistaaksesi tuollaiset kielteiset tuntemukset ja pitääksesi itsesi aina oikeassa hengessä sinun on meditoitava, rukoiltava ja mietiskeltävä. Sinun ei tule antaa minkäänlaisten ajatusten estää henkistä kasvuasi. Sinulla ei tulisi olla negatiivisia tunteita ketään kohtaan.

Lapset, koska nykyisessä mielentilassamme meidän niinkutsutut pyyteettömät tekomme eivät aina ole täysin epäitsekkäitä, meidän on pyrittävä säilyttämään tasapaino toiminnan ja meditaation välillä. Itsetutkiskelu, mietiskely, rukous ja *mantrojen* toistaminen ovat tarpeen henkisen elämän alkuvaiheissa. Kasvaessamme epäitsekkyyden asenteessamme meditaatiostamme tulee yhä syvempää."

Toinen *brahmachari* kysyi: "Amma, voiko oikeanlainen älyllinen ymmärrys viedä Itseoivalluksen tilaan? Vai ovatko täydellinen usko ja puhdas, viaton rakkaus ainoat merkitsevät asiat tuon tilan saavuttamiseksi?"

Äiti hymyili: "Lapset, oikeanlaisen älyllisen ymmärryksen omaavaa henkilöä ei voi enää sanoa 'älylliseksi', koska todellinen älyllinen ymmärtäminen tarkoittaa oikeaa erottelukykyä tai *vivekaa. Viveka* auttaa sinua näkemään selvästi ja ymmärtämään ympäröivien asioiden ja tapahtumien todellisen luonteen.

Pelkästään älyään käyttävällä, älystään ylpeällä ihmisellä on pakkomielteinen luonne. Väärässä ollessaankin hän uskoo vahvasti oman näkökulmansa olevan oikea ja että juuri hän näkee asiat oikeassa valossa. Sellainen henkilö ei pysty kuuntelemaan tai kuulemaan muiden mielipidettä asioista. Jopa silloin, kun toinen ihminen puhuu, hän jatkaa omaa sisäistä puhettaan. Hän on täynnä ideoita ja informaatiota ja odottaa koko ajan toisen lopettavan puheensa, jotta hän voisi aloittaa. Hän ei kuuntele, hän ei ota vastaan mitään. Sellaiset ihmiset eivät pysty antautumaan. He eivät kykene rukoilemaan eivätkä meditoimaan, koska he ovat levottomia ja ajatustensa pyörteissä. Heidän kanssaan on hyvin vaikea tulla toimeen. He saavat ihmiset helposti suutuksiin ja hankkivat itselleen vihamiehiä. Heidän on vaikea uskoa Jumalaan tai *guruun*, koska he eivät voi hyväksyä ajatusta, että kukaan olisi korkeammalla tasolla kuin he. Sellainen ihminen sanoo: 'Olen oma herrani.' Hän on juuttunut älylliselle tasolle eikä kykene näkemään tai menemään sen tuolle puolen. Älyn ylittämiseen tarvitaan uskoa. Suurin osa älyllisistä ihmisistä on käpertynyt itse luomansa kuoren sisään. He eivät pysty tulemaan sieltä ulos, koska tuntevat olonsa siellä turvalliseksi. Kuorensa ulkopuolella heillä on hyvin turvaton olo. Heillä on asioista omat käsityksensä ja teoriansa, ja he ovat hyvin innokkaita esittämään niitä. Pelkästään älyynsä luottava henkilö ei kykene antautumaan täydellisesti, ellei hän sitten kohtaa suurta vaaraa, uhkaa elämälleen tai kuolemanrajakokemusta. Vasta vakavassa uhkatilanteessa hän saattaa huutaa Jumalaa apuun. Kuinka kukaan voisi avautua ja nähdä asioiden takana olevan todellisuuden sellaisena kuin se on, ellei hän antaudu?

Äiti jatkoi: "Muutama kuukausi sitten Amma vieraili talossa, jonka emäntä on harras jumalanpalvoja. Hän käy *ashramissa* nykyäänkin. Käydessään ensimmäistä kertaa Amman luona hänellä oli hyvin vaikeaa miehensä takia, joka oli filosofian professori. Ei-uskovana ja skeptikkona professori ei antanut vaimonsa rukoilla tai meditoida. Hän oli määrännyt tiukasti, että talossa ei saanut olla yhtään jumalan- tai jumalattarenkuvaa. Hän oli myös kieltänyt perhettään lukemasta uskonnollisia tekstejä. Vaimo ja heidän kaksi tytärtään kärsivät suuresti hänen asettamistaan rajoituksista.

Miehen ollessa luentomatkalla vaimo ja lapset tulivat käymään ensimmäisen kerran Amman luona. He itkivät kertoessaan Ammalle vaikeuksistaan kotona. Miehen poissaollessa he kävivät *ashramissa* useita kertoja ja heistä tuli yhä omistautuneempia Ammalle.

Kun mies palasi, hän sai tietää vaimonsa ja lastensa käyneen *ashramissa*. Hän hurjistui, ja kontrolloi siitä lähtien entistäkin enemmän heidän menemisiään ja tekemisiään. Perhe kärsi valtavasti, ja heidän oli hyvin vaikea ilmaista avoimesti rakkauttaan ja hartauttaan Ammaa kohtaan. He elivät hänen hirmuvaltansa alla, kunnes miehellä yllättäen todettiin keuhkosyöpä. Hän joutui lyhyessä ajassa vuoteen omaksi, eikä hän kyennyt voimakkaiden kipujen takia syömään eikä nukkumaan.

Kykenemättä katselemaan miehensä tuskaa vaimo tuli *ashramiin* ja kertoi miehensä sairastavan keuhkosyöpää ja kärsivän sietämättömistä kivuista. Suuresti epäröiden hän kertoi, että aviomies oli ilmaissut toiveensa saada nähdä Amman. Vaimo epäröi kertoa tätä, koska ajatteli, ettei Amma voisi ajatellakaan tulevansa katsomaan ketään niin kriittisesti uskontoon ja Jumalaan suhtautuvaa ihmistä. Niinpä hän oli hyvin yllättynyt, kun Amma sanoi lähtevänsä mielellään tapaamaan hänen aviomiestään. Amma ei ollut koskaan ajatellut mitään pahaa tästä lapsestaan. Hän ymmärsi tämän luonteen ja tunsi vain rakkautta ja myötätuntoa häntä kohtaan. Silloinkaan, kun vaimo vain valitti miehestään, Amma ei kehottanut tätä tekemään miehen toivomusten vastaisesti. Amma sanoi vaimolle: 'Tyttäreni, ole kärsivällinen ja rakastava. Vain rakkautesi ja kärsivällisyytesi voi muuttaa hänet.' Amma uskoo vaimon ymmärtä-neen ja noudattaneen tätä neuvoa.

Amma oli pelkästään iloinen saadessaan käydä tämän kärsivän lapsensa luona. Kun Amma tuli miehen luokse, hän oli täysin nöyrtynyt ja katuvainen. Hän piti Amman kättä rinnallaan ja joskus kasvoillaan, ja itki kuin pieni lapsi. Hän pyysi Ammalta anteeksi virheitään varmaankin sata kertaa. Vierailun jälkeen hän rauhoittui ja rentoutui, ja hän piti jatkuvasti Amman kuvaa rintansa päällä. Vaimon mukaan hän ei kärsinyt kivuista enää vierailun jälkeen. Hän pystyi syömään ja nukkumaan vaikeuksitta ja oli hyvin rauhallinen. Hän siveli Amman pyhää tuhkaa joka päivä kaikkialle kehoonsa. Hän rukoili usein silmät kyynelissä Ammalta anteeksiantoa. Ennen Amman tapaamista hän oli pelännyt kuolemaa tavattomasti. Mutta vierailun jälkeen hän rentoutui ja tyyntyi eikä ajatus hänen odotettavissa olevasta kuolemastaan enää täyttänyt häntä pelolla. Hän on yhä elossa, ja hän on muuttunut ja harras ihminen."

Kaikki istuivat hiljaa Amman lopetettua kertomuksen. He tunsivat itsensä onnekkaiksi saadessaan olla *mahatman* myötätuntoisessa seurassa. *Mahatmat* ovat myötätuntoisia jopa niitä kohtaan, jotka ovat heidän kanssaan eri mieltä ja vastustavat heitä. Heidän myötätuntonsa ylittää kaikki eroavaisuudet. Siksi *Krishna* antoi lopullisen vapautuksen jopa metsästäjälle, jonka nuoli päätti hänen kehonsa elämän. Siksi *Rama* saattoi hymyillen luopua kuninkaallisesta asemastaan ja nautinnoistaan vailla minkäänlaista suuttumusta tai vihaa *Kaykeyia* kohtaan, joka oli määrännyt hänet neljäksitoista vuodeksi metsään asumaan. Siksi *Jeesus* saattoi rukoilla ristiinnaulitsijoidensa puolesta. Tästä samasta syystä Äiti vieraili häntä alituisesti solvanneen professorin luona.

Amman luonne on rakkaus, hän ei kykene toimimaan toisin. Aivan kuten egoismi on meidän nykyinen olemuk-semme, egottomuus on *mahatman* olemus. Yksikään ego ei voi vaikuttaa *mahatmaan*, koska *mahatmassa* ei ole mitään, mihin tarttua kiinni. Egottomuus on rakkauden ja myötätunnon täyttämää olemattomuutta, se on jumalallisen läsnäolon täyttämää hiljaisuutta. Tästä syystä Amma ei voi vastata samalla mitalla suuttumukseemme, vihaamme tai väärinkäytökseemme. Hän voi antaa meille vain rajatonta rakkautta ja myötätuntoa. Suuttumuksemme, vihamme ja väärinkäytöksemme sulavat ja katoavat hänen myötätuntonsa valtamereen. Kun käymme hyökkäykseen *mahatmaa* kohtaan suuttumus ja viha aseinamme, hän taistelee vastaan rakkauden ja myötätunnon aseilla. Lopulta meidät riisutaan aseista, ja *mahatma* on voittanut meidät.

Äiti jatkoi: “Professori pelkäsi, että kuolema veisi hänet. Hän ajatteli olevansa kuolemassa. Hän ymmärsi kirkkaasti, että hänen älynsä oli hyödytön. Siitä oivalluksesta kumpusivat todellinen äly ja erottelukyky. Ennen hän oli pitänyt älyään jonain suurena ja voittamattomana. Kuitenkin tämä äly osoittautui täysin hyödyttömäksi, kun oivallus kuolemasta nousi hänen sisällään. Sillä hetkellä hän tunsi tulleensa lyödyksi. Lyödyllä ihmisellä ei ole vaatimuksia esitettävänään. Hän on voittajansa armoilla, hän voi vain antautua. Ennen kuin hän sai tietää olevansa sairas, hän oli täynnä egoa, juopunut itsestään, huumaantunut vallastaan ja asemastaan. Hänen on täytynyt ajatella olevansa suuri. ‘Miksi minun pitäisi kumartaa kenellekään? Kuinka minä, suuri filosofian professori, voisin hyväksyä Jumalan olemassaolon?’ ‘Minä’ ja ‘minun’ olivat hänen suurimmat ystävänsä. Kuoleman väistämättömyyden oivaltaminen pudotti hänet alas ja nöyryytti hänet täysin. Silloin hän makasi maassa täysin lyötynä sanoen nöyrästi: 'Sinä, vain Sinä voit pelastaa minut tästä avuttomasta tilasta.'

Kun oivallat olevasi täysin avuton, toivot todella, että joku pelastaisi sinut tuosta tilasta. Tämä toive kuoleman välttämisestä on äärimmäisen voimakas. Kyseessä on elämäsi suurin kriisi, ja toivot kuoleman välttämistä enemmän kuin mitään, mitä olet koskaan halunnut.

Joidenkin ihmisten kohdalla äly tekee tässä vaiheessa tilaa älykkyydelle tai erottelukyvylle. Professori oivalsi avuttomuutensa ja katui syvästi menneisyyttään. Hän toivoi vilpittömästi näkevänsä Amman, ja siksi Amman täytyi mennä hänen luokseen.

Kun tulet tietoiseksi avuttomuudestasi, sydämestäsi tulee hyvin avoin ja vastaanottavainen. Sinusta tulee janoinen, janosi on sammuttamaton. Kaikki aistisi ja kehosi huokoset ovat täysin avoimina vastaanottamaan rauhaa ja rakkautta. Kokemus muistuttaa metsäpalon saartamaksi jäämistä. Kuvittele tilannetta. Ajattele, kuinka toimisit. Haluaisit pois tulen keskeltä. Sinulla ei olisi montaakaan ajatusta. Et pysähdy muistelemaan kultaisia aikoja kuten päivää, jolloin tapasit vaimosi. Tuona kohtalokkaana hetkenä myös tulevaisuus katoaa. Et voi pysähtyä ajattelemaan tyttäresi häiden järjestämistä tai poikasi syntymäpäivää ensi kuussa. Elät puhtaasti nykyhetkessä, koska elämäsi on vaakalaudalla. Voit ajatella vain henkesi pelastamista. Silloin olet täysin hereillä ensimmäistä kertaa elämässäsi. Siihen saakka olit unessa. Nukuit joko menneisyyden muistoissa tai tulevaisuuden unelmissa. Et koskaan ollut hereillä nykyhetkessä. Mutta nyt suuri vaara pakottaa sinut olemaan hereillä ainakin vähän aikaa, sillä muuten kuolet.

Kun kaksi soturia taistelee, molemmat ovat täydellisesti hereillä. Kehitettyään hienosyisen silmän he ovat tietoisia jokaisesta liikkeestä. Tämä tietoisuus tulee äkillisesti. Vastustajan räpäyttäessä silmää soturi syöksähtää eteenpäin miekkoineen. He ovat täydellisesti hereillä ja valppaina. Vaaran hetkellä he kuolevat menneisyydelle ja tulevaisuudelle ja elävät täysin nykyisyydessä. Kohdatessamme suuren vaaran meistä tulee kuin nämä soturit. Myös me antaudumme nykyhetkelle kuoleman edessä.

Lapset, oman avuttomuuden oivaltamisesta seuraa antautuminen.Ymmärrät, että mikään omaksesi väittämäsi asia - älysi, kauneutesi, viehätysvoimasi, terveytesi ja omaisuutesi - ei ole mitään suuren ja välittömän kuolemanvaaran edessä. Kuolema vie pois kaiken. Tämä oivallus herättää sinut. Sinusta tulee valpas. Oivallat, että esität vaateita asioista, jotka eivät todellisuudessa ole sinun. Sen vuoksi sinun on viisasta antautua. Voit nauttia elämän monista mielihyvää tuottavista asioista, mutta sinun tulisi tehdä se tietoisena siitä, että ne kaikki voidaan viedä sinulta pois minä hetkenä hyvänsä. Jos elät tiedostaen tämän seikan, antautuminen seuraa luonnollisesti.

Aikoinaan eli suuri keisari, joka lähti valloittamaan maailmaa. Hän kävi sodan toisensa jälkeen. Hän kasasi itselleen valtavan omaisuuden ryöstämällä jokaisen valloittamansa maan ja pakottamalla niiden kansat maksamaan korkeita veroja. Hän oli voimakas hallitsija, mutta itsekäs, julma ja ahne. Häntä pidettiin maailman rikkaimpana miehenä. Mutta kuolema kutsuu luokseen myös voimakkaat ja rikkaat. Kun tämä suuri keisari oli kuolemassa, hän pohdiskeli: 'Luodakseni tämän imperiumin olen tehnyt paljon pahoja tekoja, ja kaikki vain vallan ja vaurauden tähden. Nyt kuolema lähestyy enkä voi viedä mitään mukanani. Minä, suuri soturi, joka lähdin valloittamaan maailmaa, en voi ottaa kuollessani mitään mukaani. Kun kuolema kutsuu, minun on jätettävä kaikki - kaikki rikkaudet, hovin loistokkuus, taistelukenttien kunnia. Minun on mentävä yksin. En voi ottaa mukaani edes yhtä kolikkoa.' Hän sanoi hoviväelle ja palvelijoille: 'Kun valmistatte ruumiini hautajaisia varten, muistakaa, että molemmat käteni on pantava suoriksi ja kämmenieni on oltava avoimina ja täysin paljaina. Näin alamaiseni näkevät, että minä, suuri keisari, maailman rikkain ja vaikutusvaltaisin mies, lähdin tyhjin käsin viimeiselle matkalleni.' Tämä on suuri totuus. Kuka oletkaan ja mikä asemasi onkaan, kuolema vie sinulta hetkessä kaiken, jopa kehosi. Siksi sinun on parasta antautua."

Seurasi epätavallisen voimakas hiljaisuus, jota kesti jonkin aikaa. Vähitellen tilanne johti kaipaukselliseen lauluun *brahmachari Sreekumarin* johdolla. Laulun nimi oli *Kannadachalum:*

Kannadachalum

Olivat silmäni auki tai kiinni,
näen Äitini jatkuvasti.
Äiti syleilee meistä jokaista,
hänen jokainen katseensa tulvii myötätuntoa,
ja hänen rakkautensa virrassa
jokainen sydän sulaa.
Äitini on ilon valtameri,
Äidille sekä rosvo että tyranni
ovat hänen omia rakkaita lapsiaan.

Halveksitaanpa tai ihaillaanpa häntä,
rakkaus virtaa hänestä jatkuvasti.

Äidin elämä,
suuren tietäjä Vyasan jälkeläiselle arvollinen,
näyttää kuinka maailmankaikkeuden korkein voima
voi laskeutua yksinkertaisen majan kaltaiseen paikkaan.

Kieli voi nauttia suloisista mauista,
mutta aistit eivät ole täydelliset.
Vain rakkaus Jumalaa kohtaan on täydellisen suloista,
ja siitä voin nauttia Jumalallisen Äitini kautta.

Äiti piti laulun ajan silmänsä suljettuina. Kun laulu loppui, kaikki istuivat jonkin aikaa hiljaa odottaen Äidiltä jonkinlaista merkkiä siitä, mitä seuraavaksi olisi vuorossa. Amma avasi silmänsä ja hymyili rakkaudellisesti jokaiselle. Amman hymy on jotain niin hurmaavaa, niin kaiken kattavaa, että jokainen läsnäolija tuntee Amman katsoneen syvälle juuri hänen sydämeensä. Lapsesta saattaa tuntua, että aurinko paistaa yksin hänelle ja seuraa häntä kaikkialle, sillä joka kerta hänen katsoessaan ylös taivaalle aurinko on siellä ja paistaa hänelle. Äidin hymy on kuin aurinko, joka paistaa kaikille. Ja jokainen paikallaolija on kuin lapsi, josta tuntuu, että Äiti hymyilee yksin hänelle.

Sama *brahmachari*, joka esitti kysymyksen älystä, puhui jälleen. "Amma, mihin lopputulokseen päädyimme? Onko oikeanlaisesta älyllisestä ymmärryksestä apua vai ei?"

Amma vastasi: "Oikeanlainen ymmärrys auttaa sinua oivaltamaan, että ellet luovu älystäsi, et voi saavuttaa ikuisen vapauden tilaa. Todellinen ymmärrys alkaa sarastaa vasta, kun tunnet egosi taakan ja vasta, kun tunnet älysi raskauden. Vasta kun tunnet kuinka ego painaa sinua, voit alkaa keventää sitä. Ego saa sinut tuntemaan itsesi suureksi. Vasta, kun sinut heitetään tilanteeseen, jossa olet avuton, tulet tietämään, ettet ole mitään. Kuoleman edessä olet kaikkein avuttomimmillasi. Kaikki suuret egoistit ja jääräpäiset intellektuellit ovat oivaltaneet kuollessaan avuttomuutensa. Vain todellinen isku egolle tai vakava uhka voi antaa tämän ymmärryksen. Mutta tämän ymmärryksen alkaessa sarastaa älyllinen pakkomielle poistuu, etkä ole enää älyn ja sen järkeilyjen vanki. *Viveka* astuu esiin. *Viveka* selkeyttää näkökenttäsi. Tämä selkeys vuorostaan auttaa sinua oivaltamaan maailman tilapäisen ja muuttuvan luonteen. Kaikki keräämäsi omaisuus ja rikkaudet ovat nyt sinulla ja sinun määräysvallassasi. Mutta niistä voi yhdessä silmänräpäyksessä tulla jonkun muun omaisuutta. Myöhemmin ne vaihtavat jälleen omistajaa, yhä uudestaan ja uudestaan. On hyödytöntä ajatella egoistisesti, että olet tuon kaiken omistaja. Elämä on mysteeri. Et voi ymmärtää elämää, ellet antaudu, sillä älysi ei voi tavoittaa elämän laajaa ja ääretöntä luonnetta, sen todellista merkitystä ja täyteyttä. Kumarra syvään ja ole nöyrä, silloin tulet tietämään elämän tarkoituksen.

Kun ymmärrät maailman muuttuvan luonteen ja oivallat egon avuttomuuden, astuu esiin usko. Oivaltaessasi, että et ole kukaan etkä mitään, huomaat haluavasi saada apua äärimmäisen voimakkaalta olennolta. Tämä Korkeimpaan Voimaan tukeutuminen johtaa sinut uskoon ja antautumiseen. Todellinen erottelukyky, joka kumpuaa todellisesta ymmärryksestä, auttaa sinua kehittämään uskoa ja rakkautta. Uskosta seuraa minän antautuminen, ja sen kautta voidaan todellakin saavuttaa Itseoivalluksen tila.

Vain tieto tai oivallus siitä, ettet tiedä mitään, voi todella auttaa sinua sisäisessä kasvussasi. Vain tämän tiedon omaava henkilö on aidosti viisas. Suuruus piilee nöyryydessä, ei siinä, että väittää olevansa suuri.

Kerran kaupungin oraakkeli ilmoitti, että eräs tietty *mahatma* on kaupungin viisain asukas. Kun tämä uutinen kerrottiin *mahatmalle*, hän nauroi ja sanoi: 'Sen on pakko olla erehdys. Minä en tiedä mitään. Itse asiassa ainoa asia mitä tiedän on, että en tiedä mitään, että olen tietämätön.' Hämmentynyt sanansaattaja palasi oraakkelin luo ja kertoi, mitä *mahatma* oli sanonut. 'Siksi hän onkin kaupungin viisain asukas', oraakkeli selitti. 'Ne, jotka väittävät olevansa viisaita ja tietäviä ovat typeryksiä.'"

Ilman mitään ennakkovaroitusta Amman mielentila muuttui. Hänestä tuli yllättäen leikkisä ja viaton kuin lapsi. Hän nousi ylös ja otti appelsiinin isosta hedelmäkassista, jonka eräs oppilas oli lahjoittanut. Hän pani appelsiinin päänsä päälle ja hyräillen sävelmää alkoi tanssia aivan kuin pieni lapsi. Sitten hän pani appelsiinin otsalleen jatkaen yhä tanssimista. Pian Amman hyräily muuttui *Chilanka Ketti* -lauluksi, johon kaikki yhtyivät:

Chilanka Ketti

Oi Sinä lootussilmäinen,
kiinnitä nilkkarenkaasi ja tule juosten!
Tule tanssien!
Olemme tulleet etsimään
sinun suloisia jalkojasi,
ja laulamme Sinun jumalallista nimeäsi.
Oi Devakin poika,
Radhan elinehto,
oi Kesava, Hare, Madhava,
oi Pootanan surmaaja,

syntien tuhoaja,
Gokulan lapsi, tule juosten!
Oi lehmipoika, tule tanssien!

Oi sinä, joka surmasit
Kaliya-käärmeen päällä tanssineen Kamsan,
oi Kesava, Hare, Madhava,
joka olet rakkaudellinen
Sinuun turvautuville.
Oi vaarassa olevien suojelija,
om-tavun ruumiillistuma,
tule juosten!
Oi autuuden sävelmä,
tule tanssien!

Kaikkien riemuksi Amman lumoava tanssi jatkui vielä jonkin aikaa. Hänen viaton hymynsä ja säteilevät silmänsä saivat hänet näyttämään jumalalliselta lapselta, puhtauden ruumiillistumalta. Tämän nähdessään myös muut halusivat tulla viattomaksi kuin lapsi, myös he halusivat tanssia ja leikkiä. Amman viattomuus oli niin voimakasta ja valloittavaa, että rakkaus otti jokaisen valtaansa.

Lopulta Amma lopetti tanssimisen. Oleillen yhä lapsen mielentilassa hän otti kourallisen hiekkaa ja teki siitä pallon. Pian hän käveli ympäriinsä märkä hiekkapallo otsallaan. Pää hieman taakse taivutettuna Amma tasapainotteli sen kanssa yrittäen olla pudottamatta sitä. Tämä leikki jatkui jonkin aikaa kunnes lopulta pallo putosi maahan. Amma huudahti aivan kuin avuton lapsi: ”Voi ei, se meni rikki!”

Hiekkapallon putoaminen ja Amman hassu, lapsenkaltainen olemus saivat aikaan pientä naureskelua *brahmacharien* keskuudessa. Nähdessään heidän nauravan Amman kasvot muuttuivat. Nyt hän näytti vähän vihaiselta. Mutta lapsen suuttumuksesssakin on tiettyä kauneutta. Seuraavassa hetkessä Amma otti maasta vähän hiekkaa, heitti sen salamannopealla liikkeellä *brahmachareja* kohti, ja käveli sitten pois.

Koska Amma näyttää tavalliselta kalastajakylän tytöltä, ihmiset voivat aluksi ihmetellä, kuinka hän kykenee niin nopeasti ja täydellisesti muuttamaan itsensä lapseksi. Mutta katsottaessa vähän syvemmälle ei totuutta ole vaikea nähdä. Kuinka voisivatkaan erilaiset roolit ja mielentilat olla vieraita sellaiselle, joka on yhtä äärettömyyden kanssa? Naamioiden vaihtaminen on suurenmoista leikkiä Amman kaltaiselle suurelle olennolle. Se on jumalallinen näytelmä, jota voi esittää vain sellainen, joka kykenee hylkäämään tai vaihtamaan naamion, kun se on täyttänyt tarkoituksensa. Hän ei koskaan kiinny naamioonsa.

Amma käyttää lukematonta määrää erilaisia naamioita. Joskus hän on suuri mestari, joka puhuu elämän syvistä totuuksista. Toisinaan hän on mitä rakastavin ja myötätun-toisin äiti. Toisinaan hän kasvattaa kovalla kurilla. Joskus hänet voi nähdä esittämässä suurta hallintovirkailijaa, joka valvoo johtamansa henkisen instituution pienintäkin yksityiskohtaa. Ja on myös edellä kuvatun kaltaisia tilanteita, joissa Amma nähdään viattoman lapsen mielentilassa. Mutta totuus on silti, että Amma on kaukana kaiken tämän tuolla puolen. Kaikki nämä mielentilat ja *liilat* ovat mahdollisia vain siksi, että hän on kaiken tuolla puolen.

9. luku

Tuonpuoleinen mielentila

Sunnuntaina 30. kesäkuuta 1984

Valmistelut Amman 32. syntymäpäivää varten olivat menossa. Kaikkialla *ashramissa* oli jatkuvaa toimintaa. *Ashramin* asukkaat ja muut oppilaat työskentelivät vieri vieressä siivoten ympäristöä, täyttäen tiettyjä alueita hiekalla, siirtäen rakennustarvikkeita pois tieltä ja maalaten temppelin ja muiden rakennusten seiniä.

Brahmachari Balu oli valmistellut juhlaa varten erityisen esityksen. Hän halusi kertoa tarinan *mahatman* elämästä sopivien laulujen säestäessä tarinaa. Tämänkaltainen tarinankerronta, joka on suosittua *Keralan* temppeleissä, tunnetaan nimellä *Harikatha*. *Harikatha* tarkoittaa Jumalan tarinaa. *Balun* alkuperäinen tarkoitus oli ollut kertoa Amman tarina tällä tavoin, mutta Amma ei ollut antanut suostumustaan. "Ei Amman elinaikana", hän oli sanonut. Niinpä tilalle valittiin erään toisen *mahatman* elämä. Mutta ennen sen esittämistä *Balu* toivoi Amman hyväksyvän sen ja antavan siunauksensa hankkeelle.

Tilaisuus tähän tuli pian. Äiti, *Balu, Rao, Sreekumar, Venu* ja *Pai* istuivat Äidin huoneessa meditaatiohallin yläpuolella. Amma istui vuoteellaan, muut olivat kerääntyneet lattialle hänen ympärilleen. Äiti sanoi haluavansa kuulla tarinan. *Sreekumar* oli pian valmis harmonin kanssa ja *Venu* laittoi nopeasti *tablat* kuntoon. *Balun* aloitettua Amma kuunteli kiinnostuneena kertomusta ja lauluja. Silloin tällöin hän ehdotti joitakin muutoksia. Joskus Ammasta tuntui, että dialogi ei ollut kovin vakuuttavaa, ja hän pyysi *Balua* muuttamaan joitakin lauseita tai sanoja. Toisinaan hän kehotti vaihtamaan laulun toiseen. Ja toisinaan Amma jopa lauloi mukana.

Yhdessä vaiheessa *Balu* kuvaili *mahatman* suurta kaipuuta Jumalan oivaltamiseen. Hän kuvasi raastavaa kipua, jota *mahatma* koki joutuessaan olemaan erossa rakkaasta Jumalastaan *Kera vrikshannale* –laulun avulla:

Kera vrikshannale

Oi puut ja köynnökset,
oletteko nähneet Äitiäni?
Oi tuikkivat tähdet,
minne on Äitini mennyt?
Oi puissa laulavat yön lintuset,
kulkiko Äitini ohi tästä?
Oi Neito Yö,
mistä löydän Äitini?

Kuljen pitkin jokaista rantaa
itkien ja etsien Äitiäni.
Oi rakas Äitini,
pyydän jokaista hiekanjyvää kertomaan,
missä Sinä olet.

Kun Amma kuuli nämä säkeet ja niiden kuvauksen voimakkaasta kaipuusta ja eron tuomasta ahdistuksesta, hän vaipui syvään *samadhiin*. Ensin hän vuodatti hiljaisesti autuuden kyyneleitä, ja sitten hän puhkesi yhtäkkiä autuaalli-seen nauruun. Tämän jatkuttua jonkin aikaa Amma alkoi pyöriä hurmiossa lattialla, aivan kuin pyörivä hyrrä. Pyöriessään Amma jatkoi nauramista. *Brahmacharit* katselivat häntä jonkin aikaa ihmeissään ja suurella kunnioituksella. Mutta kun Amma ei muutaman minuutin kuluttua osoittanut minkäänlaisia merkkejä siitä, että olisi palannut ekstaattisesta tilastaan normaaliin tilaan, he alkoivat huolestua. Tämä ei ollut ensimmäinen kerta, kun he näkivät Amman tällaisena. Hän oli itse antanut heille ohjeet laulaa *bhajaneita*, mikäli hän viipyisi *samadhissa* pidempään kuin vain pienen hetken, jotta hänet voitaisiin siten houkutella palaamaan tavalliseen tietoisuudentilaansa. Ja niinpä nämä viisi *brahmacharia* kerääntyivät Amman pienen huoneen nurkkaan laulamaan hiljaa *Nirvanashtakam* –laulua:

Nirvanashtakam (Manobuddhya)

En ole mieli, äly, ego enkä muisti,
enkä liioin kielen makuaisti,
enkä kuulo-, haju- tai näköaistitkaan.
En ole maa, tuli, vesi, ilma enkä eetteri.
Olen puhdas autuus, tietoisuus;
Olen Shiva, Olen Shiva.

En ole oikeat enkä väärät teot,
en mielihyvä enkä tuska.
En ole mantra enkä pyhä paikka,
en vedat enkä uhraus.
En ole syöminen, syöjä enkä ruoka,
Olen puhdas autuus, tietoisuus;
Olen Shiva, Olen Shiva.

En ole syntynyt enkä kuole,
enkä tunne pelkoa,
en erottele kasteja toisistaan,
eikä minulla ole isää eikä äitiä,
ei seuralaisia eikä ystäviä.
Minulla ei ole gurua
eikä minulla ole oppilaita.
Olen puhdas autuus, tietoisuus;
Olen Shiva, Olen Shiva.

Minulla ei ole muotoa
eikä mielenliikkeitä,
olen kaikkialla läsnäoleva,

olen olemassa kaikkialla,
ja kuitenkin olen aistien tuolla puolen.
En ole pelastus,
tai mitään, minkä voisi tietää.
Olen puhdas autuus, tietoisuus;
Olen Shiva, Olen Shiva.

Jumalasta päihtyneessä tilassa Amma jatkoi pyörimistään ja nauramistaan kymmenen tai viisitoista minuuttia. Lopulta hän nousi lattialta ja alkoi liikkua ympäri huonetta kuin juopunut. Hän kompuroi epävarmoin askelin, nauraen autuaallisesti koko ajan. Hänen molempien käsiensä sormet olivat samanlaisessa jumalallisessa *mudrassa*, ja hänen kasvonsa loistivat läpitunkevaa säteilyä. Useita kertoja hän lähes löi päänsä tai kehonsa seinään tai lattiaan, mutta *brahmacharit* olivat tarkkana ja varjelivat häntä kaikilta mahdollisilta vahingoilta. Amma pysyi paikallaan jonkin aikaa ja huojui hiljaa puolelta toiselle riemuiten omassa maailmassaan, maailmassa, jonne muilla ei ollut pääsyä. Viimein hän asettui makuulle ja jäi aloilleen. *Brahmacharit* jatkoivat laulua siihen saakka, kunnes Amma oli lopulta laskeutunut korkeuksistaan.

Satya ja dharma – totuus ja oikeamielisyys

Amma istui illalla *Nealun* majan edustalla puhuen joidenkin juuri saapuneiden oppilaiden kanssa. Yksi heistä kysyi: "Amma, onko nykyisenä modernina aikana mahdollista seurata entisaikojen suurissa eepoksissa kuvattua suurten oppilaiden ja pyhimysten näyttämää esimerkkiä? Noiden kertomusten täytyy sijoittua tuhansien vuosien taakse aikaan, jolloin noudatettiin yleisesti *satyan* ja *dharman* periaatteita ja rakastettiin Jumalaa. Ihmiset eivät enää anna niin paljon arvoa totuudelle ja oikeamielisyydelle, joten soveltuvatko nuo esimerkit nykyiseen maailmaan?"

Äiti vastasi: "Poikani, epäilevä mieli on suuri este henkisten periaatteiden seuraamiselle. Emme opi uskomaan, opimme vain epäilemään. Tämä on ihmiskunnan suurin kirous nykyaikana. On totta, että kauan sitten *satya* ja *dharma* olivat hallitsevammassa asemassa kuin nykyään, ja se teki teki ilmapiirin otollisemmaksi hartautta, antaumuksellisuut-ta ja henkisiä harjoituksia varten. *Satya* ja *dharma* ovat kuitenkin katoamattomia eikä niitä voida tuhota. Siksi ne ovat yhä olemassa. Ero on siinä, että entisinä aikoina ihmiset toteuttivat noita ihanteita, mutta tänäpäivänä eivät. Silti juuri *satyan* ja *dharman* noudattaminen, vaikka vain muutaman sielun toimesta, auttaa ylläpitämään koko maailmaa tänäänkin.

Poikani, kysyit, soveltuuko tämä nykypäivään. Yhäkin on paljon ihmisiä, jotka noudattavat *satyan* ja *dharman* periaatteita. Vaikka he ovatkin vähemmistönä, ei voida kieltää, etteikö heitä olisi olemassa.

Katso näitä lapsia täällä *ashramissa*. He ovat kaikki nuoria ja hyvin koulutettuja. Suurin osa heistä tulee hyvin toimeentulevista perheistä. Heillä oli rohkeutta ja voimaa luopua vanhasta elämäntyylistään ja aloittaa aivan toisenlainen elämä. He viettivät samanlaista elämää maailmassa kuin kaikki nykyajan nuoret, mutta oivallettuaan henkisyyden olevan korkein totuus he jättivät pelottomasti kotinsa. Heidän voimakas rakkautensa Ammaa kohtaan ja heidän kaipuunsa Jumalan oivaltamiseksi tekivät sen mahdolliseksi. Heidän rakkautensa henkistä tietä kohtaan antoi heille rohkeutta ja teki heistä pelottomia. Heidän perheensä, naapurinsa, ystävänsä ja joskus koko kylän väki arvostelivat ja solvasivat heitä. Nähdessään heidän epätavallisen käytöksensä ihmiset pitivät heitä hulluina. Heitä ivattiin ja pilkattiin julkisesti, mutta he kykenivät olemaan piittaamatta moisesta kohtelusta. Loukkauksilla ja pahoilla sanoilla ei ollut heihin mitään vaikutusta. Rakkautensa ja antaumuksensa tähden heistä tuli niin pelottomia, että he saattoivat tyynesti astua vanhempiensa eteen ja kertoa aikovansa siirtyä henkiselle polulle, eikä mikään voisi estää tätä tapahtumasta.

Heidän perheensä yrittivät houkutella heidät takaisin maallisen elämän pariin, nautintoihin ja huvitteluun, joita suurin osa ihmisistä pitää normaalina. Mutta nautintoihin kietoutuneen ihmisen mieli ei ole tasapainoinen ja siten hän on oikeastaan epänormaali, kun taas henkinen etsijä on hyvin tasapainoinen ja siksi 'normaali'. Luullen lastensa olevan hypnotisoituja tai tämän hullun tytön langettaman pahan lumouksen alaisena jotkut heidän perheistään suorittivat rituaaleja poistaakseen pahana voimana pitämänsä vaikutuksen. He antoivat lapsilleen ruokaan kätkettynä vastamyrkkyä, jonka heidän poikansa ottivat vastaan ja söivät pelkäämättä. Jotkut perheet veivät lapsensa jopa psykiatrille mielisairauden takia hoidettaviksi. Antautuen nämä pojat suostuivat ilomielin kaikkeen, koska he uskoivat vahvasti, että heille ei tapahtuisi mitään pahaa ja että Amma varjelisi heitä kaikelta vahingolta. Tuo usko pelasti heidät. He olivat pelottomia, he eivät pelänneet edes kuolemaa. He olivat hulluina rakkaudesta Jumalaa ja Ammaa kohtaan ja he halusivat toteuttaa henkisiä periaatteita elämässään.

Eräänä yönä ryhmä vihamielisiä nuoria miehiä piiritti *Balun*, kun hän poistui *ashramista Krishna-bhavan* jälkeen. Pimeässä lymynneet nuorukaiset olivat yhtäkkiä hänen ympärillään. Nämä kylästä kotoisin olleet mellastajat olivat jyrkästi Ammaa ja hänen lapsiaan, seuraajiaan, vastaan. Ensin he käskivät *Balun* lopettaa *bhajaneiden* laulaminen ashramissa. Sitten he kielsivät häntä tulemasta *ashramiin* lainkaan. Jotkut heistä halusivat jopa pahoinpidellä hänet. He yllyttivät toisiaan sanoen: 'Miksi tuhlaamme aikaa puhumalla tälle tyypille? Ansaitseeko hän muka erikoiskohtelua? Hakataan hänet!' He jatkoivat hänen solvaamistaan kovin ja karkein sanoin. Mutta *Balu* pysyi hiljaa, hän ei pelännyt. Hän olisi voinut juosta pakoon tai huutaa apua, sillä tämä tapahtui aivan *ashramin* vieressä ja muut oppilaat olisivat varmasti tulleet hänen avukseen. Mutta hän pysyi paikoillaan, hiljaisena ja tyynenä.

Kaikki heidän uhkauksensa ja yrityksensä riidan haastamiseksi ja hänen pelästyttämisekseen epäonnistuivat. Lopulta eräs kovanaamoista sanoi, että he laskisivat *Balun* tällä kertaa menemään, mutta tappaisivat hänet ja heittäisivät hänen ruumiinsa takavesiin, jos näkisivät hänet vielä kylässä. Edes tuollainen uhkaus ei pelottanut eikä säväyttänyt *Balua*. Hän vastasi heille tyynesti hymyillen, ettei häntä pelottanut. 'Amma on opettanut minulle, että *Atman* on tuhoutuma-ton', hän sanoi. 'Minä uskon Ammaan. Olen antautunut hänelle. Kukaan ei voi estää minua tulemasta tänne tai laulamasta Ammalle. Jos haluatte hakata tai tappaa minut, tehkää se nyt. En nosta edes pikkusormeani teitä vastaan.' Tämän sanottuaan *Balu* sulki silmänsä ja laittoi kätensä rinnalleen. Hän odotti, että he hyökkäisivät hänen kimppuunsa kuin lauma hulluja koiria. Mutta mitään ei tapahtunut. Jonkin ajan kuluttua hän avasi silmänsä nähdäkseen vain, että huligaanit olivat kaikonneet. Mistä *Balu* sai rohkeutensa? Kuinka hän saattoi olla niin levollinen ja tyyni? Rakkautensa ja antaumuksensa ansiosta. Eikö hän seurannutkin entisaikojen suurten oppilaiden ja pyhimysten jalanjälkiä?

Myös *Rao* kävi lävitse suuria vaikeuksia. Hänen perheensä oli asettunut jyrkästi hänen henkistä elämäänsä vastaan ja he aiheuttivat hänelle pahoja ongelmia. He veivät hänet jopa mielisairaalaan, missä hänelle annettiin kymmenen päivän ajan shokkihoitoa. Ajatelkaa, kuinka vaarallista on antaa shokkihoitoa henkisesti täysin terveelle ihmiselle! Se olisi voinut vahingoittaa hänen aivojaan pahasti. Mutta Rao ei pelännyt, koska uskoi vakaasti Amman suojelevan häntä. Niin sitten osoittautuikin, että hoito ei ollut vahingoittanut häntä lainkaan.

Nykyisinkin siis ihmisten elämässä tapahtuu tällaisia asioita. Epäilet silti, onko henkisten periaatteiden noudattaminen mahdollista nykyaikana. Miksi se ei olisi mahdollista? Lakkaa epäilemästä ja opettele uskomaan, niin näet, kuinka mahdollista se on.

Lapset, henkisyyden harjoittaminen on mahdollista vain sen tiedon ansiosta, että *Atmania*, Itseä, ei voi vahingoittaa eikä tappaa. Vain tieto Itsestä johtaa täydelliseen pelottomuuden tilaan. Kehon on kuoltava, koska kaiken mikä on syntynyt täytyy kuolla. Mutta *Atman* ei ole koskaan syntynyt. Se on aina ollut olemassa, se on ja tulee aina olemaan. Ei ole olemassa muuta kuin Atman, Itse, siksi sitä ei voi tuhota. Tämä tieto voi vapauttaa ihmisen kuoleman ja kaiken sen mukana kulkevan pelon otteesta. *Mahatma* on tietoisuus ruumiillistuneena. Usko *mahatmaan* on sama asia kuin usko Itsen äärettömään voimaan.

Nämä pojat eivät olleet Itsen oivaltaneita sieluja, nutta heidän uskonsa ja rakkautensa teki heistä pelottomia. Vain peloton, täysin Jumalaan luottava ihminen voi jättää kaiken, kuten he ovat tehneet. Kaikki kiintymyksemme saavat alkunsa pelosta. Kun alat nähdä ulkoisten vaikutelmien läpi, huomaat, että ihmiset elävät jatkuvassa pelossa. Pelko pakottaa meidät takertumaan. Huoli turvallisuudestamme kalvaa meitä jatkuvasti. Jos meillä ei ole rahaa, pelko kalvaa meitä. Jos vaimomme jättää meidät, tunnemme pelkoa. Jos emme saa työtä, pelko hiipii sisäämme. Samalla tavoin, menettäessämme jotakin - rahaa, kotimme, työpaikkamme - koemme pelkoa. Tunnemme olomme turvalliseksi, kun olemme kiintyneitä johonkin tai kun meillä on jotakin käsissämme. Kiinnipitäminen saa meidät väliaikaisesti unohtamaan pelkomme, joka kuitenkin on yhä syvällä sisällämme.

Kiintymyksemme kohteina olevien ihmisten ja esineiden on jätettävä meidät jonain päivänä. Ne eivät voi olla kanssamme ikuisuuksia. Aikanaan ne katoavat elämästämme. Vaimomme ja lapsemme, kotimme ja automme, kaikki, mihin olemme kiintyneet, muuttuu tai katoaa. Ja kunkin esineen tai ihmisen hävitessä elämästämme kärsimys ja pelko valtaavat meidät jälleen. Näin jatkuu, kunnes antaudumme Jumalalle ja alamme uskoa todellisen Itsemme ikuiseen olemukseen.

Lapset, antaumus Jumalaa kohtaan ja usko *Atmaniin* ovat mahdollisia myös nykyään. Maailman katastrofit ja ongelmat johtuvat vain uskon ja antaumuksen puutteesta, rakkauden puutteesta. Kun menetämme uskomme korkeimpaan kaikkeutta hallitsevaan voimaan, Jumalaan, on yhteiskunnan sopusointuisuus ja rauha mennyttä. Ihmiset toimivat ja elävät miten haluavat. Moraali ja etiikka katoavat maan päältä. Ihmiset joutuvat houkutukseen elää eläinten lailla. Uskon, rakkauden, kärsivällisyyden ja anteeksiannon puute tekevät elämästä helvetillisen. 'Enemmän mukavuutta... enemmän mukavuutta...', siinä on elämän päämäärä. Itsekkyys ja ahneus saavat monet valtaansa tuhoten heidän ihmisyytensä.

Lapset, nykymaailma jo on lähes tällainen. Ihmisten olisi viipymättä alettava harjoittamaan ja noudattamaan henkisiä periaatteita. Vain siten voidaan maailma ja ihmissuku pelastaa tuholta. Epäilys tuhoaa kaikki hyvät ominaisuutemme. Siirrä epäilysi syrjään ja huuda Jumalaa apuun. Rukoile, meditoi ja harjoita muita henkisiä harjoituksia. Ihmiskunnan pelastaminen on jokaisen velvollisuus. Myös sinulla on osasi tehtävänä. Tekemällä velvollisuutesi vilpittömästi ja rakkaudella autat omaa itseäsi. Pelastat ja parannat oman elämäsi, mikä puolestaan auttaa yhteiskuntaa."

Kaikki kuuntelivat tarkkaavaisesti Amman sydäntäkoskettavaa *satsangia*. Amman lopettaessa puhumisen hänen yleisönsä istui hiljaa haltioituneena, ja vaikutti siltä, kuin luontokin olisi pysähtynyt paikoilleen. Hiljaisuus Amman puheiden välissä synnyttää aina inspiroivan ilmapiirin. Joskus Amma vetää huomionsa ympäröivästä maailmasta ja upputuu syvälle omaan Itseensä. Tämä syventää näiden hiljaisten hetkien voimaa, se voimistaa entisestään jumalallisuuden läsnäoloa. Kuin kohottaakseen meditatiivista ilmapiiriä Amma pyysi brahmachareja laulamaan *Kodanukodin:*.

Kodanukodi

Oi ikuinen totuus,
miljoonien vuosien ajan
on ihmiskunta etsinyt Sinua.

Muinaiset pyhimykset jättivät kaiken taakseen,
ja saadakseen Itsen virtaamaan
meditaation kautta
Sinun jumlalliseen virtaasi,
he harjoittivat loputtomien
vuosien ajan itsekuriharjoituksia.

Sinun äärettömän pieni liekkisi,
joka on saavuttamaton kaikille,
loistaa kuin auringon kirkkaus.

Se pysyy täydellisen värähtämättä
pyörremyrskynkin hurjissa tuulissa.

Kukat ja köynnökset,
pyhäköt ja temppelit,
juuri asetettuine pyhine pylväineen,
ovat odottaneet Sinua ikuisuuksien ajan
ja yhäkin Sinä olet tavoittamaton.

Jumalanpelko

Pian laulun loputtua yksi oppilaista kysyi: "Amma, sanoessasi pelottomuuden olevan todellisen oppilaan tunnusmerkki, tarkoitatko vain niitä, jotka ovat omistaneet koko elämänsä Jumalan etsimiselle? Entä tavalliset oppilaat? Onko pelko, esimerkiksi jumalanpelko, joillekin oppilaille tietyssä määrin jopa tarpeellista?"

"Lapset", Amma aloitti, "kun rakkaus kaikessa täyteydessään on läsnä, ei pelkoa esiinny lainkaan. Tällaista rakkautta löytyy vain oppilaasta, joka on täysin antautunut Jumalalle. Sellainen oppilas elää rakkaudessa. Hän on hukkunut rakkauden valtamereen. Jumalallinen rakkaus on polttanut pois hänen yksilöllisen olemassaolonsa, hän on sulautunut rakkauden kokonaisuuteen. Hänestä itsestään on tullut rakkaus. Hänestä on tullut uhraus Jumalalle. Mereen putoavan ja sen valtavaan laajuuteen sulautuvan vesipisaran lailla oppilas sukeltaa autuuden valtamereen, hänen uhratessaan itsensä kaikkeudelle. Siinä tilassa kaikki pelko, kaikki huolet, kaikki siteet ja surut katoavat.

Joskus pelko aiheutuu siitä, että ymmärretään Jumalan olevan kaikkivoipa, kaikkialla läsnäoleva ja kaikkitietävä. Hän on maailmankaikkeuden hallitsija. Hän on se, joka päättää kaikkien tekojemme hedelmistä ja antaa ne meille. Pelko ja kunnioitus kehittyvät luonnollista tietä ajatellessamme ja uskoessamme Jumalan olevan kaikkea tätä. Tuo pelko ja kunnioitus auttavat meitä pidättäytymään tekemästä virheitä.

Arjuna piti aina Krishnaa läheisenä ystävänään, velipuolenaan ja asiantuntevana neuvonantajanaan, ja kutsui häntä siksi tuttavallisesti nimillä Madhava, Kesava ja Yadava. Mutta kun Arjuna näki Jumalan kaikkeudellisen muodon, viswarupan, hän pelästyi ja hämmästyi. Arjuna näki viswarupassa koko maailmankaikkeuden, sen alun, keskivaiheen ja lopullisen tuhoutumisen. Hän näki Jumalan ihmeellisen hahmon sisältävän kaikki jumalat ja jumalattaret. Hän näki jopa Pandavien ja Kauravien sukujen armeijat Jumalan sisällä. Arjuna näki Bhisman, Dronan ja Karnan kaltaisten suurten sotureiden kamppailevan kuolemaa vastaan Jumalan voimakkaissa leuoissa. Arjuna näki Jumalan tällöin perimmäisenä hallitsijana ja käskijänä, ja nimitti häntä täten Visweswaraksi, maailmankaikkeuden Herraksi.

Suurin osa ihmisistä haluaa suojella omaisuuttaan ja varallisuuttaan. He uskovat Jumalaan, mutta eivät halua menettää sitä, mitä ovat hankkineet. He haluavat mainetta, kunniaa ja tunnustetun aseman. Toisin sanoen he eivät halua luopua egoistaan. Sellaiset ihmiset uskovat Jumalan voivan auttaa heitä rikastumaan. Ja rikastuttuaan he uskovat Jumalan suojelevan heidän omaisuuttaan. He uskovat, että Jumala voi suuttuessaan tuhota heidän rikkautensa ja omaisuutensa tai viedä heiltä kaiken pois. He uskovat, että jos Jumala vihastuu, hän käyttää luonnonvoimia, myrskyjä, tulvia ja maanjäristyksiä tuhotakseen sen mitä heillä on. He palvovat Jumalaa tämän pelkonsa vuoksi. He ajattelevat voivansa tyynnyttää hänet rukouksilla ja uhrauksilla, ja he välttävät tekemästä asioita, jotka voisivat heidän mielestään suututtaa hänet. He tekevät oikeamielisiä tekoja ja auttavat muita monin tavoin. He saattavat jopa rakentaa temppelin, kirkon tai orpokodin. Kaikki tämä on tehty Jumalan miellyttämiseksi, jotta he itse hyötyisivät. Kuitenkin tämänkaltainen kunnioitus ja pelko on hyväksi. Ainakin se auttaa ihmisiä olemaan hyviä ja oikeamielisiä. Vaikka he eivät voi täysin antautua Jumalalle eivätkä halua luopua egoistaan ja siteistään, ovat he paljon parempia kuin ihmiset, jotka eivät harjoita henkisyyttä lainkaan.

Todellinen oppilas antautuu Jumalalle täydellisesti. Hän ikävöi Jumalaa hävittääkseen egonsa. Etsijän suurin pelko on, että hän ei pystyisi antautumaan Jumalalle tai että Jumala ei tuhoaisi hänen egoaan. Katsokaa Kalin hurjaa hahmoa. Kali on egon tuhoaja. Koska todellinen etsijä haluaa olla vapaa egosta, hän rakastaa tätä Jumalallisen Äidin olemuspuolta. Antautuen Kalille tai Kalin edustamalle prinsiipille todellinen oppilas uhraa mielihyvin päänsä voidakseen lisätä uuden helmen Kalin kaulanauhaan, joka on tehty pääkalloista.

Toisaalta palvoja, joka on yhä kiintynyt omaisuuteen, varallisuuteen, kunnioitukseen ja asemaan, pelkää suuresti tätä jumalallista aspektia. Hän ei koskaan pidä Kalin kuvaa talossaan tai puja-huoneessaan. Hän pelkää Kalin tuhoavan kaiken, mikä on hänelle rakasta. Hän ajattelee Kalin tuhoavan hänen egonsa, jota ilman hän ei voisi elää. Tavallinen palvoja haluaa pitää egonsa, kun taas todellinen oppilas haluaa kuolla egolleen voidakseen elää tietoisuudessa tai puhtaassa, viattomassa rakkaudessa. Todellinen oppilas lopettaa egon ruokkimisen, hän lakkaa kuuntelemasta älyään. Hän kuuntelee vain sydäntään. Egolle kuoleminen on todellinen kuolema. Tuo kuolema tekee sinusta kuolemattoman. Kun ego kuolee, elät ikuisesti autuudessa.

Amma on kuullut seuraavan kertomuksen. Oppilas oli kerran menossa tapaamaan henkistä mestariaan. Ennen kotoa lähtöään hän ajatteli: 'Minun on vietävä jotain gurulleni. Otanpa mukaan muutamia kukkia.' Mutta juuri tehdessään lähtöä hän tuli ajatelleeksi, että ehkäpä kukat eivät olleet tarpeeksi arvokas lahja. Niinpä hän otti varmuuden vuoksi mukaansa joitakin timantteja, jotka hän voisi tarpeen vaatiessa antaa gurulle. Hän saapui paikalle, jossa hänen mestarinsa piti darshan-tilaisuutta yleisölle. Hän meni tämän luokse ja oli juuri laskemassa kukat mestarin jalkojen juureen, kun hän kuuli tämän sanovan: 'Luovu siitä'. Niinpä oppilas jätti kukat, ja ajatteli: 'Hän varmaan haluaa timantit.' Mutta hänen yrittäessään antaa niitä mestari sanoi jälleen: 'Luovu siitä.' Hämmentyneenä oppilas taivutti päänsä ja oli aikeissa kumartaa gurulle, ennenkuin nousisi ylös ja lähtisi. Mutta jälleen mestari sanoi: 'Luovu siitä.'

Oppilas katsoi ymmällään mestariaan. Guru vastasi hymyillen: 'Niin, ellet luovu päästäsi, egostasi, et voi oivaltaa Itseä.'"

"Sitäkö kumartaminen tarkoittaa?" eräs brahmachari kysyi.

"Kyllä", Amma sanoi, "kumartaminen on egosta luopumisen symboli. Fyysinen kumarrus on mielekäs vain, jos luovutat egosi gurun tai Jumalan jalkojen juureen. Kun kumarrat, kutsut gurun tai Jumalan polkemaan egoasi. Guru tai Jumala ei tee sitä tavalliselle palvojalle, mutta todelliselle etsijälle hän tekee sen säälimättä. Jos yhä pelkäät turvallisuutesi ja mukavuutesi puolesta, jos yhä olet maineen, kunnian ja aseman perään, guru tai Jumala odottaa. Mutta joskus koittaa päivä, jolloin luovut kaikesta maallisen turvallisuuden kaipuustasi ja suuntaudut kokonaan kohti satgurua tai Jumalaa. Ennenkuin oivallat olevasi avuton ja että egosi ei voi pelastaa sinua eikä mikään saavuttamasi ole mitään, Jumala tai guru jatkaa tämän totuuden oivaltami-seen tarvittavien olosuhteiden luomista. Kun tuo oivallus tapahtuu, antaudut. Silloin luovut kaikesta pelostasi ja annat gurun tai Jumalan tanssia egosi päällä, sinun maatessasi hänen jaloissaan. Silloin sinusta tulee todellinen oppilas. Tämä on kumartamisen todellinen merkitys.

Nykyvaiheessamme fyysisen kumarruksen tarkoituk-sena on johdataa mielemme tuohon tilaan. Tuon tilan saavutettuasi koko elämäsi on pysyvää kumarrusta gurun tai Jumalan edessä. Ihmiskunta, kaikki elävät olennot ja koko luomakunta ovat hitaasti kulkemassa kohti tuota tilaa. Sillä, vastusteletko vai et, ei ole merkitystä. Jonain päivänä sen on tapahduttava, nyt tai myöhemmin, tässä elämässä tai seuraavassa, mutta joka tapauksessa sinun vuorosi tulee. Siihen asti saat odottaa, voit elää niinkuin haluat.

Vaikka Jumala ei tällä hetkellä olisi sinulle näkyvää todellisuutta, hän on aina paikalla opastamassa ja kontrolloimassa sinua, pitelemässä elämäsi ohjaksia. Aluksi Jumala antaa sinulle paljon liikkumavapautta etkä huomaa, että itseasiassa hän on se joka johtaa kaikkea. Mutta muista, että kaikki on Jumalan käsissä. Et ole siitä tietoinen, mutta edistyessäsi Jumala vähitellen tiukentaa otettaan. Eräänä päivänä oivallat, että et voi liikkua tuumaakaan. Tuolloin, ollessasi täysin avuton, tunnet kuinka Jumala ryhtyy vetämään ohjaksista. Hän ryhtyy vetämään sinua takaisin luokseen. Saatat aluksi hangoitella vastaan, mutta pian huomaat vedon olevan ylimaallisen voimakas, eikä sinulla ole muuta vaihtoehtoa kuin antautua hänen vetovoimalleen. Tällöin alkaa matkasi takaisin Jumalan luo, oman olemassaolosi alkulähteelle. Tuon matkan on tapahduttava. Huomaat väistämättä, että et voi muuta kuin kulkea Jumalaa kohti.

Jos Jumala haluaa, hän voi löysätä ohjaksia. Hän voi ajatella: 'Tämä lapsi ei ole vielä valmis. Antaa hänen vielä vähän aikaa leikkiä. Hän kyllästyy siihen jonain päivänä. Silloin hän palaa takaisin.' Ole siis varovainen. Ole valppaana, sillä olet koko ajan hänen katseensa alla. Et voi paeta Jumalaa. Minne ikinä menetkään ja mitä teetkään, hän on aina paikalla katsomassa sinua, omaa lastaan. Mitä teetkin, teet sen hänen suostumuksellaan. Hän antaa sinun tehdä niin. Hän antaa sinun leikkiä. Mutta leikkikenttäsi on rajallinen. Älä luule voivasi leikkiä missä tahansa.

Saatat toisinaan astua yli sallittujen rajojen. Saatat uskaltautua alueille, joille sinun ei ole tarkoitus mennä. Saattaa vaikuttaa siltä, kuin Jumala ei olisi huomannut mitään, mutta hän vain näyttelee. Jumala näkee ja kuulee kaiken. Hän ajattelee itsekseen, 'Kylläpä lapseni osaa kujeilla', ja hän antaa sinun jatkaa leikkiäsi. Mutta panemalla sinut vaikeisiin paikkoihin ja altistamalla sinut kivuliaille kokemuksille hän muistuttaa sinua siitä, että leikin on joskus loputtava. Vaikean kokemuksen jälkeen käyttäydyt hyvin. Olet jonkin aikaa tottelevainen ja rauhoitut hetkeksi. Mutta hyvän käytöksen jaksosi jää lyhytaikaiseksi ja palaat takaisin entisiin kurittomiin tapoihisi. Nyt Jumala ajattelee: 'Hän tarvitsee kivuliaamman kokemuksen, vielä voimakkaam-man opetuksen kuin viime kerralla.' Niin Jumala antaa sinun leikkiä vielä vähän aikaa, mutta pian Hän lähettää sinulle uuden vaikean tilanteen kohdattavaksi.

Tämänkertaisesta kokemuksesta saaduilla opetuksilla on voimakas vaikutus tietoisuuteesi ja ne saavat sinussa aikaan suuren muutoksen. Jokaisen tuskallisen kokemuksen antaman oppitunnin vaikutus kestää pidempään kuin edellisellä kerralla. Mutta aina vain harhailet takaisin kielletyille leikkikentille ja taannut entisiin tapoihisi. Lopulta Jumala ajattelee: 'Tämä on jo liikaa, olen varoittanut häntä useasti. Nyt hän tarvitsee todellisen järkytyksen.' Niinpä Jumala lähettää hirmuisen salamaniskun. Se lopettaa leikkisi kertakaikkisesti. Murrut täysin. Salama osuu egoosi ja särkee sen tuhansiksi sirpaleiksi.

Joillekin ihmisille tämä on totuuden paljastumisen aikaa. Mutta joillekin siitä muodostuu täydellisen pettymyksen ja turhautumisen jakso. He saattavat menettää kaiken kiinnostuksensa elämään. He saattavat kärsiä mielessään niin paljon, että he voivat jopa tehdä itsemurhan, ellei joku viisaudella siunattu henkilö auta heitä näkemään piinaavan kokemuksen takana piilevää jumalallista viestiä. Elleivät he saa ohjausta todelliselta mestarilta, he voivat murtua täydellisesti. Satgurun siunauksella he kykenevät kuitenkin avaamaan silmänsä sekä näkemään egonsa turhuuden ja sen, kuinka se oli harhauttanut heitä. Tässä vaiheessa he tuntevat, kuinka Jumala vetää heitä luokseen. He kuulevat hänen kutsunsa. He heräävät unestaan, ja ensimmäistä kertaa elämässään he tuntevat olevansa todella elossa. Tämä egon murtuminen voi tapahtua koska tahansa, tässä elämässä tai seuraavassa. Joidenkin kohdalla tämä tapahtuu nopeam-min, kun taas jotkut saavat kypsymättömyytensä vuoksi leikkiä hänen luvallaan vähän kauemmin. Jumala katsoo meitä jokaista joka hetki. Hän ei voi kadottaa meitä näkyvistään.

Henkinen mestari antoi kerran kahdelle opetuslapselleen kummallekin kanan ja sanoi: 'Viekää ne paikkaan, jossa voitte tappaa ne kenenkään näkemättä.' Ensimmäinen opetuslapsi käveli ulos, meni piiloon pensaikkoon ja katseli ympärilleen varmistaakseen, ettei kukaan nähnyt. Sitten hän tappoi kanan ja vei sen samantien takaisin mestarilleen. Toinen oppilas tuli takaisin vasta auringonlaskun jälkeen. Uupuneena ja pää painuksissa, kantaen käsissään yhä elossa olevaa kanaa, hän ojensi kanan takaisin mestarille. 'Kunnioitettu mestari', hän sanoi, 'vaikka kuinka yritin, en löytänyt paikkaa, jossa minua ei olisi nähty. Menin minne tahansa, kana katsoi minua aina.' Samoin te, lapset, olette aina gurunne tai Jumalanne valvovien silmien alla, menitte minne tahansa tai teitte mitä hyvänsä."

Tässä vaiheessa Amma pyysi brahmachareja laulamaan laulun nimeltä Ellam ariyunna (Hän, joka tietää kaiken)':

Ellam ariyunna

Ei ole tarpeen kertoa mitään
kaikkitietävälle Krishnalle.
Hän näkee ja ymmärtää kaiken
kävellessään vierellämme.
Iankaikkinen olento
näkee jokaisen ajatuksen sisimmässä Itsessä.

Kenenkään ei ole mahdollista
tehdä mitään ilman Häntä.
Iankaikkinen Jumala asuu meissä kaikissa.
Meidän jokaisen tulisi iloiten palvella
totuuden ja tietoisuuden ruumiillistumaa.

10. luku

Älä vertaa itseäsi muihin

Tiistaina 1. lokakuuta 1984

Juuri äsken *ashramiin* saapunut miesoppilas alkoi kertoa muille paikallaoleville ihmisille, kuinka hän oli saanut kokea Amman *darshanin Krishnan* hahmossa. Hän oli hyvin innostunut kertoessaan tarinaansa. "Viikko sitten ollessani nukkumassa omassa huoneessani heräsin yhtäkkiä voimakkaaseen valoon ja epätavalliseen tuoksuun, joka täytti huoneen. Nousin istumaan sängylläni. Huoneen täyttävä valo oli kirkas kuin aurinko, ja kuitenkin se oli kaunis ja viilentävä kuin kuu. Tässä loistossa kylpevästä kehostani tuli niin kevyt, että tunsin menettäväni kehotietoisuuteni. Yhtäkkiä ilmapiiri muuttui. Rauha ja korkein autuus täyttivät ilmapiirin kuin padosta ylitsevuotava vesi. Se oli käsinkosketeltavaa ja kaikenläpäisevää, koko olemukseni kylpi siinä. Sitten huoneen täyttänyt jumalallinen valo näytti kasaantuvan ja keskittyvän yhteen pisteeseen. Kun tuijotin tuota keskittynyttä kirkkautta, siitä ilmestyi *Krishnan* kaunis ja ihastuttava hahmo."

Oppilas pystyi hädintuskin pitämään innostuksensa kurissa. Silmät kyynelissä hän sanoi: "Siinä Hän oli, minun Herrani! Mutta samalla siinä oli myös Äitini - hänen kasvonsa olivat Amman kasvot. Hän oli aivan kuin Amma *Krishna-bhavan*[1] aikana: hymy, katse, silmät - kaikki olivat samaa. Jumala käveli luokseni kulho kädessään. Hän syötti minulle voita ja *panchamritamia*[2], ja laittoi niitä myös kummallekin kädelleni. Hän antoi minulle *tulasilehden*[3], katsoi sitten silmiini ja pani oikean kätensä pääni päälle. Katsoessani hänen jumalallista hahmoaan ja lumoavaa hymyään, *Krishna* katosi näkyvistä.

Herätessäni seuraavana aamuna löysin itseni lattialta makaamasta. Olin vain puolittain tietoisessa mielentilassa, sen paremmin en osaa sitä kuvailla. Oloni oli yhä autuaallinen ja minä itkin ja itkin. Huomasin kutsuvani *Krishnaa* ja Ammaa ääneen. Kesti varmaankin yli kaksi tuntia, ennenkuin pystyin tekemään mitään. Kun tulin normaaliin tietoisuudentilaan, yritin muistaa kaiken mitä oli tapahtunut. Mutta en vieläkään voinut uskoa, että tämä kaikki oli todella tapahtunut ja Herra oli käynyt luonani! Vakuuttuakseni tapahtuneesta haistoin käsiäni, ja niissä oli selvästi voin ja *panchamritamin* ihana tuoksu. Tuoksu oli todella ihana, ja se pysyi käsissäni kolme päivää. Myös sen maku oli suussani. Ihmeekseni löysin vielä *tulasilehden* sängyltäni. Olin autuuden tilassa yli viikon ajan, ja sydämeni oli täynnä jumalallista rakkautta."

Oppilas vuodatti jälleen rakkauden ja hartauden kyyneleitä. Myöhemmin hän meni *darshan*-majaan odottamaan Amman saapumista. Astuessaan majaan kello yksitoista Amma näki oppilaan nurkassa istumassa syvään meditaatioon vaipuneena. Kuin antaakseen hänen tietää olevansa tietoinen kaikesta tapahtuneesta Amma huudahti, "Poikani!" ja käveli hänen luokseen pannen oikean kätensä hänen päänsä päälle. Oppilas avasi silmänsä ja katsoi edessään seisovaa Ammaa, joka puolestaan katseli häntä. Amman kasvoilla oli epätavallinen loiste. Kädet yhteenliitettyinä oppilas vuodatti hiljaa autuuden kyyneleitä. Muutamaan hetkeen kukaan ei sanonut mitään. Mutta pian hiljaisuus särkyi oppilaan purskahtaessa itkuun ja heittäytyessä Amman jalkojen juureen. Amma ilmaisi rakkautensa häntä kohtaan halaamalla häntä lämpimästi ja käveli sitten vuoteen luokse, jolla istuen hän ottaa vastaan oppilaansa, ja niin päivän *darshan* alkoi.

Saman päivän iltana Amma istui kookoslehdossa juttelemassa *ashramin* asukkaiden kanssa. Eräs perheellinen oppilas, joka oli erinomainen *sadhaka*, otti puheeksi *Krishnan* ja Amman *darshanin* ja sanoi olevansa masentunut siitä, ettei itse ollut saanut tuollaista ilmestystä.

Amma vastasi seuraavasti: "Poikani, älä vertaa itseäsi muihin. Vertailu ei ole hyväksi *sadhakalle. Sadhakan* tulisi katsoa itseensä. Hänen tulisi havaita omat virheensä ja korjata ne. Sinulla on aivan riittävästi pulmia murehdittavaksi ja työstettäväksi omasta takaa. Älä tee itsestäsi onnetonta ajattelemalla, 'Minä en koskaan saa tuollaista kokemusta'. Yritä olla onnellinen hänen puolestaan. Sinun tulisi asennoitua niin, että hän tarvitsi tuon ilmestyksen, ja siksi Amma tai Jumala armollisesti ilmestyi hänelle. Katso asiaa siitä näkökulmasta, että se johtui hänen henkisistä harjoituksistaan ja vahvasta uskostaan. Älä menetä itseluottamustasi. Älä ajattele olevasi vähemmän onnekas kuin hän. Hänelle tapahtuvat asiat ovat tarkoitettuja vain hänelle ja sinun elämässäsi tapahtuvat asiat ovat vain sinua varten, eikä niillä ole mitään tekemistä kenenkään muun kanssa. Vertailu pilaa kaiken. Kaikki asiat, joita sinulle elämässäsi tapahtuu, ovat tulosta omista *samskaroistasi*[4]. Kokemuksesi ovat omiasi. Niitä ei voida toistaa hänen tai kenenkään muunkaan elämässä, koska jokaisen ihmisen *samskarat* ovat erilaiset. Olet poiminut matkasi varrelta erilaisia asioita kuin hän, ja elämänkokemukset vaihtelevat sen mukaan, mitä kukin on kerännyt. Siispä vertailu ja murehtiminen ei ole järkevää. Sellainen vain laannuttaa innostuksesi.

Jos sinulle ei ole annettu tuollaista kokemusta, eivät sureminen ja itsensä syntiseksi tai epäsopivaksi nimittäminen auta asiaa yhtään. Ne saavat sinut vain sulkeutumaan. Ne tuhoavat kaikki mahdollisuutesi vastaavan kokemuksen saamiseen. Lopeta siis itsesi vähättely, ja ponnistele lujasti ja määrätietoisesti saadaksesi oman kokemuksesi Jumalasta. Se tulee tapahtumaan, jos sinulla on riittävästi päättäväisyyttä ja rakkautta.

Vertaileminen tuhoaa kaikki lahjasi. Vertaileminen saa sinut samaistumaan egoosi ja tämä vähentää suorituskykyäsi. Siinä tilassa ihminen ei kykene ilmaisemaan itseään hyvin. Hän menettää luomisvoimansa tyystin. Ihminen, joka vertailee itseään muihin, ajattelee lakkaamatta muita ihmisiä. 'Voi hyvä Jumala, miksi en osaa laulaa hänen laillaan? Kunpa osaisin maalata kuten hän! Myös minun olisi harjoitettava *tapasia*[5] samalla tavalla kuin hän.' Murehtimalla sitä, mitä toisilla on, hän menettää kykynsä omaan ilmaisuun. Hänen kykynsä eivät tule esiin ja häviävät vähitellen kokonaan. Mikä kohtalo! Tällainen henkilö ei koskaan voi olla oma itsensä. Hän ei korjaa omia vikojaan ja huonoja puoliaan, ja niin hän ei voi koskaan edistyä. Hän murehtii koko ajan ja inhoaa itseään. Tämä itsensä halveksiminen voi tehdä hänet jopa mielisairaaksi. Aina tyytymättömänä ja onnettomana hän ei voi kokea todellista elämäniloa.

Amma muistaa erään täällä käyneen nuoren miehen, joka oli ollut hyvä laulaja. Hänellä oli ollut kaunis, täyteläinen ääni, ja hän oli voittanut ensimmäisen palkinnon yliopiston musiikkijuhlilla. Samana päivänä, jolloin hän vastaanotti palkinnon, eräs hänen ystävänsä kiusoitteli häntä sanoen, että ponnistelipa hän kuinka paljon hyvänsä ja saipa mitä tunnustusta tahansa, ei hänestä koskaan tulisi kuuluisan filmitähden *Jesudaksen* veroista laulajaa. Nuo sanat haavoittivat häntä syvästi. Ne loukkasivat häntä niin, että tuon päivän jälkeen hän ei laulanut enää koskaan.

Kuullessaan ystävänsä sanat hän ajatteli, 'Hän puhuu totta. En osaa laulaa kuten *Jesudas*. Ja jos en osaa laulaa kuin hän, miksi laulaa ollenkaan? Parempi olla laulamatta.' Tämä ajatus, tämä vertailu iski hänen mieleensä salaman lailla. Tuolla hetkellä hänen on täytynyt tuntea itsensä arvottomaksi, minkä seurauksena hänen mielenkiintonsa laulamiseen lopahti yhtäkki-sesti. Hän oli erittäin lahjakas laulaja, hänestä olisi voinut tulla yksi parhaista. Mutta yksi hetkellinen ajatus, yksi kohtalokas vertailu tuhosi kaikki kehitysmahdollisuudet.

Kuten näette, vertailu voi olla hyvin tuhoisaa. Se on este henkiselle kasvulle. Se voi toimia jarruna kaikille mielen ja älyn kasvumahdollisuuksille. Se voi aiheuttaa masennuksen tai vakavan mielisairauden. Lapset, se voi vaikuttaa kaikkiin elämän osa-alueisiin. Muistakaa, että te ette voi olla joku muu eikä kukaan muu voi olla te. Sinä voit vain olla sinä. Vertailu tuhoaa persoonallisuutesi.

Se saa sinut näyttämään typerykseltä muiden edessä. Henkisen etsijän ei tulisi koskaan vertailla itseään ja kokemuksiaan muihin. Tämän vuoksi sadhakan ei tulisi paljastaa kokemuksiaan kenellekään. Ennen Itseoivalluksen saavuttamista henkiset kokemukset voivat vaihdella. Et ehkä koskaan saa kokea sellaista *darshania*, kuin tuo poika sai. Ja vaikka saisitkin, se olisi erilainen. Jotkut kokevat sisäistä rauhaa ja autuutta, mutta eivät näe mitään jumalhahmoa. Jotkut saattavat vain nähdä valon loisteen tai valopisteen. Nämä kokemukset ovat aina erilaisia. Erilaisten ihmisten kokemukset eivät voi olla samanlaisia. Jokaisen kokemuksen on tapahduttava kokijan ainutlaatuisen mielenrakenteen, seuraamansa polun, yrityksensä määrän ja aiemmista elämistään periytyneen *samskaran* mukaisesti. Nyt kokemasi asiat eivät ole tarinan alkukohta, vaan ne ovat jatkoa menneisyydellesi. Sinun on myös muistettava, että *guru* antaa vain sen, mikä on tarpeen, ja että kaikki, mitä hän antaa, on sinun parhaaksesi. *Guru* ei voi suosia ketään. Jos olet järkyttynyt ja ajattelet *gurun* suosivan muita ja antavan näille enemän kuin sinulle, sinulla on ongelma itsessäsi. Olemme niin tuomitsevia, ettemme kykene näkemään totuutta puolueettomin ja arvostelukykyisin silmin.

Lapset, henkisen elämänne rakentumisessa on tärkeää ennen kaikkea viattomuutenne ja rakkautenne. Vastaanottavuus on henkisen elämän perusta. Oppilaan tai opetuslapsen tulisi aina olla vastaanottavainen."

Sisäinen lapsi

"Amma, mitä tarkoitat vastaanottavaisuudella? Miten ollaan vastaanottavainen?" eräs oppilaista kysyi.

"Vastaanottavaisuus ilmenee siellä, missä on sisäistä rakkautta", Amma vastasi. "Rakkaus auttaa sinua olemaan avoin, avoin kuin lapsi. Rakkaus tekee sinusta viattoman kuin lapsi. Lapsi on kaikkein vastaanottavaisin. Vastaanottavaisuus tarkoittaa voimaa uskoa ja luottaa ja kykyä hyväksyä rakkaus. Se on voimaa estää epäilystä hiipimästä mieleesi. Vastaanottavaisuus on kykyä hyväksyä kaikki elämän kokemukset reagoimatta niihin.

Vastaanottavaisuus tekee sinusta yksinkertaisen. Vastaanottavainen ihminen on kuin viaton lapsi. Jos haluat lähemmäksi Jumalaa, yritä olla lapsen kaltainen. Lapsen maailma on täynnä ihmeitä, mielikuvitusta ja leikkiä. Iän karttuessa tämä ihmettely katoaa katseestasi. Et osaa enää leikkiä. Et pysty enää uskomaan, ja kuten niin monet aikuiset, osaat vain epäillä.

Oletko seurannut lasten leikkimistä? He voivat kuvitella pienen hiekkakasan olevan iso linna. Valkoinen hiekkakasa on heille yhtenä hetkenä sokeria, ja seuraavaksi se onkin suolaa. Narusta, jonka päät on solmittu yhteen, tulee auto tai bussi. Kivi voi olla heille valtaistuin ja lehdestä tulee iso viuhka. Joskus he kuvittelevat pitkän kookospähkinäkuidun olevan käärme. He pystyvät uskomaan mitä tahansa. Jos sanot lapselle sateen olevan taivaallisten olentojen läikyttämää tiskivettä, hän uskoo sinua. Lapsi ei epäile mitään. Tämä avoimuus ja hyväksymisen voima on vastaanottavaisuutta. Älkää ajatelko Amman nyt kehottavan teitä uskomaan kaikkea, mitä ihmiset teille sanovat. Hän pyytää teitä vain uskomaan *satgurun* sanoihin ja siihen mitä elämän lopullisen päämäärän oivaltaneet ja kokeneet suuret pyhimykset ja tietäjät ovat sanoneet.

Varttuessamme menetämme kaiken innostuksen ja ilon. Meistä tulee kuivia ja onnettomia. Miksi? Koska menetämme uskomme ja viattomuutemme. On hyvä viettää aikaa lasten kanssa. He opettavat sinua uskomaan, rakastamaan ja leikkimään. Lapset auttavat sinua hymyilemään sydämestäsi ja saamaan tuon ihmettelevän katseen silmiisi.

Meissä jokaisessa on lapsi sisällämme. Lapsen viatto-muus ja leikkisyys ovat olemassa jokaisessa ihmisolennossa. Kaikenikäiset ihmiset pitävät lasten tarinoista, ja niiden kuuleminen tai lukeminen vetoaa heidän sisäiseen lapseensa. Kukapa ei haluaisi leikkiä lasten kanssa silloin tällöin? Katso yhdeksänkymmentävuotiasta miestä, poliitikkoa tai hallituksen virkamiestä, toimitusjohtajaa tai tiedemiestä, heistä kaikista tulee leikkisiä ja vapautuneita ollessaan lasten kanssa. Lastenlastensa tai nuorimmaisensa seurassa jopa vanhasta miehestä tulee kuin lapsi. Maassa kontaten hän on olevinaan norsu. Hän tekee pelikorteista lapsille linnan. Hän rakentaa oksista ja lehdistä leikkimökin pikkuisille. Keikuttaen lapsia polvellaan hän sanoo olevansa hevonen.

Miksi hän tekee tämän kaiken? Tekeekö hän sen vain miellyttääkseen lasta, tehdäkseen tämän onnelliseksi? Ei. Se ei ole ainoa syy. Näin tapahtuu myös siksi, että meissä jokaisessa piilee lapsi. Meidän jokaisen sisällä piilee jossakin lapsen ilo, viattomuus ja usko. Iloitsemme etsiessämme sisäistä lastamme. Lapsina meillä ei ollut huolia eikä ongelmia. Kun muistaamme noita päiviä rakkaudella, haluamme palata niihin jälleen. Tätä halua tuntevat kaikki elävät olennot.

Lapset, ihmettely ja rakkaus, jota tunsitte pieninä ollessanne, ei palaa koskaan, ellette pysty jälleen leikkimään lapsen lailla. Viattomuus on piilossa syvällä sisällänne. Teidän on löydettävä se uudestaan. Ja jotta niin voisi tapahtua, teidän on uppouduttava yhä syvemmälle henkisiin harjoituksiinne. Päästessäsi syvälle omaan tietoisuuteesi oivallat jonain päivänä tämän viattomuuden. Silloin löydät sisäisen lapsesi. Koet viattomuuden, ilon ja ihmettelyn, jotka olivat siihen saakka olleet piilossa, ja oivallat niiden olleen koko ajan sisälläsi. Olit vain unohtanut viattomuutesi joksikin aikaa. Aivan kuin muistaisit jonkin kauan sitten unohtuneen asian. Tuo lapsenkaltainen viattomuus sisälläsi on Jumala.

Lapset, oletteko kuulleet tämän tarinan? Jumala päätti luoda itselleen asuinpaikan. Niinpä hän loi tämän kauniin maailman puineen ja kasveineen, lintuineen ja eläimineen, vuorineen ja laaksoineen ja muutti tänne asumaan. Kaikki oli täydellistä, ja Jumala vietti onnellista ja autuudentäyteistä elämää. Vuodet kuluivat, kunnes eräänä päivänä Jumala teki virheen; hän loi ihmisen. Siitä päivästä lähtien riitti ongelmia. Ihmiset valittivat Jumalalle kaikesta päivät ja yöt läpeensä. Teki Jumala mitä tahansa, oli hän sitten syömässä tai nukkumassa, ihmiset tulivat kolkuttamaan hänen ovelleen.

Valitusten tulva teki Jumalan hulluksi. Hän menetti mielenrauhansa. Ennen kuin edellinen ongelma oli ratkaistu, oli toinen jo odottamassa. Yhden ihmisen pulman ratkaisusta tuli ongelma seuraavalle. Yksi halusi sadetta, ja kun Jumala antoi hänelle sitä, toinen valitti: 'Voi hyvä Jumala, kuinka voit tehdä tämän minulle? Taloni vuotaa kuin seula. Koko satoni on pilalla.' Kaikesta muodostui ongelma. Teki Jumala mitä tahansa, ihmiset valittivat.

Lopulta Jumala pyysi neuvonantajiaan keksimään keinon, jolla hän pääsisi pälkähästä. Eräs heistä ehdotti muuttamista Himalajalle, mutta Jumala sanoi: 'Ei, ei. Ihmiset tulisivat pian sinnekin.' Toinen neuvonantaja kysyi: 'Entäpä sitten Kuu?' 'Ihmiset tulisivat myös sinne', Jumala vastasi.

Te, hyvät ystäväni, ette voi nähdä tulevaisuuteen, mutta minä voin. Menen minne tahansa, ihminen saa tietää siitä. Hän seuraa minua, ja taas olen liemessä.'

Tämä Jumalan lausahdus sai muut hiljaisiksi. Jonkin ajan kuluttua esiin astui ikääntynyt neuvonantaja, ja kuiskasi jotakin Jumalan korvaan. 'Loistavaa!' huudahti Jumala.

Vanha mies oli ehdottanut Jumalalle täydellistä piilopaik-kaa. 'Mene ja piiloudu syvälle ihmisen sisimpään', oli viisas mies ehdottanut.

"'Se on täydellinen piilopaikka', Jumala sanoi. 'Ihminen ei koskaan keksi etsiä minua sisältään. Hän ei millään löydä minua sieltä.'

"Lapset", Amma jatkoi, "Jumala on syvällä sisällämme. Hän on siellä viattomuutena, puhtaana ja viattomana rakkautena. Nykyisellään tuo viattomuus on mielen ja sen itsekeskeisten tunteiden peittämä. Mutta vaikka se on unohduksissa, se on siellä kuitenkin koko ajan. Sinun on mentävä syvälle sisimpääsi, sinun on löydettävä se uudestaan ja muistettava."

"Amma, miten tämä muistaminen tapahtuu?", sama oppilas kysyi.

"Yrittäessäsi muistaa jotakin tiettyä asiaa, sanaa tai nimeä, sinusta tuntuu kuin se olisi aivan kielenkärjellä. Tiedät kyllä asian, mutta et aivan pysty muistamaan sitä. Ajatellen kuumeisesti yrität hakea sitä muististasi. Yrität muistaa sen olohuoneessa istuessasi, ja se on ajatuksissasi, kun menet makuuhuoneeseen. Mutta et saa palautettua sitä mieleesi, ja alat tulla levottomaksi. Kiskot hiuksiasi, raavit päätäsi, yrität ja yrität muistaa, mutta turhaan. Pitkän yrittämisen jälkeen viimein lopetat. Luovutat ja unohdat pian kaiken, mikä liittyi tuohon sanaan. Unohdat täysin jopa yrityksesi tuon sanan muistamiseksi. Myöhemmin, mentyäsi ulos rentoutumaan ja nauttimaan hiljaisuudesta muistaminen tapahtuukin odottamatta. Se herää sisälläsi. Vasta yritystesi lakattua sana palautuu mieleesi. Jos olet tehnyt lujasti töitä päivällä, nukut hyvin yöllä. Vastaavasti, kun lakkasit yrittämästä muistaa, mielesi hiljeni ja rauhoittui. Tuossa rentoutuneisuuden ja liikkumattomuuden tilassa muisto saattoi tulla vaivatta esiin.

Samalla tavoin, harjoitettuasi *sadhanaa* sinun on odotettava, että kaikki asettuu aloilleen ja sisäistyy. Sinun on saavutettava täydellinen unohduksen tila. Maatessasi vuoteessa et yritä yrittämällä nukahtaa, sinä vain makaat ja odotat unen tuloa. Et ajattele menneisyyttä tai tulevaisuutta. Sinä vain jättäydyt unen vietäväksi. Luovut kaikesta kontrollista ja liu'ut vaivattomasti uneen. Samalla tavoin sinun on unohdettava päämääräsi ja kaikki yrityksesi sen saavuttamiseksi. Sinun on unohdettava Itseoivallus ja sen eteen tekemäsi henkiset harjoitukset. Älä ajattele, 'Mikä vahinko! Edes kaiken harjoittamani *sadhanan* jälkeen en ole edistynyt lainkaan.' Myös sellaiset ajatukset voivat estää sinua pääsemästä lopulliseen päämäärään. Sinun ei tulisi valittaa eikä ajatella. Ajattelu muodostaa vain esteitä. Pysy siksi hiljaa ja rentoudu sekä sisäisesti että ulkoisesti. Et voi ennakoida, milloin armo tulee. Voit vain odottaa. Se voi tapahtua milloin tahansa ja missä tahansa. Se riippuu *gurusta* tai Jumalasta. *Satguru* päättää, milloin hän vuodattaa armonsa opetuslapseensa. Kun aika on kypsä, se vain yhtäkkiä tapahtuu ja sinusta tulee täysin tietoinen, viaton lapsi."

Tietoisesti viaton lapsi

Tällä välin *Sreekumarin* siskon seitsenvuotias tytär *Takkali* vanhempineen oli tullut tapaamaan Ammaa. Vaikka hänen vanhempansa olivat antaneet hänelle nimeksi *Sheeja*, Amma kutsui häntä *Takkaliksi*, joka tarkoittaa tomaattia, ja niin kaikki alkoivat kutsua häntä tuolla nimellä. Nähdessään tytön Amma huudahti: "Ohhoh, oletpa jo iso tyttö! Tule istumaan tänne Amman viereen." Tyttö käveli Amman luo ja istahti hänen viereensä. Amma piteli rakastavasti hänen kättään ja suuteli häntä otsalle. Kääntyen *Balun* puoleen Amma kysyi: "Tunnetko hänet?"" *Balu* vastasi: "Kyllä, tietysti tunnen hänet, Amma." Pitäen *Takkalia* lähellään Amma osoitti *Balua* ja kysyi: "Tunnetko hänet?" Tyttö vastasi: "Kyllä, hän on *Baluannan* (vanhempi veli *Balu*)."

Sitten Amma pyysi tyttöä laulamaan. Sulkien silmänsä *Takkali* lauloi *Orunalil nyan en* –laulun:

Orunalil nyan en

Jonain päivänä näen Krishnan
ja kuulen hänen melodisen laulunsa.
Rakas Krishnani tulee
ja seisahtuu eteeni
huilu pehmeästi painettuna
hänen suloisille huulilleen.

Se on päivä, jolloin
elämäni tarkoitus toteutuu,
uppoan jumalalliseen autuuteen
ja tanssin
hurmioituneen antaumuksen
korkeimmalla huipulla.

Oi maailmankaikkeuden ylläpitäjä,
etkö olekin Herrani, kaikkien olentojen alkulähde?
Oi Jumala, salli minun nähdä Sinut,
älä anna minun odottaa hetkeäkään enää!

Takkalin lopetettua laulunsa Amma suuteli ja halasi hellästi häntä vielä kerran. Selvästi ilahtuneena Amma hymyili lämpimästi kaikille paikallaolijoille ylistäen pienen tytön laulua ja hänen suloista viattomuuttaan. Katsoessaan Amman ja *Takkalin* leikkiä yksi *brahmachareista* intoutui kysymään: "Amma, sanoit äsken, että jonain päivänä meistä jokaisesta tulee tietoisia, viattomia lapsia. Kuinka se on mahdollista? Mitä Amma tarkoitti?"

"Lapset", Amma sanoi, "pieni lapsi ei ole tietoinen viattomuudestaan. Hänen viattomuutensa on täysin tiedostamaton-ta. Pieni lapsi on täydellisen puhdas, hän on puhtauden tilassa, ennenkuin epäpuhtaudet alkavat ilmetä. Tuolloin lapsen puhtaus ja viattomuus alkavat kadota. Epäpuhtaus ja tietämättömyys tulevat niiden tilalle. Lapsissa näkemämme ominaisuudet - ihmettely ja ilo, mielikuvitus ja usko - jäävät lyhytikäisiksi. Niin pitkään kuin lapsi pysyy lapsena, hän säilyttää viattomuutensa. Mutta lapsi muuttuu. Jopa lapsen mieli on ajan ja avaruuden sitoma, tämän vuoksi aika aiheuttaa muutoksia lapsessakin. Ja niin viaton lapsi vähitellen joutuu egon valtaan. Ilmentymätön ego ja entisistä elämistä peräisin olevat ominaisuudet alkavat vähitellen ilmetä, ja lapsen viattomuus peittyy samalla näkyvistä.

Aikuisessa viattomuus on piilevänä ominaisuutena, kun taas hänen egonsa on täydessä kukoistuksessa. Karman pyörän pyöriessä *jiva*[6] siirtyy aikanaan uuteen elämään. Kun *jivan* syntyy lapsena kohdusta, tuo piilevä tai ilmentymätön viattomuus ilmentyy jälleen, ja se vetäytyy jälleen egon ilmetessä. Tämä vuorotteleva sykli, jossa viattomuus ja ego vuorotellen ilmenevät ja piiloutuvat, jatkuu siihen saakka kunnes käännymme Jumalan puoleen ja ego kiskotaan irti juurineen. Kun ego on kokonaan eliminoitu, meistä tulee tietoisesti viattomia olentoja, meistä tulee ikuisesti viattomia. Ennen tuota egon kiskomista juurineen meidän on lukemattomissa elämissämme toistuvasti koettava tila, jossa olemme tiedostomattomasti viattomia lapsia. Me siis synnymme uudestaan ja uudestaan lapseksi, joka ei ole tietoinen viattomuudes-taan.

Kun lapsen viattomuus kestää vain lyhyen jakson, *mahatma* on ikuisesti viaton. Lapsi ei ole oivaltanut tätä viattomuutta, kun taas *mahatma* on täydellisesti tietoinen viattomuudestaan ja puhtaudestaan. Lasta katsellessa voi saada aavistuksen Jumalasta, mutta lapsi ei ole Jumala. *Mahatma* on Jumala. *Mahatma* elää perimmäisessä tietoisuudessa. Hän on syntymän ja kuoleman kehän tuolla puolen. Hänellä on hallussaan oivalluksensa voima ja vahvuus. Hän on täysin hereillä ja tietoinen oivaltaneesta tilastaan. Lapsi ei ole herännyt tietoisuudelle eikä ole oivaltanut puhtauttaan. Hän on yhä syvässä unessa tuon tilan suhteen. Tässä on valtava ero. Eikö vain? Amma tarkoittaa tietoisella viattomuudella *mahatman* Itseoival-luksen tilaa."

Amman sanat painuivat syvälle heidän sydämiinsä ja mieliinsä, ja kaikki istuivat hiljaa. Vilkaistuaan lyhyesti jokaista paikallaolijaa Amma jäi katsomaan *brahmachari Paita*, ja hän pyysi tätä laulamaan *Kattutta Sokamam* –laulun.

Kattutta Sokamam

Älä anna minun langeta surun synkkään kuoppaan.
En ole opiskellut,
enkä syntynyt onnellisten tähtien alla.
Oi Äiti,vaikka tiedätkin kaiken tämän,
älä vain hymyile ja kävele pois
kun ajatukseni ovat kiinnittyneet tiiviisti Sinuun.

Oi myötätunnon ruumiillistuma,
poista tietämättömyyteni
ja siunaa minua todellisella älykkyydellä.
Maallisten nautintojen keskellä
en ole koskaan onnellinen,
katson aina vain Sinua.
Oi kaikkien maailmojen hallitsija,
todellisen suuruuden antaja,
sytytä ykseyden loistava valo syvällä
sisimmässä Itsessäni.

Oi Äiti,
mieleni laululintu
on lentänyt Sinun lootusjalkojesi juureen.
Estääksesi sitä lentämästä pois,
pyydän, sulje terälehtesi sen ympärille.
Oi suurista suurin,
anna minun sukeltaa syvälle Sinuun
ja nauttia autuutesi nektaria.
Oi Sinä vedojen keskeinen olemus,
minä kumarran Sinulle.

Rakkautesi virtaa kohti minua myös
jumalallisen vihan muodossa,
Sinun kauhistuttava naurusi
on minulle kuin lempeä hymy.
Ymmärtäen tämän unenkaltaisen maailman
epätodellisen luonteen
olen irtautunut siitä.
En koskaan eroa Sinusta,
joka olet vuodattanut
nektarin kaltaisen armosi ylleni.

Anteeksianto ja unohtaminen

Keskiviikkona 2. lokakuuta 1984

Aamun *darshanissa* eräs nainen alkoi valittaa Ammalle aviomiehestään. Hän kuvaili pitkään ja laveasti tämän yhteistyö-kyvyttömyyttä ja rakkaudettomuutta. Hän sanoi haluavansa jättää miehensä kotona vallitsevan sietämättömän tilanteen vuoksi.

Kuivaten naisen kyyneleet Amma sanoi: "Tyttäreni, pulmallisia tilanteita on vaikea välttää. Et ole ainoa, jolla on vastaavia ongelmia. Ihmiset joka puolella maailmaa kärsivät sinun laillasi. Jos yrität paeta tästä tilanteesta, toinen vaikea tilanne odottaa sinua. Riippumatta siitä minne menet tai mitä päätät elämässäsi tehdä, eteesi nousee ongelmia. Tiedätkö, asiat saattaisivat mennä huonomminkin kuin nyt. Et koskaan tule tuntemaan rauhaa ja onnea, ellet omaa kärsivällisyyttä ja nöyryyttä. Perhe-elämä on kurjaa niin kauan kuin perheenjäseniltä puuttuu nämä ominaisuudet. Nykyään on vaikeaa löytää perhettä, jossa sekä mies että vaimo olisivat kärsivällisiä. Mutta ainakin toisen heistä tulisi harjoittaa kärsivällisyyttä. Suurimmassa osassa tapauksia molemmat ovat 'kärsimättömyyden uhreja'. Sopusoin-tuinen perhe-elämä on mahdotonta, ellei tasapaino vallitse ja molemmat osapuolet harjoita jossain määrin kärsivällisyyttä.

Ihmisillä on taipumus paeta vaikeita tilanteita. Luulet, että juoksemalla pakoon pelastut, tai että se auttaisi sinua pääsemään eroon suruistasi. Saatat jopa siirtyä vanhasta tilanteesta uuteen, jonka toivot olevan edellistä helpompi. Tehtyäsi tuollaisen muutoksen saatatkin aluksi kokea olosi ihanaksi ja rauhalliseksi. Et ymmärrä olevasi vain juoksemassa päätä pahkaa kohti uutta ongelmaa. Jos menet asumaan vanhempiesi, sukulaistesi tai ystäviesi luokse, saat aluksi lämpimän vastaanoton. He ilmaisevat kaikissa sanoissaan ja teoissaan suurta sympatiaa ja rakkautta sinua kohtaan. He syleilevät sinua ja itkevät ilosta, teette toisillenne lupauksia ja kastelette toistenne olkapäät kyynelillä.

Mutta muutaman päivän - tai korkeintaan viikon tai kahden - päästä tilanne muuttuu. Näin käy, koska edellisestä tilanteesta paetessasi et jättänyt egoasi taaksesi. Se tuli mukanasi. Sen mukana tuli myös kärsimättömyytesi ja nöyryyden puutteesi. Niinpä melko pian uuteen paikkaan siirtymisesi jälkeen myös siellä alkaa ilmetä kielteisyyttä. Alat nähdä jotain vikaa jossakin perheenjäsenessä tai peräti koko tilanteessa, jossa olet. Tulet kärsimättömäksi äitiäsi, isääsi, veljeäsi, siskoasi tai ystävääsi kohtaan ja he alkavat reagoida, koska myös heillä on omat *vasananansa*. He eivät voi sietää sinun kärsimättömyyttäsi ja tottelemattomuuttasi. Pian oivallat paenneesi yhtä tilannetta toiseen, ja tämän uuden tilanteen olevan ehkäpä vielä alkuperäistä pahempi. Ollessasi vielä miehesi kanssa yhdessä hän ei ainakaan heittänyt sinua ulos talosta. Riidan jälkeen hän katui ja tilanne aina sovittiin. Mutta nyt ystäväsi ja sukulaisesi saattavat pyytää sinua lähtemään. Ja kaikella tällä saavutettiin vain lisää mielipahaa, lisää turhautumista, lisää kielteisiä tuntemuksia.

Tyttäreni, elit sitten yksin tai perheen kanssa, ei elämäsi ole onnellista eikä antoisaa, ellei mielesi kykene sopeutumaan kaikkiin tilanteisiin. Tämä on yksi elämän perustavanlaatuisimpia periaatteita. Saatat ajatella yksinelämisen olevan tie onneen, mutta kohtaisit ongelmia silloinkin. Niin kauan kuin sinulla on ennakkoluuloja ja ennakkoasenteita, et voi elää ilman vaikeuksia.

Egosta pääseminen ei kuitenkaan ole helppo tehtävä. Tyttäreni, saatat ajatella miehesi olevan riidanhaluinen ja että hän ei rakasta sinua. Mutta varmasti hän on joskus ollut rakastava ja sovinnollinen. Amma ei usko, että hän on aina niin paha. Jos hän on niin paha kuin sanot hänen olevan, hänen täytyy olla hirviö."

Amma piti pienen tauon ja katsoi naisen kasvoja. Tämä vastasi: "Ei, ei tietenkään hän ole. Joskus hän on hyvin rakastava ja suloinen."

Hymyillen Amma kysyi naiselta edelleen: "Miltä sinusta tuntui, kun hän oli rakastava ja suloinen?" Nainen punastui ja sanoi: "Hyvältä ja onnelliselta. Myös minä olin rakastava häntä kohtaan." "Entä silloin, kun hän oli tunteeton ja vaikea?" kysyi Amma. "Tunsin itseni hirveän vihaiseksi ja sulkeutuneeksi", nainen vastasi.

Kujeilevasti hymyillen Amma jatkoi: "Tyttäreni, tällaiset tuntemukset ja reaktiot ovat tavallisia. Ihmisille on luontaista tuntea toisiaan kohtaan niin. Sinun olisi kuitenkin yritettävä kunnioittaa ja arvostaa miehesi hyviä ominaisuuksia. Kun hän ei osoita sinulle rakkautta eikä ole sovinnollinen, sinä reagoit, eikö niin? Ja etkö sinäkin ole joskus aloittanut riitoja hänen kanssaan?" Nainen oli pää painuksissa. Hän ei sanonut mitään.

Amma jatkoi: "Sinäkin siis reagoit häntä vastaan. Älä välitä, ei se mitään. Mutta yritäpä silloin, kun olet juuri alkamassa reagoida, sen sijaan kuunnella kärsivällisesti ja pysytellä rauhallisena. Myöhemmin hänen ollessaan hyvällä tuulella voit sopivassa tilaisuudessa puhua hänelle hyvin rakastavalla tavalla. Silloin hän kuuntelee ja ymmärtää, koska hänen mielensä on tyyni. Älä tyrkytä hänelle ajatuksiasi silloin, kun hän on vihainen. Hän ei kuuntele. Opettele olemaan tuolloin hiljaa. Älä kuuntele silloin egoasi. Kun lähdet kotoa, sinun tulisi mennä joko perheesi pyhäkköön tai johonkin yksinäiseen paikkaan, jossa voit mietiskellä ja ajatella syvällisesti.

Istuessasi siellä yritä muistaa koko tapahtuma. Yritä muistaa, kuinka kaikki alkoi. Jos tilanne alkoi siitä, että vaadit häntä tekemään jotakin ja hän kieltäytyi, yritä muistaa jokin tilanne, jossa hän osti sinulle jotakin tai teki sinulle palveluksen heti pyydettyäsi sitä. Muistele kuinka mukava hän oli silloin. Ajattele jotain muuta tilannetta, jolloin hän oli kärsivällinen ja anteeksiantavainen, vaikka itse olit kärsimätön ja töykeä. Yritä muistella unettomia öitä, jotka hän istui vierelläsi, kun makasit sairaalassa. Yritä arvostaa hänen rakastavaa huolenpitoaan ja lohduttavia sanojaan, jotka auttoivat sinua tuolloin niin paljon. Hänen oli oltava koko päivä töissä, ja silti hän käytti paljon aikaansa ja näki vaivaa tehdäkseen olosi mukavaksi ja onnelliseksi. Ajattele joitakin tilanteita, jolloin hän yritti sopia kanssasi riideltyänne typerästä asiasta. Sinun tulisi myös yrittää muistaa, kuinka vihainen ja kärsimätön olit tuolloin, ja kuinka epäkohteliaasti puhuit hänelle.

Näiden muistojen mietiskeleminen auttaa taatusti sinua tuntemaan olosi paremmaksi tilanteen suhteen. Tällaiset pohdinnat yksinäisyydessä auttavat sinua näkemään tilanteen selvemmin ja suuremmalla ymmärryksellä. Saatat jopa alkaa katua omaa ankaraa ja kärsimätöntä käytöstäsi. Kun miehesi tulee illalla kotiin, olet ehtinyt valmistautua kohtaamaan hänet ja pystyt toivottamaan hänet tervetulleeksi lempeä hymy kasvoillasi. Tarjoat hänelle kunnon kupillisen kahvia. Kun hän siemailee sitä, pyydät ensin anteeksi aamuista käytöstäsi, sitten kysyt häneltä, oliko häntä aamulla vaivannut päänsärky jo loppunut. Jos hän sanoo sen vielä vaivaavan, otat hieman voidetta ja hierot sitä hänen otsaansa, sitten tiedustelet rakastavasti häneltä, millainen päivä hänellä oli ollut toimistossa. Yrität lohduttaa häntä hänen pomonsa tuonpäiväisen epäkohteliaan käytöksen vuoksi.

Miehesi katsoo sinua ihmeissään, 'Onko tuo se sama vaimo, jonka kanssa riitelin aamulla?' Vaikka hän olisikin hautonut mielessään hieman vihaa ja ärtymystä, se sulaa pois. Hänen asenteensa muuttuu. Katuvana hän pyytää spontaanisti anteeksi karkeaa käytöstään. Nyt on sinun tilaisuutesi kertoa hänelle, mitä haluat. Selität hänelle kaiken ja hän kuuntelee hyvin kiinnostuneena. Sitten hän sanoo sanottavansa, ja sinä kuuntelet hyvin tarkkaavaisesti. Näin siitä mikä alkoi riitana, kehittyy suuri tapahtuma. Siitä tulee tilaisuus sovintoon ja jakamiseen. Olette täynnä rakkautta toisianne kohtaan. Tunnette molemmat olonne onnelliseksi ja rentoutuneeksi.

Elämä avioliitossa ei ole vitsi. Se tulisi ottaa vakavasti. Jos sinulla on oikea asenne, suhteesta voi muodostua tie Jumalan luo, tie ikuiseen vapauteen ja rauhaan. Älä automaattisesti aina harkitse eroa tuntiessasi olosi vaikeaksi. Koeta olla mukautuvai-nen. Yritä olla kärsivällinen, ei kerran tai kaksi, vaan monta kertaa.

Ihminen on valtavan kärsimätön, mutta Jumala tavattoman kärsivällinen ja huolellinen luomakuntansa suhteen. Kärsimättömyys tuhoaa. Ajattele teiden varsilla olevia varoituskilpiä: 'Vauhti tappaa', 'Kiihdyttäminen on kärsimättömyyttä'. Ihmiset ovat kärsimättömiä, heillä on aina kiire. Kiirehtiminen on joskus tarpeen, mutta enimmäkseen se tappaa. Sinun ei pidä kiirehtiä, kun annat lääkettä kriittisessä tilassa olevalle ihmiselle. Vaikka kyseessä olisi hätätapaus ja lääke pitäisi antaa heti, älä silti kiirehdi. Jos kiirehdit, kätesi saattavat vapista ja saatat kiihdyksissäsi, yrittäessäsi antaa hänelle vettä pillereiden nielaisua varten, kaataa vettä hänen nenäänsä. Siitä voi seurata hankaluuksia. Saatat antaa potilaalle kiireessä liian paljon tai jopa väärää lääkettä, minkä seurauksena hän voi kuolla. Ole kärsivällinen. Todellinen elämä on rakkautta. Kun rakastat, et voi kiirehtiä. Sinun on oltava kärsivällinen.

Katso Jumalan osoittamaa huolenpitoa ja kärsivällisyyttä luomakuntaansa kohtaan. Pieni kukkanen kukkii ehkä vain yhden päivän. Mutta silti Jumala on hyvin huolellinen ja kärsivällinen sen kanssa ja antaa sille vettä ja aurinkoa, kunnes se lopulta kukkii. Munasta kuoriutuminen ja lapsen syntymä vaativat suurta huolellisuutta ja kärsivällisyyttä. Ennen kuin lapsi syntyy, on sitä ravittava yhdeksän pitkää kuukautta. Jumalalla ei ole lainkaan kiire.

Ajattele kaikkea sitä kärsimystä, jonka äitisi kesti, kun olit hänen kohdussaan yhdeksän kuukauden ajan. Hän kantoi sinua valittamatta ja kesti mielihyvin kaiken epämukavuuden ja kivun. Hän pystyi tähän, koska hän tiesi, että kaikki kipu häipyisi, kun näkisi sinut, kun hän näkisi vauvansa kauniit kasvot. Tyttäreni, sinun tulisi sietää kipusi ajatellen tällä tavoin rauhallista ja harmonista elämää, jota saat viettää, jos vain kykenet kestämään. Sillä ei ole merkitystä kuka on väärässä. Joskus se on sinun miehesi ja toisinaan se olet sinä. Mutta kuka syypää onkaan, yritä vain muistaa, mitä Amma on sanonut, ja katso mitä tapahtuu.

Harjoita anteeksiantamista. Jos ongelmat suhteessasi jatkuvat vielä senkin jälkeen, kun olet yrittänyt parhaasi, voit pitää sitä *karmanasi*, kohtalonasi. Siinä vaiheessa voit joko kärsiä sen *prarabdhana*[7], tai jos tilanne on mielestäsi liian vaikea kestettäväksi enää pidempään, voit ehkä ajatella asumus- tai avioeroa. Mutta sitä ennen sinun on näyteltävä osasi hyvin. Sinun on panostettava suhteeseen ainakin nähdäksesi, voiko se toimia vai ei. Jos antaisit sen vain hajota, se olisi anteeksianta-maton virhe. Se olisi synti, ja sinun olisi kärsittävä sen vuoksi."

Täynnä myötätuntoa Amma katsoi naisen kasvoja. Nainen itki jälleen, mutta tällä kertaa kyyneleet johtuivat katumuksesta. Hän oli oivaltanut virheensä. Kyyneltensä lävitse hän pyysi Ammalta anteeksi vikojaan. Hän jatkoi katuvalla äänellä: "Nyt ymmärrän, että myös minussa on vikaa, eikä vain tällä kertaa, vaan aina. Myös minä olen vastuussa yhteenotoistamme. Minä aloitin ne. Jos olisin pysynyt hiljaa ja toiminut sinun neuvomallasi tavalla, ei tätä tilannetta olisi syntynyt. Amma, olet avannut silmäni. Tästä lähtien teen parhaani hillitäkseni itseni ja pysyäkseni hiljaa tuollaisissa tilanteissa. Yritän menetellä juuri niin kuin Amma neuvoi."

"Tyttäreni", Amma sanoi, "jos pystyt pysähtymään ja olemaan kärsivällinen tuollaisissa tilanteissa, ongelmasi ratkeavat helposti. Mutta meillä on tapana reagoida. Suuttuessamme emme pysty pysähtymään ja näkemään selvästi. Emme kykene odottamaan. Pystytkö keskellä hankalaa tilannetta vain seuraamaan sivusta mitä tapahtuu? Kykenetkö olemaan ajattelematta, että joku loukkaa ja solvaa sinua? Voitko sivuuttaa sen, että sinua kohdellaan parhaillaan epäoikeudenmukaisesti, ja voitko luopua halustasi tehdä asialle jotakin? Älä ole päällekäyvä. Älä reagoi. Yritä oivaltaa, että todellinen ongelma ei ole se mitä tapahtuu vaan se, kuinka sinä reagoit siihen. Kun huomaat aikovasi reagoida kielteisesti, pidä välittömästi tauko. Lopeta puhuminen. Komenna mieltäsi: 'Ei, älä sano mitään nyt. Saat myöhemmin paremman tilaisuuden esittää asiasi niin, että siitä voi olla hyötyäkin. Mutta nyt pysy hiljaa.'

Yritä tämän tauon aikana ajatella jotain myönteistä, jotain mieltä ylentävää, jotain ihanaa, jotakin mitä pidät unohtumattomana. Yritä palauttaa mieleesi jokin mieluisa tapahtuma tai muisto. Keskitä siihen kaikki energiasi, kaikki ajatuksesi. Jos pystyt tähän, toisen ihmisen naurettavat sanat ja sietämätön olemus eivät vaivaa tai suututa sinua.

Jos voit, yritä pidentää ja pidentää tuota taukoa. Voit kokeilla sitä aina, kun huomaat olevasi edes hiukankaan vihainen tai ärtynyt. Aluksi voit valita jonkun hupsun asian, johon sinulla on tapana reagoida. Oletetaan, että miehelläsi on aina miettiessään tapana naputtaa sormiaan pöydän reunaan, ja ääni ärsyttää sinua. Sen sijaan, että sanoisit mitään, kuvittele äänen tulevan katolle tippuvista sadepisaroista. Saatat silloin muistaa, kuinka sade yllätti teidät ja juoksitte suojaan peltikatoksen alle. Anna vihastumisen ja ärtymisen sijaan mielikuvituksesi ja mielleyhtymiesi tehdä sinut hyväntuuliseksi, jopa rakastavaksi.

Opittuasi ajan myötä voittamaan nämä lievästi provosoivat tilanteet voit alkaa vähitellen testaamaan taitojasi vaikeammissa ja vakavammissa tilanteissa. Jatkaessasi harjoittelua huomaat muuttuvasi. Lopulta huomaat, että et voi enää reagoida itsekeskeisesti, vaan vastauksesi ja toimintasi sivuuttavat egosi. Koet avioliitossasi ja yleensäkin perhe-elämässäsi paljon enemmän rauhaa ja iloa kuin ennen. Muuttunut asenteesi ja osoittamasi kärsivällisyys saavat aikaan myönteisen muutoksen myös muissa perheenjäsenissä.

Kun miehesi huomaa, ettet enää reagoi, ja kun hän oivaltaa, ettet enää ota vastaan hänen vihaansa ja loukkauksiaan, hän tuntee olonsa hämmentyneeksi. Mitä tapahtuu soturin havaitessa, että hänen käyttämänsä aseet eivät enää toimi tai niillä ei ole vaikutusta? Hän heittää ne pois. Samalla tavoin, kun miehesi huomaa, etteivät hänen aseensa - hänen sinua vastaan käyttämänsä sanat - loukkaa sinua enää, hän luovuttaa ja pysyy hiljaa. Kaiken lisäksi sinä kohtelet häntä suuremmalla rakkaudella ja huolenpidolla. Se on suuri lahja. Sinun hymyilevät kasvosi ja rakastavat kysymyksesi, sinun huolenpitosi ja osaaottavat sanasi ovat hänelle kuin balsamia. Ne lohduttavat ja helpottavat häntä suuresti. Hän unohtaa kaiken hautomansa vihan, syytökset ja kaunan. Jos sinä voit antaa hänelle tuon lahjan, kun hän tulee kotiin pitkän työpäivän jälkeen jouduttuaan pomonsa haukkumaksi, hänestä tulee paras ystäväsi ja suurin ihailijasi. Sama pätee tietysti mieheen, jos vaimo käy töissä. Suuri rakkaus ja huolenpito kehittyvät suhteessa. Siksi, tyttäreni, ennenkuin menetät malttisi, pysähdy, odota, ja ole kärsivällinen.

Amma kertoo sinulle tarinan. Eräs professori oli kutsuttu pitämään puhetta. Hän ei ollut valmistanut puhettaan kunnolla ja niin siitä ei tullut kovinkaan hyvä. Muutaman päivän päästä hän sai kirjeen eräältä kuulijaltaan. Kirjeessä luki: 'Hyvä professori, jos ette tunne asiaa hyvin, tekisitte viisaasti jättäessänne puhumatta. Se on parempi vaihtoehto kuin tuoda esille virheellisiä ajatuksia ja tehdä huono vaikutus kuulijoihin.' Kirje oli naisen allekirjoittama.

Professori raivostui kirjeen johdosta. Hän meni heti kirjoituskoneensa ääreen ja paukutti arvostelijalleen kipakan vastauksen täynnä valittuja ilmaisuja. Heti saatuaan kirjeen valmiiksi hän aikoi viedä sen postiin, mutta huomasi sitten, että päivän posti oli jo viety. Niinpä hän pani kirjeen sivuun. Seuraavana päivänä nähdessään kirjeen pöydällään hän ajatteli: 'Ehkäpä en ollut tarpeeksi kohtelias tuolle ihmiselle. Käynpä kirjeen vielä kerran läpi ennenkuin postitan sen.' Hän avasi kirjeen. Luettuaan sen hän oli järkyttynyt siitä, kuinka karkeasti hän oli reagoinut. Hän sanoi itselleen: 'Tämä ei todellakaan ole kovin kohtelias kirje. En saa lähettää sitä tuollaisena.' Niinpä hän istui alas ja laati toisen kirjeen, joka miedommista ilmaisuistaan huolimatta oli yhä sävyltään hyökkäävä.

Hän aikoi postittaa kirjeen, mutta ajatteli sitten: 'Hetkinen, luenpa sen vielä kerran. Ehkä sävy ei ole vieläkään oikea. Jos asenteeni muuttui äsken niin paljon muutamassa tunnissa, ehkä se saattaa muuttua vieläkin.' Niin hän luki kirjeen uudestaan, ja havaittuaan sen yhä liian töykeäksi kirjoitti siitä vielä uuden version. Mutta sekään ei tuntunut hänestä hyvältä, joten hän muotoili ja muutti sitä kerta toisensa jälkeen, kunnes siitä tuli lopulta rakkauskirje. Professori tunnusti siinä virheensä ja myönsi olevansa samaa mieltä naisen kanssa. Hän kehui jopa, kuinka huomaavaista naisen taholta oli osoittaa hänen vajavaisuutensa. Hän kirjoitti: 'Teidän kaltaisenne ihmiset ovat todella avuliaita. Olen teille hyvin kiitollinen. Jos ette ole naimisissa, haluaisin pyytää teitä vaimokseni. Odottaen innolla myönteistä vastaus-tanne, teidän...'

Professorin aluksi sylkemä myrkky muuntui nektariksi. Saatat joskus tehdä väärän päätöksen, tuomita jonkun väärin perustein tai toimia arvostelukyvyttömästi. Mutta jos voit pysähtyä, odottaa kärsivällisesti ja miettiä asiaa, et saata itseäsi hankaluuksiin. Tämän saavutat kärsivällisyydellä ja oikeanlaisella mietiskelyllä. Siksi, tyttäreni, ole kärsivällinen ja mieti asiat läpi perinpohjin ennen kuin toimit. Amma on kanssasi. Älä huolehdi."

Tässä vaiheessa nainen heittäytyi Amman syliin. "Amma, anna anteeksi virheeni! Anna minulle anteeksi! Yritän olla toistamatta niitä. Anna anteeksi." Amma ilmaisi hänelle rakkautensa, lohdutti ja auttoi häntä rauhoittumaan. Naisen lähtiessä jonkun ajan kuluttua *ashramista* hän näytti täysin rauhalliselta. Hänen kasvoillaan oli rauhallinen hymy, selvä merkki siitä, että hänen taakkansa oli keventynyt.

Lalita Sahasranamassa Deviä (Jumalallista Äitiä) ylistetään seuraavan tapaan: *Tapa-trayagni-santapta-samah-ladana-chandrika*, mikä tarkoittaa 'kuunvalo, joka ilahduttaa epätoivon tulen piinaamia sydämiä'. Tämä kurjuus aiheutuu selityksen mukaan sisäisistä ja ulkoisista aisteistamme, niiden välittämästä objektiivisesta maailmasta sekä näkyvän maailman tuolla puolen vaikuttavista ylimaallisista voimista. Tämä *mant-ra* soveltuu yhtäläisesti myös Amman kaltaiseen suureen sieluun, joka on *Devin* tai Jumalallisen Äidin inkarnaatio. Amma parantaa ihmissydämiä siunaten heitä myötätuntoisilla ja rauhoittavilla katseillaan, syvällisillä sanoillaan, jumalallisella kosketuksellaan ja pelkällä läsnäolollaan. Vain oivaltanut mestari, joka on saavuttanut täydellisyyden tilan, voi pelastaa ihmiset tästä moninkertaisesta surkeudesta. Ainoastaan sellainen olento voi antaa levon ja lohdun ihmisille, joita piinaavat syntymän, vanhenemisen ja kuoleman kärsimykset.

www.ingramcontent.com/pod-product-compliance
Lightning Source LLC
LaVergne TN
LVHW051731080426
835511LV00018B/2991

* 9 7 8 1 6 8 0 3 7 3 5 0 9 *